# 北冰洋研究（第四辑）

主　　编：曲　枫
副 主 编：［德］迈克尔·克努佩尔
执 行 主编：苏　杭

曲　枫 | 主编

[德] 迈克·克努佩尔 | 副主编

苏　杭 | 执行主编

# 北冰洋研究

## 第四辑

## Journal of Arctic Studies

上海三联书店

# 目　录

# CONTENTS

## Preface

## Environmental History and Archaeology

## Siberian Studies

## Studies of Near-Arctic Peoples

# Ritual and Custom

# Frontier Observation

# Book Review

# Academic Events

# Call for Submissions

# 卷首语

# 文化生态与地方性知识：
# 萨满主义的本体论模式

曲　枫

　　"人类世"（Anthropocene）概念的横空出世使人们猛然意识到人类生命已处于人类史上，甚至是地球史中从未有过的大变局中。人类与地球的关系正经历着一个地球史上从未有过的时期。2009 年，国际地层委员会（ICS）专门设立了"人类世工作小组"（The Anthropocene Working Group）。经过 10 年的研究论证，人类世工作小组中的 20 多位科学家于 2019 年 5 月通过投票，将人类世确立为地球史中的一个地质单位，时间起点为 20 世纪中期。这意味着 1 万 2 千年前开始的全新世或将永远成为历史，人类已经成为一种强大的自然力量并以一种不可逆的方式彻底改变了环境和自然。然而，对于人文社会科学领域的学者来说，人类世不仅标志着一个地质时代的结束，更意味着以人类中心主义为特征的传统历史哲学的终结。历史的过去与自然的过去不再是截然分开的二元关系，而是合而为一的整体性关系。历史不是以人为中心的历史，而是自然史中的一部分。如果我们可以确认人类可以是一种地质力量，那么，对历史的考察则必须采用有深度的地理时间视角，而非人类时间视角。

　　作为人文社会科学领域的人类世概念有着丰厚的社会理论背景。这其中影响最大的即是人类学领域中日益兴盛的本体论转向思潮。对科学主义的反思、对现代性的质疑使人们意识到主导人类观念达数个世纪之久的人类中心主义已将人类推至一个危险边缘，不仅祸及地球家园和其他物种，也危及人类生命自身。当我们为始于 300 年前的工业革命时代所带来的大气二氧化碳含量的飞速增加而忧心如焚的时候，我们未曾深度觉察的是，人类又进入到另一个更不确定的、暗含更大危机的智能化时代。

徐新建先生根据生存资料的获取方式及经济形态将人类史分为四个时期。第一期是采集-狩猎期，人类从自然中直接获取食物与其他所需，人类与环境之间发挥着基本平衡的关系。第二期是游牧-农耕期，森林被改造为农场与牧场，栽培、养殖技术主导了经济形态，地貌大为改观。第三期为工业时期，工业兴起，食品生产对农药与化肥形成了严重依赖，地球上的生物链遭遇前所未有的破坏。第四期是转基因食品与人工智能期。转基因技术与电子技术彻底改变了有机食品的生产模式，人类自身的生物系统面临着吉凶莫测的改变。自第三期开始，人类开始充当地球终结者的角色，资源被消耗殆尽，环境被肆意破坏，生态危机使人类作为物种走向了否定自身的道路。徐新建因此建议，人类摆脱异化的关键因素是向第一期"原住民"知识体系回归，从而与地球达成和解，如此才可能实现人类对自身命运的救赎（徐新建 2018）。

本体论转向思潮揭示了启蒙时代以来以笛卡尔主客观二元论为基础的理性主义、科学主义与人类中心主义的危险性，并极力推崇环境、自然的主体性地位，以实现人与自然的和谐共生。本体论转向理论的代表人物之一、法国社会学家布鲁诺·拉图（Bruno Latour）认为，世界是由人与非人行动者（actors）共同组成的，人与非人均具有主体性，并组成了互相关联的行动者网络。因而，主体与客体的根本界限从未存在，生态危机并非环境的危机，而是人类现代性与科学的危机。只有使用以行动者网络为特征的"非现代性"来取代以社会与自然二元分离为特征的现代性，用非现代性而不是现代性来重建人类社会与自然的关系，才可以摆脱人类的生存困境（钟晓琳、洪晓南

2019）。本体论转向理论实际上在很大程度上得益于巴西亚巴逊、北美北极地区、西伯利亚等地原住民的知识信仰体系。这一体系的核心即人类学家长期以来所关注的萨满主义信仰。巴西人类学家维维洛斯·第·卡斯特罗（Viveiros de Castro）、法国人类学家菲利普·德斯科拉（Philippe Descola）以及英国人类学家蒂姆·英戈尔德（Tim Ingold）通过对以上各地民族志数据的考察发现，自然与社会的二分思想并不存在于原住民知识体系中。在原住民所普遍信仰的萨满主义宇宙观中，人与非人生命构成了平等互惠的主体间关系（曲枫 2020）。

　　萨满主义宇宙观是北极原住民的传统信仰，其仪式实践在北极民族的传统文化生态中占据着无可替代的中心位置。在 20 世纪，萨满实践者在北极各地区不约而同地受到了主体社会意识形态的挤压或迫害，一度近乎消亡。然而，自 20 世纪最后一个 10 年开始，萨满仪式实践在西伯利亚、斯堪的纳维亚、蒙古、中国北方等地以超出人们想象的方式强劲回归，并与各有关国家的边疆民族文化形成了互构。在现代性、全球化与非地方性逻辑的冲击下，北极民族文化处于被同质化和边缘化的危机之中，而仪式实践则重塑了历史记忆与传统价值，突出了民族文化的异质性，进而实现价值上的平等。北极民族的萨满实践者通过仪式结构将社会外延扩大到人类世界之外的其他生命群体中，与动物、植物以及其他自然物种构成了互惠式关系，并与它们共享文化与社会，构建了人与非人行动者休戚与共的生命共同体。

　　来自欧美各国以及国内的学者为本期奉献了一组有关仪式人类学的精彩论文。本刊副主编、聊城大学北冰洋研究中心教授迈克尔·克努佩尔（Michael Küppel）博士通过搜集、整理民族志学资料和有关研究文献，为我们复原了关于尤卡吉尔人萨满主义信仰的学术研究历史。内蒙古大学的奥地利人类学家史蒂芬·克里斯特（Stefan Krist）博士为我们揭示了俄罗斯布里亚特人的传统体育活动的仪式性本质，并论述了布里亚特民族中人与非人生命之间的关系构建。对于布里亚特人来说，所有的体育运动都是仪式的展现，是人类与非人生命交流的神圣媒介。内蒙古社会科学研究院退休研究员赛音塔娜女士从达斡尔民族的英雄史诗中发掘出萨满主义内涵，并提供了独到的分析与释读。来自中国社会科学院的王伟博士则聚焦于草原敖包的仪式性及其政治化和世俗化意义。从其论述中我们不难看到，对传统的重塑凸显了边疆民族对"边疆我者"形象的文化建构。黑龙江大学唐戈教授为我们叙述了东正教传统在额尔古纳河右岸的本土化事实，其精确的田野数据与穿插其中的精彩分析为我们提供了一个人类学研究的"深描式"范本。

俄罗斯人类学家史禄国（Sergei Mikhailovich Shirokogoroff）的族体（ethnos）理论和心智复合体（psychomental complex）模式对今日的人类学研究仍然发挥着非凡的影响，在萨满教研究领域内更是如此。2019 年适逢史禄国逝世 80 周年，黑龙江大学政府管理学院于 12 月下旬举办的"首届东北亚社会与文化论坛"便以"史禄国生平与学术思想研究"为主题，藉此缅怀这位不朽的人类学大师。史禄国的名作《通古斯的心智复合体》(Psychomental Complex of the Tungus）是伊利亚德（Mircea Eliade)《萨满教：古老的出神术》( Shamanism: Archaic Techniques of Ecstasy）之前最有影响的萨满教研究著作，于 1935 年在伦敦出版。伊利亚德受史氏的影响是显而易见的，其写作大量采用了史氏的田野数据并借鉴了他的理论观点。遗憾的是，至今为止，史氏著作并无中文译本出版。令人欣慰的是，吉林师范大学于洋博士不辞辛苦，正在做该书的整体翻译工作，并有望在 2021 年出版。本刊捷足先登，将其中有关萨满社会功能的章节先行刊于本期。

俄裔美国学者、萨满教学术史上最负盛名的田纳西大学教授安德烈·兹纳姆斯基（Andrei Znamenski）博士专门为本期奉献了《洞中意识：当考古学遇上萨满教》一文。他于 2007 年出版的《原始之美》（The Beauty of the Primitive）一书使其在世界宗教史研究领域一举成名。该书是目前继伊利亚德《萨满教：古老的出神术》之后最有影响力的萨满教研究专著之一。本文原为《原始之美》中的一章，但因为某种原因在最后出版环节未能收录书中。该章的缺失不仅成为该书作者的遗憾，也是遍布世界各地读者的遗憾。兹纳姆斯基博士能够郑重将此章书稿交由我刊在双语栏目发表，体现了对本刊及聊城大学北冰洋研究中心的支持与信任。该文的发表是本刊的荣幸。

兹纳姆斯基的论文为我们描述了一个20世纪下半叶发生于考古学科内的学术神话。当然，这个神话目前已经褪去了当初的颜色。至少在考古学界之内，很少有人像20世纪80至90年代时那么为之神魂颠倒了。一些有着人类学背景的考古学家依据神经心理学的实验室数据，采用科学尺度测量史前的艺术与宗教。其实验结果是在史前艺术与萨满教之间画上了一个匪夷所思的等号。对结构性通则的探寻永远是拒绝意义的，因而神经心理学模式其实是全球化逻辑与科学主义思维在考古学内的翻版。令人注意的是，兹纳姆斯基的这一论文并无结语，因为结论也许已经寓于他冷静的、不动声色的叙述之中。从这一点上来说，如果此文收入2007年出版的《原始之美》中，的确有些过早，超出了时代的学术步伐，在沉寂十几年后的今天发表则是恰当其时。如果置于本体论理论的框架下，我们不难发现，萨满主义并非人类大脑中的意识风景，而是与人类日常生活及生计方式息息相关的原生态文化实践。

本期开卷之作是丹麦哥本哈根大学人类学教授、丹麦国家文理科学院前任院长克尔斯滕·哈斯特鲁普（Kirsten Hastrup）博士等人有关北极水域生态系统与人类生计方式之间关系变迁的研究论文。该文研究区域为远离人类中心的格陵兰岛西北部的一片水域——史密斯湾。即使在1000年前，它也并非一个与世隔绝的区域，考古发现的金属器物证明了早期人类与外界的贸易与交往。当货币经济、商业因素与现代技术在近代大量涌入，该地的生态系统被重新塑造，使这片北极水域与全球利益链紧密相连。生态系统的可塑性、社会系统的驱动因素与自然环境、气候变化完全交织在一起，使人类与非人动物的生存状态与结构都发生了惊天动地的变化。从这一研究可以看到，人类世概念并非危言耸听。

在我们编辑本期稿件的同时，一场波及全球的疫情深刻改变了我们对世界的认知。鄂伦春学者关小云女士在刊于本期的论文中为我们记录了一件令人震惊的事情。2019 年 10 月的一天，鄂伦春萨满关扣尼老人在弥留之际已然预见到了 2020 年的大疫。她说："明年光景不好，天下要乱，会发生很大的事情，你们可要小心注意啊"（见本期关小云文）。需要说明的是，先知式的预言不过是萨满主义实践中的技术性表征。更为重要的是，萨满主义宇宙观代表着弥足珍贵的地方性知识，使我们认识到世界的本质以及人类与世界的关系。正如丹麦人类学家拉内·韦尔斯莱夫（Rane Willerslev）所言："这个世界并没脱离我们，它是我们的生活之所——正是因为我们参与其中，它才具有了意义"（韦尔斯莱夫 2020：203）。

# 参考文献

曲枫

2020，"平等、互惠与共享：人与动物关系的本体论审视——以阿拉斯加爱斯基摩为例"，《广西民族大学学报》，第 3 期，第 2—8 页。

拉内·韦尔斯莱夫

2020，《灵魂猎人：西伯利亚尤卡吉人的狩猎、万物有灵论与人观》，石峰译，北京：商务印书馆。

徐新建

2018，"人类世：地球史中的人类学"，《青海社会科学》，第 6 期，第 1—11 页。

钟晓琳，洪晓楠

2019，"拉图尔论'非现代性'的人与自然"，《自然辩证法通讯》，第 6 期，第 99—106 页。

# Preface

Dear readers, in this fourth issue of our periodical "北 冰 洋 研 究 期 刊.
Journal of Arctic Studies" ( JAS ), which is dedicated to the topic of rituals and
shamanism, we are presenting a collection of articles covering different fields
of research such as the religion of peoples of the North ( e. g. history and present
state of research on Yukaghir shamanism; religious aspects of traditional sports
competitions among the Buryats — especially the role of shamanic and Buddhist
rituals in this context in the course of revivalism in Post-Soviet Buryat society;
the role of the shaman among different Tungus groups with special emphasis on
the position of the shamans within the Tungus clan-structure; the meanings of
the *oboo* worships and their changes with focus on its organizers and participants
as well as the problem of its transfer from spiritual into secular order; the Daur
shamanism and its importance for the inheritance of shamanic culture in Northern
China; incorporation / syncretism of Christian, Buddhist and shamanic elements
in the folk religion among the peoples of the right bank of Erguna River by the
example of Ascension day; tree burial of the last Oroqen shaman etc. ), oral
literature ( e. g. the characteristics of the Daur heroic epics, using the examples
of the Morigen tales ), human-environmental-relations ( e. g. life around the
North water ecosystem, the importance of natural and social drivers of change ),
researches on cultural changes ( see above on life around the North water
ecosystem ) . Two of the articles included in this volume are Chinese translations
of English articles ( the papers of S. M. Shirokogorov and M. Knüppel ) and one
( by Andrei A. Znamenski ) is given bi-lingually ( English / Chinese ).

The editors wish to express their hope that this fourth issue of our "Journal
of Arctic Studies" will find the interest of you, the readers.

Michael Knüppel, co-editor

# 环境史与考古学

# 自然与社会因素：北极水域生态系统千年生计方式嬗变研究*

［丹麦］克尔斯滕·哈斯特鲁普　阿斯特丽德·奥伯博贝克·安徒生　比耶恩·格诺诺　马斯·彼得·海特-约根森

（李乔杨　译校　王政星　译）

**摘要：** 史密斯湾之北极水域约于4500年前形成。这一论点可以从该区域有鸟类栖居及人类开始在这一地区活动得到印证；同时，形成之后的这片水域成了北极高纬度生态系统的一部分，漫长的人类活动从此开始。人类活动的不同时期也影响了当地人的职业取向：来自加拿大和阿拉斯加的移民浪潮、北极地区与陨石铁贸易、捕鲸者和探险家引进的新技术、外国人对资源的开发、政治隔离、狐狸与海豹皮的出口以及后来的独角鲸产品，还有最近的渔业。影响北半球的天气和气候等物理因素也会影响生态系统的可达性（accessibility）及生产力，也对社会驱动因素产生连锁效应，再次对自然生态系统产生影响。尽管这种影响有其独特性，但这一系统过去和现在在空间上仍然有广泛的影响，其影响范围，包括人类活动在内，已经超出了北极区域。现在面临的挑战在于：界定哪些影响因素是来自系统外的，哪些是来自系统内的。

---

* 译文是国家社会科学基金重点项目"爱斯基摩史前史与考古学研究"（18AKG00）的阶段性成果。

本文译自 Hastrup, K., Andersen, A.O., Grønnow, B. et al. Life around the North Water ecosystem: Natural and social drivers of change over a millennium. *Ambio* 47, 213—225（2018）。

**关键词：**变化的驱动因素 生态系统动力学 北极水域 史密斯海湾 社会生态

**作者简介：**克尔斯滕·哈斯特鲁普（Kirsten Hastrup），女，丹麦，哥本哈根大学人类学教授，丹麦国家文理科学院原院长，研究方向为北冰洋历史与社会；

阿斯特丽德·奥伯博贝克·安徒生（Astrid Oberborbeck Andersen），女，丹麦，哥本哈根大学人类学系博士后研究员；研究方向为人与环境关系，气候变化，知识与政治；

比耶恩·格诺诺（Bjarne Grønnow），女，哲学博士，丹麦国家博物馆现代历史与世界文化系研究教授，研究方向为北冰洋古代史、因纽特史前史及民族历史等；

马斯·彼得·海特-约根森（Mads Peter Heide-Jørgensen），男，格陵兰自然资源研究院研究教授，研究方向为格陵兰鲸类生态学，卫星跟踪技术研究等。

**译者简介：**李乔杨，男，安徽人，贵州民族大学，民族学与历史学学院，世界民族研究中心，副教授；研究方向为社会人类学及海外民族问题研究等。

王政星，男，贵州人，贵州民族大学硕士研究生，研究方向为民族理论与民族政策。

# 导 言

格陵兰西北部图勒（Thule）地区的人类生活总是依赖于北极水域的冰间湖和它所维持的可预测的动物种群的能力，而沿海社区是可以猎杀到这些动物的。现在，我们研究冰间湖与人们之间的关系不是被动地攫取既有成果，而是把研究置于社会的大框架下去研究、开发那些有潜在价值的特殊物种的一种尝试，这是需要一种奉献精神的。这项研究的出发点挑战了既有的生态系统作为物种之间或人与资源之间相互依存的封闭系统的简单概念。

把史密斯湾（Smith Sound）区域作为一个生态系统来分析，在这个生态系统中，人类的实践——他们的活动、他们的需求、他们的愿望、他们的旅行——让我们能够感觉到系统边界在外力的影响下不断重塑的过程。生态系统的可塑性是由不同的时间性造成的：皮艇的制造、鸟类的季节性迁徙、海洋和陆地哺乳动物的运动、气候变化、主权的争夺和权力的博弈、生物资源的商业活动及其使用价值的转移以及生态系统内外的场所网络等。换句话说，我们认为生态系统是"文化和力量的产物，就像温度和降雨一样"（Hoag and Svenning 2017：28）。

从公元 1250 年到现在，这一相互依存性可以通过关注该地区人类居住史上的特定时段来证明。这段短暂的时刻并不等于长期发展的"总历史"；它们是受该区域内外人们的做法和利益影响的生态系统大视野中的例子。在社会和生态变化的驱动因素等实践中，面对的挑战是确定生态系统的扩展性及解决其空间可塑性问题，同时仍然将其作为一个"系统"来分析。

北极水域是北极生态系统的一部分，与西北-格陵兰和埃尔斯米尔岛海岸，加拿大一侧的史密斯湾相连。目前，对于该地区的猎人来说，史密斯湾以东海岸几乎完全被外界视为狩猎场，但实际上，并非总是这样。人们从西部迁移到这一地区，考虑到资源分布，即使史密斯湾的西部和东部现在分属不同国家，但有必要对两者进行统一研究。尽管存在这些边界，图勒地区的猎人于现代造访过埃尔斯米尔岛（Ellesmere Island）（Vibe 1948）。虽然史密斯湾东部的物产丰富，提供了很多的资源，但埃尔斯米尔岛的游猎生活在不同的时间里其作用与意义也非同小可。那里有一个独特的实践空间，他们的活动与获得特定动物资源的那个社会、技术及政治因素紧密交织在一起。

正如这里所指出的，生态系统包含了不同的气候、物理和生物以及社会和历史因素。人类通过活动与他们相互作用，相互影响。回顾人类占领史密斯湾周围北极地区的不同时期，我们可以知道他们是如何在环境上留下自己独特的痕迹的（Schledermann and McCullough 2003；Grønnow and Sørensen 2006）。历史上（从 19 世纪开始），九死一生的探险家和学者提供了关于该地人类生活和人们狩猎习惯方面的知识，就像 19 世纪上半叶（Kane 1856；Hayes 1866）美国的情况那样。接着，19 世纪末和 20 世纪初（例如，Peary 1898）在该地区引入步枪后，导致该地区对海象（Odobenus rosmarus）的大肆狩猎，借助于生物学的研究成果，可以证明这一时期海象数量锐减了（Born 2005）。最近，人类对生态系统剧变的另一个影响是人为因素使全球变暖，这一说法在北极（AMAP 2017）地区被夸大了。

本文旨在呈现史密斯湾生态系统的整个历史面貌，包括在该地区的人类出现——聚焦这段通过不断地改变机会、改变价值观的变迁史。

撰写生态系统历史是一项大胆的任务，它扰乱了既定科学学科的类别，并面临着将描述和论点交织在一起跨越多个时间性的挑战。在北极地区和其他地方，当人类引起的环境变化日益加剧的时候，开发新的分析工具以证明人类与环境历史密不可分，这非常重要。人类推动环境变化，气候变化也是如此，只是在不同的尺度上与不同的时间段上有所差异。这里研究的生态系统的可塑性包括社会实践、经济活动和生物资源、冰体状况和人类对其作出反应的全面环境变化。要把历史上发生的事件写出来，一般是按时间发生的精彩瞬间、时代、阶段的顺序，揆其本意，再把它们组合起来构成一部完整的历史，而我们意欲避免陷入这样的编年史的具体叙事模式，相反，我们聚焦构成史密斯湾生态系统中的临时变量，把过去和现在的不同时间性因素"浓缩在一起"（Massey 2005），包括引起系统变化的人类因素在内。

## 生态系统的早期历史：移民

史密斯湾生态系统的形成相对较晚，在8000年前冰川结束后才出现的。冰川消退逐渐扩大了北极海域，才使得野生动物和人类能够居住在该地区。大约4500年前，海雀把该地区变成了"殖民地"（Mosbech et al. 2018）。这一假设的前提是，冰间湖已经形成并可以为桡足类动物提供生存所需，而桡足类动物最终可以养活这些海雀群落（Davidson et al. 2018）。冰湖提供了高密度的海洋资源，可以支持人类的迁移。从考古证据来看，该地区最早的人类（habitations）几乎是和小海雀同时到达的（Grønnow 2017）。

在该地区的第一批古爱斯基摩人移民之后，移民长期中断，期间没有人再次来到这一区域（Grønnow and Sørensen 2006）。此后，已知的主要移民是图勒人（公元1250年），他们从白令海峡出发，沿着北极海岸向东迁移，在大约一代人的时间内进入格陵兰西北部地区。他们把乌姆亚克（umiaq）大型多人皮艇、单人卡亚克（Kayak）和雪橇带到格陵兰岛（McGhee 1997；Schledermann and McCullough 2003）。这些技术使得捕鲸成为可能，从该地区挖掘出的废墟来看，很可能在早期，格陵兰岛的图勒因纽特人都是捕鲸者；他们有着有利于集体捕鲸的社会结构和捕获弓头鲸的技术（Balaena mysticetus）（Holtved 1944：73；McCullough 1989）。

从该地区定居的因纽特人早期阶段开始，就有大量的考古证据表明，定居者与其他地区族群之间有过联系。图勒地区南部的陨铁金属、加拿大北极地区的铜在北冰洋东部的因纽特人集团之间进行过交易，海象象牙和其他商品也有可能与（或从）从东部和西部定居点前往北极的挪威船队进行过交换。这表明，史密斯湾地区的因纽特社会是更大的社会网络的一部分，比如他们之前的古爱斯基摩人社会（Schledermann 1990；Sørense 2010，2012）。这也足以说明该地区的生态系统边界不好加以界定。一般来说，人类的活动及动物物种的迁徙、生物量的众寡在不同的历史时期和矿产资源的利用程度，进入和离开生态系统的空间，就会重塑和改变这一生态系统。

小冰河时期（Little Ice Age）的到来影响着史密斯湾经济和人口结构的变化。15世纪初，格陵兰北部因纽特人数显著增加，因为早期图勒文化的亚群体，他们通过史密斯湾向北迁移，在佩里地（Peary land）周围迁移到格陵兰东北部（Sørensen and Gulløv 2012）。在小冰河期留在北极水域地区的图勒文化群体在许多方面发生了变化：头人（umialik）制席①（捕鲸队的社会等级组织）消失了，冬季定居点变得更小了，并扩展到深峡湾迄今尚未定居的那些地区，在那里出现了以海象、小鲸鱼和环斑海豹（Phoca hispida）为主的新资源空间。这一时期的考古证据发现不多，研究也不足，但可以保险地说，在16—18世纪小冰河期的顶峰时期，史密斯湾地区的人口数量急剧地减少——或许到了接近快灭绝的境地（Schlederman and McCullough 2003）。

在这个过程中，图勒文化发生了变化：对留在该地区的人来说，弓头鲸不再是一个显著的资源。搁浅的鲸鱼可能仍然在他们的经济中发挥了一定的作用；无法根据骨骼材料区分被猎杀或搁浅的鲸鱼（McCartney 1984：101）。另外，从早期的图勒文化来看，生活在史密斯生态系统两翼的海象是他们稳定的资源（Gotfredsen et al. 2018）。最近对史密斯湾海象活动轨迹的分析表明，可能只有一种海象种群（被称为巴芬湾或北极水域种群），通常在格陵兰一侧过冬，而在琼斯湾、兰开斯特湾和布坎南湾及邻近地区的埃尔斯米尔一侧避暑（Stewart et al. 2010；Heide-Jørgensen et al. 2017）。这可能就是他们长期的栖息方式，与史密斯湾两侧的海冰成因及海水的深度与温度有关——靠近格陵兰一侧温暖一些，资源也多一些（Born et al. 2017：89）。除了为人、雪橇狗提供肉类外，海象牙是交易的重要资源。有人认为，"一直以来，人对资源的掠夺是格陵兰海象数量动态变化（和严重减少）的主要推手"（Born 2005：4）。在格陵兰岛西北部，这种情况在过去的100年里或许如此，但到

---

① 优米力克机制：Umialik-institution——译者注。

了 20 世纪初，这种论断就似乎不太可能，这一时期史密斯湾人口稀少，但海象数量众多。

在小冰河期（约 1350—1800），人类穿越史密斯湾的迁徙（差不多）就终止了，图勒地区也不再使用船只，此时的捕鲸活动也就中断了，只是在等待新的时机。1818 年，探险家约翰·罗斯（John Ross）在一只捕鲸船的陪同下穿过梅尔维尔湾（Melville Bay），他十分诧异地看到海湾北端鲸鱼众多（Ross 1819）；职业捕鲸船罗斯号的到来，以及后来的探险活动，改变了因纽特人对自己和他们在这个不断扩大的资源世界中的地位的认识——很快就有了木材、铁、步枪等资源，并使他们进入了货币经济，进而促成了新的狩猎冒险。有人认为，史密斯海峡的弓头鲸在 19 世纪早期之后就不再有人捕杀了（Stoker and Krupnik 1993：579—629）。但工业捕鲸在巴芬湾仍在继续，1820 年达到顶峰，捕获了 1600 头弓头鲸，之后逐渐减少，这一捕鲸活动一直延续到 1850 年。尽管如此，探险者还是在史密斯湾向北推进，他们带来了新材料和新知识，影响了那里的社会生态系统。

随着多塞特晚期（Late Dorset）（约公元 650 年）和图勒地区早期文化的迁移（约公元 1250 年），关于铜、铁和皂石的知识在北极传播开来，交换和贸易网络得到加强（McGhee 1997）。在水域北部毗邻格陵兰的赛维斯维克（Savissivik）附近发现的陨铁石被出售给西部因纽特人，而铜则以相反方式交易。从陨石中锤炼出的铁，交易到西或西北方向，有时甚至会远销 1000 公里外的地方（Appelt 2004）。

西北格陵兰的早期图勒因纽特人与中世纪早期（公元 1000 年，在公元 1500 年左右消失）定居格陵兰南部地区的挪威人也有联系（Appelt 2004）。因纽特人（废墟岛［Ruin Island］阶段）利用了北欧沉船（甚至到北极水域突袭了北欧探险队），他们之间很可能交易过海象牙和（挪威或内陆的）铁（Sutherland 2000；Schledermann 2000）。虽然很难知道谁真正去了哪里，但双方都在彼此的定居点留下了痕迹。这个案例来自早期图勒文化，强调气候、景观、动物和具有不同技术、组织模式和狩猎实践的人都有助于生态系统的塑性建构，正如人类在资源空间中所感知的那样。

## 冰与荒凉：空间的政治

虽然在温暖的中世纪时期，史密斯海峡的交通相对繁忙，但在 17 世纪至

19世纪末时，却逐渐萎缩——正如上文所指出的，在小冰河期的变冷期间，人们的交往比较少。挪威奥托·斯维尔德鲁普（Otto Sverdrup）于北极探险（1898—1902）时，在加拿大北极群岛根本没有发现人的活动痕迹。他为此感慨道：他只从"爱斯基摩人的时代"里发现了一些废墟：这些人永远地属于那个遥远的过去了。这一发现显然表明，他们面临着难以想象的恶劣的自然，这曾是他们在相当长的时间里面临的困境。斯维德鲁普（Sverdrup）写到他们是如何"看到这些废墟，心里涌出一种惨遭遗弃甚至觉得我们人类就是一种废物的感觉，揪心地痛，这些东西是在告诉我们：即使生活在荒无人烟的广袤之地的人们，也与我们一样，有着喜怒哀乐啊"（Sverdrup 1903：275—276）。

人们对埃尔斯米尔岛的不适感似乎也是当地图勒文化的一部分。1951—1952年，法国地理学家让·马劳里（Jean Malaurie）讲述了他在表达意欲跨越史密斯海峡的愿望时所遭遇的质疑。其中，一位年轻猎人闻之扭头离开，而一位老人对他说：

> 我们一定要找到一个有点血性的年轻人。如果我们真要是去加拿大，那就不容易了。我们肯定没有足够的食物。我真的想回来。你知道美国人的故事吗？其中包括美国的北极探险家格里利亚克（Grileysouak）（格里利：Greely），他们都死于饥饿，互相吞食。如果一个人不得不在埃尔斯米尔荒岛上过冬，是很可怕的。奥卢利克（Ouloulik）说，汽油会冻成冰块。如果连接加拿大和格陵兰岛之间的海冰破裂，有时真的会破裂，你会怎么做？我们得靠打猎为生，可是，你不能带一年的子弹。所以，我们得用镖枪（Malaurie 1956：124）。

这位老人显然对这次探险没有什么信心，而且对我们抛弃旧技术的做法感到不满，但最终，这些问题都妥善妥地解决了；事实上，另一边是有很多海豹的。然而，对于格里利来说，1881年开始向极地海洋出发，并在皮姆岛（Pim Island）搁浅，最终，25人中有19人死于饥饿，即使这样的运气，在海岸边还是难以碰到的（Dick 2001：188ff）。

我们确实需要对环境给予恰到好处的关注才能存活下来；但即使如此，猎物也不是理所当然就有的。在丰富的山谷里，即使不再放牧，在冰雪覆盖或秋季突然冰冻，冬季/春季早期冻融的时候，由于麝牛和驯鹿觅食，微薄的植物资源很容易消失。然而，在埃尔斯米尔岛，也有不受风雨侵袭的内陆山谷，在这个纬度生长的植物是不同寻常的（Dick 2001：33）。这为麝牛提供了栖息地。在一段时期内，埃尔斯米尔岛极大地吸引了史密斯湾地区的因纽特人和因努古维特（Inughuit）猎人。根据格陵兰西北部麝牛的放射性碳年代测定，该物种可能存在于全新世晚期（公元100—900）（Bennike and Andreasen 2005），也许就是格陵兰无人类居住的那几个世纪（公元前100年—公元650年）。

政治因素也会影响资源景观的形成，使它遭到毁坏。大约在1900年，加拿大将注意力转向北极群岛。1880年，英国将这些岛屿的管辖权交给加拿大，但没有发生什么事情。然而，当罗伯特·佩里（Robert Peary）和他的助手们在赶赴北极（1891—1909年）的途中，频繁地在格陵兰岛与埃尔斯米尔岛之间的往来穿梭的行动，实际上是在提醒加拿大当局关于北极群岛的归属问题。而在丹麦方面，佩里无意中促成了丹麦对该地区的潜在主权要求。于是，加拿大人不得不采取行动，想起了斯维德鲁普曾经在那里插上了挪威的旗帜（Dick 2001；Schledermann 2003）。对于主权的维护仅仅依靠呐喊是远远不够的；还必须通过占领来证明这一点，加拿大当局就坐下来专门做这件事情。事后看来，我们了解到，国际探索和科学对加拿大北极的形成做出了巨大贡献（Levere 1993）。首先是通过导航和测绘，其次是迫使加拿大人想出各种方法，以维护他们对史密斯湾沿岸岛屿的权利，这一系列的举措就影响到了格陵兰西北居民的资源空间。

20世纪初，人们关注的问题是对麝牛过度捕杀的探险活动。加拿大政府派往埃尔斯米尔岛的使者估计，在一代人的时间里，仅佩里和其他美国探险队就掠走了800只麝牛。据估计，斯维尔德鲁普在埃尔斯米尔岛期间杀死了大约200只动物，而库克在1908年的极地探险中带走了100只（Dick 2001：268—269）。人们担心，这会重新吊起格陵兰因纽特人对麝牛的胃口，于是，加拿大特使对这一地区的管辖问题提出了相关规定："防止国外的爱斯基摩人在加拿大领土上掠走资源，破坏宝贵的狩猎区和渔场（Bernier 1910，引自Dick 2001：270）"。

克努德·拉斯穆森（Knud Rasmussen）第五次图勒探险计划显然也惊动了加拿大人，因为他们在1920年就听说了，相信他要在加拿大建立贸易站。加拿大当局就提醒他不要猎杀麝牛。他回答说："我们不存在违反加拿大有关狩猎法的问题，因为我们不会进入加拿大境内，而且去的是更北的地方。它不在加拿大的管辖范围内"（Rasmussen，引自 Dick 2001：274）。潜在的冲突依然存在。1921 年，帕克斯的总督哈金（Harkin）施压，要求加拿大限制因努古维特人在埃尔斯米尔岛捕猎麝牛。他建议：

> ……首先，加拿大应该对埃尔斯米尔土地的独家所有权和权威采取非常强硬的立场。应该告知丹麦政府，在埃尔斯米尔的土地上继续猎杀麝牛是不能容忍的，因为这就意味着麝牛会提前灭绝。如果丹麦不立即同意完全停止这种屠杀，加拿大应该在埃尔斯米尔地建立一个骑警站，目的是阻止屠杀和维护加拿大的权威（Harkin，引自 Dick 2001：274—275）。

这些骑警站最终在克雷格（Craig）港（1922）和巴切（Bache）半岛（1926）设立。具有讽刺意味的是，骑警站设立后，他们却呼吁格陵兰西北部的因努古维特人去帮助他们运输和狩猎——因为该地区根本没有所谓的"加拿大因纽特人"。这是在冷战期间发生的变化，当时美国要求加拿大调查埃尔斯米尔岛，而美国忙于建立远距离预警线，并希望将其扩展到加拿大北极地区（Doel et al. 2014）。因此，为了保护加拿大主权，就在埃尔斯米尔岛重新建立了加拿大皇家骑警分遣队，首先在克雷格港和皇家骑警哨所（1951 年）建立"土著"定居点，随后在雷索鲁特（Resolute）和格里斯（Grise）峡湾也建立了定居点（Dick 2001：426ff）。

克努德·拉斯穆森（Knud Rasmussen）于 1921 年就开始撰写关于图勒地区的旅行札记，内容涵盖从南到北沿梅尔维尔角到英格菲尔德的海岸的旅行见闻，但并没有细述史密斯湾西侧情况似有不妥，毕竟这也是该地区的一部分。然而，在他对日常生活和季节性狩猎活动的描述中，他还提到了人们对熊皮的需要，不仅是因为制衣的需要，也是因为"现在驯鹿几乎灭绝了"的台地盖层（platform cover）。然后，他又补充说，猎熊者的能力各不相同，效率不一，这就是为什么即使在埃尔斯米尔岛的另一边，人们也开始捕猎麝牛以获取毛皮的原因。他接着说：

> 麝牛的捕猎时间可能会长达 6—8 周不等，特别是如果这些狩猎者一路追杀到黑伯格（Heiberg）这个地方时，他们有时候还得捎带上妻子。随后，猎人们在狩猎场附近安寨扎营，把兽皮晒干。每年，可能会

有大约 20 来个猎人来狩猎。据估计，每年大约有 300 只麝牛被杀。令人悲哀的是，猎物被彻底赶走抑或在这一地区灭绝只是一个时间问题。（Rasmussen 1921：562；作者译文）。

毫无疑问，因纽特人在这个时候把埃尔斯米尔岛视为他们狩猎场的一部分，因为在其他狩猎场资源枯竭的情况下这一地方可以为他们提供特别资源。

除此之外，他们还时不时因为这样或那样的动机穿越史密斯湾去打猎。丹麦生物学家克里斯蒂安·维贝（Christian Vibe）指出，1939—1941 年，当他还在该地区时，因纽特人经常穿越史密斯海峡去猎取北极熊，每次旅程大概要花 10—20 天或更长时间（Vibe 1950：95）。他还注意到格陵兰岛一侧的环斑海豹的数量是如何相对减少的，而在埃尔斯米尔岛海岸则发现了大海豹。"老海豹可以更容易在厚冰上打开呼吸孔，而北极熊就在他们旁边"（Vibe 1967：54）。显然，他们去埃尔斯米尔岛正是因为海豹，特别是该地还有北极熊出没。

埃尔斯米尔岛的居住和资源开发史表明，生态系统及其中的社会生活会受到新资源的影响。换句话说，正如导言中所叙，生态系统包含了人类的实践和偏好，以及政治决策和权力博弈。这些可能在其他时间尺度上运行，而不是自然的驱动，但它们的作用不应忽视。此外，资源不是简单的自然资源，它们也会出现在社会空间，而社会空间会因资源需求，对资源的认知及限制资源流动的政治观念相应地扩大或缩小。特定资源的价值取决于特定的历史、经济和社会事件。更重要的是，在特定的社会系统中，特定物种（如麝牛）的价值归属可能会影响整个生态系统、动物和人类生活。这些都是生态系统的一部分。

同样重要的是，史密斯湾沿岸地区的时间尺度不同，使之成为其变迁路径的一部分。生物、社会和政治力量在一种不平衡的节奏中结合并重塑一个生存世界。这种力量的综合作用使生态系统的发展难以预测。

## 新人类和新材料：生态系统效应

生态系统中人类能动性及其连锁临时性随着图勒地区两波人的到来而进一步地显示出来，对当地因纽特人的生活与世界观的演变产生了很大的影响。从 1818 年开始，欧洲的水手和探险家纷纷来到这里，在整个 19 世纪没有间断过。这其中包括上面提到的，于 19 世纪 60 年代中期到达的约翰·罗斯及一小群因纽特–巴芬人。罗斯一到，就着手思考贸易或货物交换的可能性，用这些当地人手中的兽皮去购买铁、木头、器皿和后来的步枪等等（Ross 1819：119—120；Hastrup et al. 2018）。巴芬人也为图勒人的技术改进做出了重大贡献。

在小冰河期开始时，约公元 1250 年左右所引进的图勒航海狩猎技术发生了显著变化。首先，对弓头鲸的狩猎停止了。大型捕鲸镖枪和作为捕鲸船的乌姆亚克已不再使用了。接下来，在经历了一段与外面世界的隔绝，和因纽特人人口数量减少的时期后，需要木材技术的船只，如皮艇，就已经不再被建造了。因此，整个开阔水域的综合体，包括投掷镖枪，在 19 世纪之前就已经解体了。海洋哺乳动物只在冰上和陆地上这些可以使用镖枪的地方才能猎杀得到。这是 19 世纪第一批探险家在史密斯湾对于该地物质文化的记录（Ross 1819；Kane 1856；Hayes 1866）。海耶斯（Hayes）尤其注意到，由于武器有限，而且没有船只，对海象的捕猎可谓别出心裁。

1864 年，有一小波人从巴芬岛移民来到史密斯湾，这里的情况就发生了改变（Mary-Ronsselière 1980）。这些人中的多数人又返回家乡，但有些人留了下来；在佩里于此逗留期间，还有五个人与因努古维特人混居在一块（Peary 1898：488）。这些新来者重新启用了皮艇和开放式水域狩猎，大大扩展了投掷范围。当克努德·拉斯穆森（Knud Rasmussen）1903 年第一次来到图勒时，19 世纪 60 年代抵达这里的几个岛民仍然健在，他们依然记得当时是如何教当地人们使用木材制作弓箭、鱼矛和皮艇的（Rasmussen 1908：32—33；Hastrup et al. 2018）。这使上次他们到来时的狩猎技术再次复活了。

图勒站（1910）建立后不久，人口达到了约 250 人左右（Gilberg 1976）。他们得到了源源不断的木材、崭新的步枪和其他物质资料，引入了货币经济。只要需要，雪橇和皮艇可以随时再造，枪支的使用使狩猎更加容易，而锅碗瓢盆这些金属器皿、布料和缝纫材料改变了古老的烹饪和制衣程序。上顿不接下顿饿肚子的日子基本得到控制。即使是流行病也开始减少了，一方面这是由于他们对疾病的免疫力增强，另一方面也是由于接种了疫苗。总地来说，图勒站对塑造全新的社区认同感及对他们狩猎价值观的形成功不可没。然而，其价值观念已经转移到对金钱及新技术的膜拜这类复杂问题方面了。有些人期望除了源源不断的步枪供应外，还设法购置小型摩托艇，另一些人则想建造胶合板墙壁的舒适房屋。这里有一个例子，有一户人家甚至在石头和草坪房子里铺上一层木地板——这令他的小女儿感到无比的骄傲（作者于 2010 年在卡纳克［Qaanaaq］的采访）。

显然，人们的迁徙、物质的交换、新技术的传入和狩猎产品的货币价值等影响了人们对自然资源的认知与开发利用的方式，该地区（及其他地区）不断变化的历史现实也是如此。这些可能是商业或政治的，有时两者兼而有之，就像 1910 年建立图勒站时所发生的那样，重新定义了居住的空间，最终重新定义了这个地方及其多物种社区的生态。

## 生态系统的变化：商业驱动因素

图勒站在地理位置上位于中部地区，在一个原本分散的社会中，它逐渐变成了一个社会和政治中心。而且，正如它所发生的那样，多年来创办了多家科技公司。作为一个贸易站，该站促进了当地商品的交换，主要是狐狸皮和羽绒，用于购得外国商品、枪支、衣服、咖啡等。狐狸皮革贸易在整个图勒站历史上（1910—1953）及以后都具有重要的经济意义。狐狸皮革贸易一直持续到 1963 年。

这个地区的老年居民还记得那个时期猎狐的一件不愉快的事情，因为它导致了一种新的家庭不平等。猎狐换皮，用狐皮换现金或商品，意味着要参与一种新的经济秩序，把人群和区域加以区分（作者在 Qaanaaq 2013 年的采访）。一些老练的猎狐者可能会突然变得富有——分享狩猎成果在那个地方已经成为社会经济默认的一部分，而分享金钱并不是理所当然的。社会后果并不是不重要的。有一次，一个老猎人被人们孤立起来了，以至于他幸存下来的女儿（现在已经 80 多岁了）还在为这种不公平而悲叹。这在独角鲸（Monodon monoceros）的马塔克（mattak）[①] 现代贸易中（含出口贸易）也有相似之处：一些人贩卖马塔克可以挣钱，然而，其余的一些人，却只能在社区的庆功宴上尝鲜——一般情况下，当这批货出售时，那些幸运之神光顾的老猎手或者有财力的猎人会从冰箱里取出马塔克和其他美食。

今天已经没有商业性的猎狐活动了。市政府会为交换一只狐狸尾巴支付一点现金，这是由于大家普遍害怕狂犬病而采取的减少狐狸数量的一种措施。由于市场不景气，皇家格陵兰贸易局关闭了狐皮交易。1953 年，市政府对图

---

① 马塔克，因纽特语，用来称鲸鱼皮及皮下脂肪部分，是因纽特人的传统美食——译者注。

勒人重新进行了安置，让大部分人向北面移住，使他们远离图勒空军基地军需供应站附近、狐狸经常出没的山谷。这也是考虑到在图勒及约克角附近的海雀足以喂饱这些狐狸。同时，对那些没有优质摩托艇的图勒人来说，还设置了一个狩猎缓冲带。1953 年，由于要建一个美军空军基地，官方把卡纳克（Qaanaaq）的一个斜坡选为图勒站的一个替换场所，居民就得离开中部区域；此时，因为没有可让狐狸捕食的海鸟群栖息地，狐狸也几乎看不到了（Mosbech et al. 2018）。

1929 年，在作为贸易站站长的克努德·拉斯穆森的倡议下颁布了一项具体的图勒法（Andersen et al. 2018）。根据这项法律，成立了一个狩猎者委员会，由分别来自北方、南方和中部地区的三名猎人代表组成，此外还有居留医生、贸易站经理和牧师。除了通过效仿国际趋势发出"文明"信号外，该委员会的主要目的之一是规范狩猎。很显然，在图勒站刚开始设立实行集中管理的时候，即使居住在图勒的人口按百来人计算（Holtved 1967），沃斯滕霍姆峡湾（Wolstenholme）的生物资源也开始枯竭了，尤其是海象与绒鸭。枪支引进后，海象的厄运也就降临了（Born 2005；Born et al. 2017）。猎人委员会敦促身强力壮的人，像以前一样定期散开居住，规定除非他们生病或体弱多病行动不便，否则不允许他们在图勒地区连续居住 3 年以上。这些老弱病残者交由贸易站来照顾。空间分布调整是狩猎保护的一种方式，对狩猎予以限制是另一种方式，《图勒法》序言部分的论述意义重大：

> 任何自由猎人都有通过狩猎为自己和家人提供衣食的义务，但狩猎的数量是需要限定的。因此，在世界各地，只要是谙熟行业的人都能达成默契，在猎物繁殖期间应当予以禁猎。不然的话，猎物的数量将会一年比一年减少。我们这里，保护绒鸭、狐狸和海象免遭灭绝尤为重要，任何自由猎人都应该以采取这样的保护措施为荣，否则，当那些现在还是孩子的人到他们成年的时候，这些动物就会灭绝（Thule-law 1929：16）。

《图勒法》还进一步强调：如果猎人不遵守这些保护措施，他们不仅会伤害自己，也会伤及子孙后代。为了进一步鼓励人们分散狩猎，在该地区重新分配狩猎活动，总站分别于 1929 年（Siorapaluk）和 1934 年（Savissivik）在该区域的北部和南部地区设立了两个子贸易站，并设立了新的、规模也相对较小的商品交易中心。这影响了生态系统内狩猎的空间活动——因此，也影响了其动物种群规模。

渔业一直是该地区的一种潜在资源。孩子们放暑假时，专业的和业余的猎人就带着他们的家人来到他们钟爱的狩猎地点，在这里捕猎独角鲸、海雀、海象以及钓捕北极鲑鱼（Salvelinus Alpinus）。再比如有些日子，如夏令营，家长带着孩子们有时在这里停留上几周，一起度过一段宝贵的时光，不仅冰箱装得满满的，而且还为即将到来的漫漫长夜的冬季积蓄了能量。尤其是妇女在海滩上用渔网捕北极鲑鱼。她们搭起小营地，经常把到这儿来钓鱼当做是猎人妻子的假期（作者的采访）。

老人或者妇女用渔网捕捞冰窟窿下的北极鳕鱼（Boreagadus Saida），他们只需要一个小小的步行雪橇，滑行一小段路程便可在开春的冰面上凿开一个窟窿。最近，格陵兰的比目鱼（Reinhardtius Hippoglossoides）已然成为具有重要经济性的物种（Flora et al. 2018）。我们注意到捕鱼是如何从作为老人和女人（北极鲑鱼，极地鳕鱼）的一项任务逐渐发展成为一种现代产业（比目鱼），吸引着男人们用长线在海冰上钓捕。就像以前的狐狸一样，比目鱼正成为一个重要的商机。这种情况也反映了该区域的海水温度变化，把新物种吸引到了史密斯湾地区。

对于生活在北极高纬度地区的人来说（如因努古维特人，在北纬76°至79°之间），狩猎始终是必不可少的生存策略，但不能将其理解为对特定动物生存环境的简单反应。随着时间的推移，不同的资源具有不同的价值，这取决于特定的技术和商业利益以及动物和某些资源的效用性。史密斯湾地区动物资源的丰富程度取决于气候变化及人类开发历史，抑或与本地区外的迁徙物种（migratory species）有关。外国人猎捕北极弓头鲸（bowhead whale）和海象影响了因纽特人的生存状况；图勒空军基地的垃圾场增加了狐狸的数量；驯鹿和麝牛（来自南格陵兰岛）的重新引进提供了新的资源；巴芬湾的普遍变暖很可能增加了英格尔菲尔德布雷宁的比目鱼种群。

在过去100年里，图勒狩猎的主要商业驱动因素最初是狐狸皮贸易，逐渐被海豹皮贸易所取代，直到20世纪80年代海豹皮市场崩溃，当时它被独角鲸皮贸易所取代，而独角鲸皮仍然是一个重要的商业驱动因素。一般来说，史密斯湾的生物资源在不同的时期具有不同的商业价值，这是为了应对远离该区域的市场——无论是半个多世纪前的陨石，还是最近刚从北极水域出现的比目鱼。这意味着生态系统的边界变得越来越难以界定，人类对生态系统的影响已经加剧——无论是在当地还是在全球。

## 目前的生态系统：图勒地区的挑战和新的可能性

在格陵兰岛，史密斯湾社区是最持久的狩猎社区之一。格陵兰岛的很多猎人居住在城镇里，狩猎仍然是其经济重要组成部分。在最北部和东海岸，狩猎已经渗透到他们的社会生活中，但是受季节的影响很大。捕猎对象依然是海洋中的大型哺乳动物，如独角鲸、北极熊及海象等，深深地影响了人们的自我认知（Born et al. 2011，2017）。正常情况下，狩猎活动不仅关乎极昼与极夜的问题，或猎物的实际存在，而且还关乎这次该捕什么，那次该捕什么的"适当时间"。然而，由于季节变化无常，曾经的"适当时间"不再靠谱，在允许的狩猎时间，进行野外狩猎时，由于冰体的变化导致猎人无法猎捕北极熊或海象时，他们就会变得焦躁不安。对于极地因努古维特人来说，狩猎活动仍然占据着主导地位。如果狩猎失败，或者没有北极熊皮毛来为新老猎人制作裤子，他们的生活情形就很糟糕。

这不仅是（男性）猎人关心的问题。妇女在处理猎物、分享肉类、准备膳食、加工皮革和为日后生活储备方面始终发挥着重要作用。此外，她们也在为猎人制作衣服方面发挥了至关重要的作用（Holtved 1967）。虽然对狩猎的认同感很强，但事情也在发生变化。许多妇女，特别是那些没有嫁给猎人的妇女，还没有学会这些手工艺品制作技术。20世纪的60和70年代，人们普遍认为男女青年作为猎人或猎人的妻子的生活是没有未来可言的。受过正规教育成了格陵兰–丹麦政治生活中的一种特权。许多女孩被送到丹麦去上学，接受教育，而没有学习传统工艺。来自卡纳克的一名60多岁的妇女讲述了她是如何从格陵兰和丹麦的城镇学校回归传统的，并期望留在卡纳克的同龄人都知道他们的传统手工艺。令她惊讶的是，只有少数人学会了这些手艺，并重视其他的活动（作者的采访）。虽然狩猎作为一种职业在图勒地区的人口中重新获得了价值认可，但许多父母仍然强调，他们的孩子在选择如何谋生之前必须接受正规教育。

大多数年轻人在成年时离开卡纳克到格陵兰或国外接受正规教育，但是很多人是一去不复返。此外，格陵兰政府正在鼓励猎人更多地去从事商业捕鱼活动，对渔船和舷外马达等捕鱼设备提供足够的补贴。虽然这些补贴成为改进设备和增加捕鱼活动的经济驱动因素，但同样的设备也可以用于狩猎，因此这些补贴同时也成为狩猎等活动的动力因素。值得注意的一个有趣的事件是，过去几十年在册的职业（全职）猎人人数相对稳定，大约为 80 人。猎人有时可能会重新定义自己——全职或兼职猎人（影响他们的猎物捕获量）。虽然狩猎活动在变化，现在他们已经开始在捕捞比目鱼了，不过，如果把全职猎人的规模控制在大约 80 名左右，只计算他们的主要收入来源而不计算他们捕获的物种（含鱼类），那么狩猎经济似乎就是可持续的。

与季节性收缩及北极水域冰缘线的出现相关联的两种可持续的基本狩猎方式对狩猎技术的需求有一定的启示：首先，狗拉雪橇是必不可少的狩猎工具，它可以直达冰缘，在坚冰季节，还可以用它干更多的活。季节的时间正在缩短，但狗拉的雪橇技术仍然无可替代：在该区域远足只能靠它。在夏令开放水域的季节，皮艇和摩托艇取代了雪橇。在禁止使用摩托艇的地方，皮艇成为猎捕独角鲸的主要工具，有时也用于捕获海象。独角鲸皮的价格自 20世纪 60 年代末以来急剧上涨。每条鲸鱼的平均的皮产量为 120 公斤，目前的购买价格高达 65 美元 / 公斤，是所有狩猎产品中售价最高的猎物了。如上所述，当狐皮贸易结束及国际海豹皮市场 1980 年代崩溃时（Andersen et al. 2018），独角鲸成为最重要的商业资源。就像狐皮贸易一样，独角鲸（其皮与鲸脂）市场的出现增加了格陵兰市场上老猎人的货币收入（见图 1）。就像猎狐业产生的那样，马塔克的商业化又在因纽特社区产生了社会经济差异。

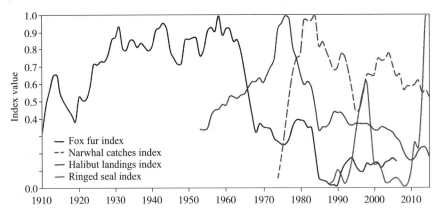

**图 1** **1910 年至 2015 年期间，图勒地区的四种产生现金的猎物物种的渔获量开发情况。狐狸和独角鲸的数据代表个人的实际渔获量，而海豹和比目鱼的数据分别代表海豹皮和比目鱼上岸的贸易。数据区域按时间序列中最大捕获量的比例缩放。趋势显示为四年平滑均值，但比目鱼只有两年平均数据可供使用。原始数据来自格陵兰统计局、Piniarneq 和格陵兰自然资源研究。**

　　当地的做法是支持继续使用皮艇和镖枪猎捕独角鲸。猎人们可以乘坐摩托艇去狩猎，但一旦该地区发现了鲸鱼，他们就会换乘皮艇，用皮艇悄无声息地接近鲸鱼。如果鲸鱼离得很近，他们就直接从冰边或从海滩上用镖枪直接猎捕，只是这种情况比较少见。使用镖枪这一原始技术猎捕鲸鱼是十拿九稳的，很少会失手。众所周知，图勒地区的独角鲸易受惊，难以接近，皮艇通常是接近独角鲸的最佳甚至是唯一的方法。在这一地区禁止使用船只猎捕独角鲸，是猎人委员会在 20 世纪 60 年代提出的一项规定，旨在保护狩猎活动，而不是禁止捕猎鲸鱼，其目的是确保没有摩托艇的猎人不会一无所获，没有船只的干扰下，他们仍然能够捕获独角鲸。这些规则没有正式列入格陵兰官方猎独角鲸的规则，但在图勒地区，这就是规矩。

　　现在，摩托艇一年中使用的频率越来越高，成了狩猎生活的支柱。摩托艇比轻巧易毁的皮划艇受到浮冰的影响要小，机动性强。所以它们填补了坚冰期雪橇的使用与峡湾无冰水面需要皮划艇作业时的空白。通常，在过渡时期，船只也就是皮划艇装载在雪橇上，然后用雪橇拉到冰缘去作业。由于格陵兰政府给予的补贴和出售马塔克获得的收入，一些猎人的舷外马达的动力得到不断的改善，远足狩猎比以前更快捷了，扩大了狩猎区，但同时也提高了公共补贴的层级，使日常生活需要与商业狩猎之间的关系复杂化。随着狩猎能力不断提高，对狩猎的监管变得更加紧迫。

　　与对独角鲸的高度专业化狩猎相比，除了夏季的那几个月，海象狩猎则可以终年进行，因为海象更喜欢较为凉爽的加拿大海岸（Heide-Jørgensen et al. 2017）。春天，海象栖息在冰缘附近，雪橇拉着摩托艇来到这里，从摩托艇上就可以把海象擒获。另外，如果海象在水里的话，从皮划艇上用带有诱饵的鱼钓也可以将它收入囊中，但是也有不少被撵出来的栖息在浮冰上的海象常常还在梦中就被射杀。秋天，人们乘船长途跋涉时，会与从加拿大返回到埃塔（Etah）附近的史密斯湾地区北部、或到英格尔菲尔德布雷宁（Inglefield Bredning）外缘的基亚塔克岛（Kiatak）周围地区的海象相遇。

　　随着各种新技术的引入，包括摩托艇、新材料、尼龙绳、塑料及铝制品等，狩猎工具正在逐渐被更新，如髯海豹皮、海象或独角鲸牙等已不在狩猎工具之列。通过不同的狩猎工具、物品以及它们整合现代材料的方式，生态系统的交织（thrown-togetherness）及其社会适应的灵活性是如此真实。不同的材料具有各自的经济与时间动态性，为某一新工具应势的出现做好了经济与时间上的准备。一般来说，工具与技术会干预猎人与其猎物之间的关系，渗透到人类居住和共生的生态系统中，并在一定时间内集中于特定物种。

## 结论：迈向未来

史密斯湾的社会实践，包括狩猎，并非是必然发生的，自然生态系统的发展也不是机械的。人类的行为绝不仅仅是对变幻莫测环境的行为反应。他们是蓄意所为，以牺牲他者为代价来凸显人类的做法，不断地变换狩猎的花样。人们狩猎除了维持生存的食物及其狩猎设备材料所需，大多是基于空间和社会价值的特定想象。因纽特人自来到该地区，其生活的生态空间也远非一个有着明确方向的稳定的框架。它受到温度和冰盖变化的影响，受到动物数量变化的影响，受到前所未有的带着探索性或商业利益涌来的后来人的影响，使这个相对孤立的区域与广阔的全球利益链联系在一起。

随着这些后来者带来的新技术与材料，狩猎方式发生了变化。传统上，几乎所有的狩猎设备都是由当地原材料制作的。从这个意义上讲，狩猎活动及其狩猎工具之间构成了一个环形链。现在由于更多的材料和技术设备（如大功率摩托艇，尼龙绳，塑料，帆布，铁等）已经进入了猎人的生活，这种连接已经发生了变化。由于出现了这些新的材料和技术，金钱对于狩猎来说就越发必要，也成了他们生活中不可或缺的财富。当然，这意味着出售猎物资源可以换得现金，如出售独角鲸和比目鱼。新技术之所以变得必不可少，部分原因是不断变化的环境所致，由于海冰面积的缩小，迫使猎人们远足狩猎，但是传统雪橇无法远足狩猎。因此，气候变暖的水域、狩猎场域的重构、新的技术需求及货币经济的刺激强化形成了这种交互沉淀现象。

在上文，史密斯湾地区作为一个生态系统，我们已经表达了一种人类活动对其变化影响非同小可之感——尽管在这个广阔的区域中人口数量不多。生态系统本身的可塑性和改变生态系统内社会和环境关系的驱动因素交织在一起改变了人类和动物的生活，也改变了经济利益的分配及其价值观念，再次证明了图勒地区社会群体强大的生存能力（Hastrup 2017）。这些变化的时间性可能不同，但它们无一不对生态系统产生着影响。

同时，由于气温变化和冰盖缩小而引起的该区域更大的动荡，或多或少地引发了关于该区域作为"最后一个冰区"的危言耸听理论，使该区域的人们在史密斯湾周围的狩猎机会减少了，但可能会受到采掘业与旅游业的冲击

（WWF 2012）。的确，就像冰层下面的大海一样，冰层也正在发生变化，但如果过去没有出现什么问题，那么现在史密斯湾地区的人们生活也不会受到多大的影响，因为他们具有超强的适应力与恢复力（Hastrup 2009）。气候或许会改变，但该地区将一如既往地提供人们所依赖的资源。

过去十年来对该地区时断时续的人类学调查和访谈，汇成了今天对该地区生活的观察和对过去记忆的追溯这一成果。我们要感谢北方水域参与有关图勒地区生命资源与人类居住的北方水域项目（NOW-project）的跨学科对话（www.now.ku.dk）。感谢威卢克斯基金会（Velux Foundations）和嘉士伯基金会（Car Isberg Foundation）对该项目的慷慨支持。感谢两位审稿人的认真阅读和富有成效的评论。感谢里克·G·汉森（Rikke G. Hansen）提供的这张地图。

# 参考文献

AMAP.

2017, *Snow*, *Water*, *Ice and Permafrost in the Arctic*（*SWIPA*）*2017*. Arctic Monitoring and Assessment Programme（AMAP）, Oslo, Norway. pp. xiv+269.

Andersen, A.O., M.P. Heide-Jørgensen, and J. Flora

2018, Is sustainable resource utilisation a relevant concept in Avanersuaq? The walrus case. *Ambio*. https://doi.org/10.1007/s13280- 018-1032-0.

Appelt, M.

2004, De sidste Dorsetfolk. In *Grønlands Forhistorie*, ed. H.C. Gulløv. Copenhagen：Gyldendal.

Bennike, O. and C. Andreasen

2005, New dates of musk-ox（*Ovibus Moschatus*）remains from northwest Greenland. *Polar Record* 41, pp. 125—129. https://doi.org/10.1017/S0032247404004127.

Born, E.W.

2005, *An Assessment of the Effects of Hunting and Climate on Walruses in Greenland*. Oslo：Natural History Museum.

Born, E.W., A. Heilmann, L.K. Holm, and K.L. Lairdre

2011, *Polar Bears in Northwest Greenland*, vol. 351. Copenhagen: Museum Tusculanum Press. Monographs on Greenland.

Born, E.W., L. K. Holm, K.L. Laidre, and M. Iversen

2017, *Walruses and the Walrus Hunt in West and Northwest Greenland. An Interview Survey about the Catch and the Climate*, vol. 355. Copenhagen: Museum Tusculanum Press. Monographs on Greenland.

Davidson, T., S. Wetterich, K.L. Johansen, B. Grønnow, T. Windirsch, E. Jeppesen, J. Syväranta, J. Olsen, et al.

2018, The history of seabird colonies and the North Water ecosystem: Contributions from palaeoecological and archaeological evidence. *Ambio.* https://doi.org/10.1007/s13280-018-1031-1.

Dick, L.

2001, *Muskox Land. Ellesmere Island in the Age of Contact.* Calgary: University of Calgary Press.

Doel, R.E., U. Wråkberg, and S. Zeller

2014, Science, Environment, and the New Arctic. *Journal of Historical Geography* 44: 2—14.

Flora, J., K.L. Johansen, B. Grønnow, A.O. Andersen, and A. Mosbech

2018, Present and past dynamics of Inughuit resource spaces. *Ambio.* https://doi.org/10.1007/s13280-018-1039-6.

Gilberg, R.

1976, *The Polar Eskimo Population, Thule District, North Greenland*, vol. 203. Copenhagen: Meddelelser om Grønland.

Gotfredsen, A.B., M. Appelt, and K. Hastrup

2018, Walrus history around the North Water: Human–animal relations in a long-term perspective. *Ambio.* https://doi.org/10.1007/s13280-018-1027-x.

Grønnow, B.

2017, *The Frozen Saqqaq Sites of Disko Bay, West Greenland. Qeqertasussuk and Qajaa ( 2400—900 BC ). Studies of Saqqaq Material Culture in an Eastern Arctic Perspective. Meddelelser om Grønland/Monographs on Greenland, Man, Society*, vol. 356. Copenhagen: Museum Tusculanum Press.

Grønnow, B., and M. Sørensen

2006, Palaeo-Eskimo Migrations into Greenland: The Canadian Connection. In *Dynamics of Northern Societies. Proceedings of the SILA/NABO Conference on Arctic and North Atlantic Archaeology*, ed. J. Arneborg and B. Grønnow, Vol. 10, pp. 59—74. May 10th—14th, 2004. Studies in Archaeology, History. National Museum, Copenhagen.

Hastrup, K.

2017, The Viability of a High Arctic Hunting Community: A Historical Perspective. In *The Anthropology of Sustainability*, ed. M. Brightman, and J. Lewis, pp. 145—169. London: Palgrave Macmillan.

2009, Arctic Hunters: Climate Variability and Social Flexibility. In *The Question of Resilience Social Responses to Climate Change*, ed. K. Hastrup. Copenhagen: The Royal Danish Academy of Sciences and Letters.

Hastrup, K., A. Mosbech, and B. Grønnow

2018, Introducing the North Water: Histories of exploration, ice dynamics, living resources, and human settlement in the Thule Region. *Ambio*. https://doi.org/10.1007/s13280-018-1030-2.

Hayes, I.I.

1866, *The Open Polar Sea. A Narrative of a Voyage of Discovery towards the North Pole, in the Schooner United States*. London: Sampson Low, Son and Marston.

Heide-Jørgensen, M.P., J. Flora, A.O. Andersen, R.E.A. Stewart, N.H.Nielsen, and R.G. Hansen

2017, Movements of walruses in Smith Sound: A Canada-Greenland shared stock. *Arctic* 70, pp. 308—318.

Hoag, C., and J.-C. Svenning

2017, African Environmental Change from the Pleistocene to the Anthropocene. *Annual Review of Environment and Resources* 42, pp. 27—54.

Holtved, E.

1967, *Contributions to Polar Eskimo Ethnography*, vol. 182. København: C.A. Reitzels Forlag.

1944, *Archaeological Investigations in the Thule District*, II: *Analytical Part. Meddelelser om Grønland*, bd. 141. Copenhagen.

Kane, E.K.

　　1856, *Arctic Explorations. The Second Grinnell Expedition in Search of Sir John Franklin, 1853—1855*, vol. I—II. Philadelphia: Childs, Peterson.

Levere, T.H.

　　1993, *Science and the Canadian Arctic. A Century of Exploration, 1818—1918*. Cambridge: Cambridge University Press.

Malaurie, J.

　　1956, *The Last Kings of Thule. A Year Among the Polar Eskimos of Greenland.* London: Allen and Unwin.

Massey, D.

　　2005. *For Space.* London: SAGE.

Mary-Rousselière, G.

　　1980, *Qitdlarssuaq, l'histoire d'une migration polaire.* Montreal: Université de Montreal.

McCartney, A. P.

　　1984, History of Native Whaling in the Arctic and Subarctic. *In Arctic Whaling: Proceedings of the International Symposium on Arctic Whaling, February 1983*, ed. H.K. s'Jacob, R. Snoeijing, and R. Vaughan, pp. 79—112. Groningen: Arctic Centre.

McCullough, K.

　　1989, The Ruin Islanders: Early Thule Culture Pioneers in the Eastern High Arctic. *Archaeological Survey of Canada*, Mercury Series 141: 347.

McGhee, R.

　　1997, *Ancient People in the Arctic.* Vancouver: University of British Columbia Press.

Mosbech, A., K.L. Johansen, T. Davidson, M. Appelt, B. Grønnow, C. Cuyler, P. Lyngs, and J. Flora

　　2018, On the crucial importance of a small bird: The ecosystem services of the little auk (*Alle alle*) population in Northwest Greenland in a long-term perspective. Ambio. https://doi.org/10.1007/s13280-018-1035-x.

Peary, R.

　　1898, *Northwards over the "Great Ice" A Narrative of Life and Work along the*

*Shores and upon the Interior Ice-Cap of Northern Greenland in the Years 1886 and 1891—1897*, vol. I—II. New York: Frederick A Stokes Company.

Rasmussen, K.

1921, The Thule District. In *Grønlandi Tohundredaaret for Hans Egedes Landing*, ed. G.C. Amdrup, L. Bobe', A.S. Jensen, and H.P. Steensby, pp. 517—567. Copenhagen: C.A Reitzels Boghandel.

1908, *The People of the Polar North ( Compiled from the Danish Originals and edited by G. Herring )*. London: Kegan Paul, Trench, Trübner, Co.

Ross, J.

1819, *Voyage of Discovery, made under the orders of Admiralty, in his Majesty's ships Isabelle and Alexander, for the Purpose of Exploring Baffin's Bay, and inquiring into the probability of a North-West Passage.* London: John Murray.

Schledermann, P.

2003, The Muskox Patrol: High Arctic Sovereignty Revisited. *Arctic* 56, pp. 101—109.

2000, Ellesmere. Vikings in the Far North. In *Vikings. The North Atlantic Saga*, ed. W.W. Fitzhugh, and E.I. Ward, pp. 248—256. Washington: Smithsonian Institution Press.

1990, *Crossroads to Greenland: 3000 Years of Prehistory in the Eastern High Arctic.* Komatik Series no. 2. The Arctic Institute of North America of the University of Calgary. p. 364.

Schledermann, P., and K.M. McCullough

2003, *Late Thule Culture Developments on the Central East Coast of Ellesmere Island.* Copenhagen: The National Museum of Denmark ( SILA ).

Stewart, R.E.A., E.W. Born, R. Dietz, M.P. Heide-Jørgensen, F.F. Riget, K. Laidre, M. Villum Jensen, L.-Ø. Knudsen, et al.

2010, Abundance of Atlantic Walrus in Western Nares Strait, Baffin Bay Stock, during Summer. *NAMMCO Scientific Publications* 9, pp. 123—140.

Stoker, S.W., and I.I. Krupnik

1993, Subsistence Whaling. In *The Bowhead Whale*, ed. J.J. Burns, J.J. Montague, and C.J. Cowles, C.J. Special Publication No. 2, Society for

Marine Mammalogy, Lawrence, Kansas. p. 787.

Sutherland, P.D.

2000, The Norse and Native North Americans. In *Vikings. The North Atlantic Saga*, ed. W.W. Fitzhugh, and E.I. Ward, pp. 238—247. Washington: Smithsonian Institution Press.

Sverdrup, O.

1903, *Nyt Land. Fire Aar i Arktiske Egne*, bd. I, II: Kristiania: Aschehoug, Co.

Sørensen, M.

2012, *Technology and Tradition in the Eastern Arctic 2500 BC—1200 AD. A Dynamic Technological Investigation of Lithic Assemblages from the Palaeo-Eskimo Traditions of Greenland*. Meddelelser om Grønland/Monographs on Greenland, Man and Society 40.

2010, *The Archaeology of Old Nuulliit. Eigil Knuth's Investigations in the Thule Region, North Greenland, 1952—1990*. Meddelelser om Grønland/ Monographs on Greenland, Man and Society 39.

Sørensen, M., and H.-C. Gulløv

2012, The Prehistory of Inuit in Northeast Greenland. *Arctic Anthropology* 49, pp. 88—104.

Thule Law

1929 ( ff ), Kap York Stationen Thules Love af 7. Juni 1929. *Kundgørelser vedrørende Grønlands Styrelse* nr. 2. 1947, pp. 91—111.

Vibe, C.

1967, Arctic Animals in Relation to Climatic Fluctuations. *Meddelelser om Grønland* 170, pp. 1—227.

1950, The Marine Mammals and the Marine Fauna in the Thule District ( Northwest Greenland ) with Observations on Ice Conditions in 1939—1941. *Meddelelser om Grønland* 150, pp. 93—97.

1948, *Langthen og nordpå. Skildringer fra "Den danske Thule- og Ellesmereland-Ekspedition", 1939—1940*. København: Gyldendal.

WWF.

2012, *Greenland Last Ice Area. Scoping Study: Socioeconomic and socio-cultural use of Greenland LIA*. Copenhagen: WWF.

# Life around the North Water Ecosystem: Natural and Social Drivers of Change over a Millennium

*Kirsten Hastrup, Astrid Oberborbeck Andersen, Bjarne Grønnow,*

*Mads Peter Heide-Jørgensen*

**Abstract:** The formation of the North Water in Smith Sound about 4500 years ago, as evidenced by the establishment of bird colonies and human presence, also initiated a long-term anthropogenic agent as part of this High Arctic ecosystem. Different epochs have influenced the human occupation in the area: immigration pulses from Canada and Alaska, trade with meteorite iron throughout the Arctic, introduction of new technologies by whalers and explorers, exploitation of resources by foreigners, political sequestration, export of fox and seal skins and later narwhal products, and recently fishing. Physical drivers in terms of weather and climate affecting the northern hemisphere also impact accessibility and productivity of the ecosystem, with cascading effects on social drivers, again acting back on the natural ecologies. Despite its apparent isolation, the ecosystem had and still has wide ranging spatial ramifications that extend beyond the High Arctic, and include human activity. The challenge is to determine what is internal and what is external to an ecosystem.

**Keywords:** Drivers of change; Ecosystem dynamics; North Water; Smith Sound; Social–ecological transformation

# 西伯利亚研究

# 尤卡吉尔萨满教研究现状

[德]迈克尔·克努佩尔

（李燕飞　译）

　　**摘　要：**本文论述了有关尤卡吉尔萨满教的研究历史。尽管早期旅行记录中包含了许多有关通古斯和蒙古人的萨满教教义的信息，但对尤卡吉尔萨满教义的大规模记录直到19世纪末才正式开始。这些记录主要是由乔基尔森（Waldemar Jochelson）收集，后来的研究也都基于该记录。

　　**关键词：**尤卡吉尔萨满教　科学史　伊奥赫尔森（V. I. Iokhel'son）　19世纪末20世纪初西伯利亚研究

　　**作者简介：**迈克尔·克努佩尔（Michael Knüppel），聊城大学北冰洋研究中心教授。研究方向为社会人类学，古西伯利亚研究。

　　**译者简介：**李燕飞，聊城大学外国语学院，副教授。研究方向为功能语言学。

一

　　与浩瀚的北亚细亚萨满教著作相比，关于尤卡吉尔萨满教的文献数量寥寥无几，文献的匮乏程度不言而喻①。每次谈论我们这个时代的尤卡吉尔人的宗教思想和观念时，几乎所有对这个领域感兴趣的人都会想到伊奥赫尔森

---

①　波波夫（Popov 1990）在他的有关萨满教的俄语著作参考文献中只列出了两个文献题目，在雅格布森等人（Jakobson et al. 1957）对古西伯利亚民族的注释中，我们仅可以找到四条关于尤卡吉尔萨满教的评论。

（V. I. Iokhel'son）的著作《尤卡吉尔和尤卡吉尔化的通古斯人》（Jochelson 1926），或者施密特（W. Schmidt）的《上帝观的起源》中的概述（Schmidt 1952：675—758），一些人还认为此概述描述了最广泛的内容。虽然《上帝观的起源》是一本论文集，除了作者（或编者）的解读之外，它只是对已经发表的信息进行了汇编，没有任何真正令人满意的分析，但是这本书还是值得一读的。原材料以及以此为基础的文献稀少的现状，是促使那些对尤卡吉尔人的精神文化、宗教思想和观念感兴趣的人，以及那些对极地地区宗教（特别是西伯利亚的萨满教）感兴趣的人，去探究文献"匮乏"的原因。为了回答这个问题，有必要首先对现有的尤卡吉尔研究文献中有关萨满教的内容（或有关尤卡吉尔人的宗教思想和观念的内容）作一个概述。

## 二

尽管我们已经在17世纪一些旅行者的叙述中（例如在 N. C. Witsen 的著作中①）首次找到了关于尤卡吉尔人的资料，但对这些群体的描述却非常稀少。与雅库特人（Yakuts）或通古斯人（尤其是鄂温克人［Ėwenks］人［在那个时代这两个术语有时当作同义词使用］）的信息相比较，关于尤卡吉尔人的信息是少之又少。造成这种情况的原因是多方面的。尤卡吉尔人居住在上述两个民族定居区的最北部，并且这两个民族的定居区还在向南延伸。旅行者的路线穿越了所谓"睡眠之地"的东北部地区，所以尤卡吉尔人的居住地距离旅行者的路线更远。与地理因素密切相关的是气候问题——在17—19世纪，一年中的大部分时间很难从南部到达尤卡吉尔人的居住区（尤其是冻土带尤卡吉尔人居住的偏远地区）。除此之外，还有一个原因，那就是17—18世纪在非常有限的尤卡吉尔居住区之外，很难见到尤卡吉尔人，这与鄂温克人和雅库特人经常被旅行者和研究人员"招募"为向导和线人形成了鲜明的对比。

除此之外，造成信息匮乏的另外一个原因是尤卡吉尔人人口的减少。第一批包括尤卡吉尔人信息的文献被记载下来的时候，尤卡吉尔人的人数已经很少，这也是为什么上文所述的尤卡吉尔人定居区在地域上非常有限的

---

① 参见 Witsen（1672）著作。该书对开本两卷，卷一包括8页前言，142页正文；卷二包括11页前言，600页正文，4页内容目录。1705年第2版中可以找到一些民族志评论以及一篇尤卡吉尔语文章（对"主祷文"的翻译）。

原因。18—19 世纪，传染性疾病迅速传播和蔓延，而尤卡吉尔人对这些瘟疫（比如天花和麻疹）没有免疫力，而且自身也不能产生免疫能力，所以瘟疫使大片土地上的人口死亡。尤卡吉尔人社区没有像鄂温克人和雅库特人那样可以经常战胜这些瘟疫而存活下来[①]，因此人口数量骤减。通古斯人和突厥邻国的同化也是尤卡吉尔人口减少的原因之一。比林斯-萨里切夫探险队（Billings-Sarychev-Expedition）（1787）的记录提到，就在他们探险前不久，尤卡吉尔人的人口数量在天花流行的过程中减少到大约 300 人（Sauer 1802：61）。

整个情况也可以通过语言记载来梳理。在最早期的材料中找不到任何有关 18 世纪和 19 世纪早期的尤卡吉尔萨满教的信息，只有萨满教背景的寥寥几个术语被记录下来。第一个被记载的尤卡吉尔语文献是对"主祷文"的翻译（Witsen 1672）。在 18—19 世纪的"词汇"中，几乎没有任何关于宗教领域术语的记载。19 世纪中叶的尤卡吉尔语文本也是这种情况。现代尤卡吉尔研究之父、伟大的西伯利亚学者弗拉基米尔·伊奇·伊奥赫尔森（1855—1937）改变了这种情况（见 Knüppel 2013：126—131）。我们可以说，文献记录情况直到现在才有明显的变化，被记载的文献更多是来自科雷马（Kolyma）和冻土带的尤卡吉尔人。

三

在 18—19 世纪，关于尤卡吉尔人信仰的文献资料状况与早期的情况没有太大差异。虽然我们可以看到对西伯利亚萨满教的描述越来越多，也越来越全面，但关于尤卡吉尔萨满教的资料仍然很少。这些描述大多是涉及通古斯民族的萨满教，部分涉及蒙古（Mongol）萨满教（主要是布里亚特人[Buryats]的萨满教），以及南西伯利亚的雅库特和突厥民族的宗教。在这个时期与之形成鲜明对比的，是在"科学征服西伯利亚"的领域中，关于尤卡吉尔人的宗教思想，特别是那些关于萨满教的评论却很少，现有的文献在某种程度上也是模糊且没有什么意义的。阿根托夫、伊奥赫尔森和施密特在这些问题上的观点（见 Argentov：57—58）都是完全建立在伊奥赫尔森民族志学

---

[①] 这个问题被伊奥赫尔森等人广泛涉及（Jochelson 1926：26—28）。最近几次造成很多尤卡吉尔人感染或死亡的传染病是发生在 1885 年的天花（Jochelson 1926：27）和 1899—1900 年的麻疹（Freed et al. 1988；Sache 1902）。

基础之上的，当审视他们研究的不足之处时，我们发现不可能建立一个几近完整、全面或令人满意的文献全景。

究其原因，我们会发现尽管文献信息越来越多（例如，从圣彼得堡出发到西伯利亚大片地区学术考察过程中的大量信息），但是从研究的早期开始，就缺少有关尤卡吉尔宗教的信息，尤其是缺少尤卡吉尔萨满教的信息。对于大多数有德语背景的新教学者来说，尤卡吉尔人以及他们的邻居只是"异教徒"，他们的宗教被诋毁为"神像崇拜"和"迷信"，他们对萨满教及其外部表现行为有着深深的误解，有时甚至嘲笑萨满教。每当受启蒙精神鼓舞的学者和旅行者广泛地讨论"野蛮人"的宗教习俗时，他们往往选择通古斯人和蒙古人的萨满教作为例子，而不是尤卡吉尔人的萨满教。

这一时期的西伯利亚研究趋势对尤卡吉尔萨满教研究的进一步发展也产生了影响：一方面，到19世纪下半叶，尤卡吉尔社区在不断衰落；另一方面是西伯利亚文化对俄罗斯帝国的殖民"渗透"产生了上述提及的后果（传教，传染性疾病，酗酒等），而且尤卡吉尔人的邻居西伯利亚人（尤其是雅库特人和鄂温克人）的宗教思想和观念日益影响尤卡吉尔人，同时尤卡吉尔人自己的宗教也在日益衰弱。除此之外，基督教传教士的工作虽然一开始并不成功[1]，但是到1974年，在他们的努力之下，基督教的影响已经超越了从最早的科学旅行者时代就开始的传统信仰和宗教行为。

除了上述信息，我们仍然可以详细阐述和重建19世纪末尤卡吉尔宗教的概貌，准确来说，就是在现有的少量文献（主要是通过尤卡吉尔的口头文学）基础上描绘尤卡吉尔宗教的概貌。尽管尤卡吉尔萨满教已经经历了一个长期的衰落期，但是它仍然保留在人们的记忆和传说中，而且人们在日常生活中还在践行部分萨满教。但是在一些仪式中，萨满祭司所使用的语言也已经受到邻近群体的影响，例如，伊奥赫尔森谈到尤卡吉尔萨满教祭司正在使用科里亚克（Koryak）语，并声称这是神灵的语言。

## 四

作为19世纪末20世纪初的几位伟大的西伯利亚研究学者（如 V. G. 波

---

[1] 关于这一点，马斯洛娃写道："俄国占领之后，萨满祭司的大部分职能都被禁止或变得没有必要（Maslova 2001：75）。"这无疑是正确的，但是在马斯洛娃引用的伊奥赫尔森的著作中没有提到这一点。

哥拉兹-坦［V. G. Bogoraz-Tan］，E. K. 佩卡尔斯基［E. K. Pekarski］或 B. 皮苏斯基［B. Piłsudski］）之一，伊奥赫尔森在政治流亡到西伯利亚的过程中，偶然接触到了"安眠之地"的语言和文化。由于他作为政治煽动者参与了一些活动，并参加了社会革命恐怖组织"纳罗德纳贾-伏利亚"（Narodnaja Volja）的工作，受到当局和秘密警察的监视、拘留和谴责，最后被流放到西伯利亚（Knüppel 2013：16—20，2016：195—214；Kasten 2018：35—59）。在流亡期间，他开始研究尤卡吉尔人、雅库特人和鄂温克人的语言、文化和宗教（这与施密特在伊奥赫尔森参加以下探险活动之前提供的信息相反）（Schmidt 1952：678）。在流亡期间，他写下了他的第一批关于尤卡吉尔民间传说和文化的文章，不久便得以发表（Knüppel 2013：108—110）。由于他的这些文章，西伯利亚科夫探险（Sibirjakov-Expedition）（1894—1897）的组织者（Knüppel 2013：21；Kasten 2018）认为他是在雅库提亚（Yakutia）进行民族志田野工作的合适人选。他关于尤卡吉尔人的文献以及后来基于这些文献的出版作品都来源于这些文章①。

特别是在 19 世纪晚期的作品中，伊奥赫尔森提供了一些关于尤卡吉尔人精神文化和萨满教形式的独特信息。在这些出版物中，伊奥赫尔森所关注的并不是尤卡吉尔萨满教，而是出于关注民俗和语言的目的，提供了一些用尤卡吉尔两种方言写成的文本来重点反映尤卡吉尔民俗（Iokhel'son 1898）。

伊奥赫尔森后来把这些关于尤卡吉尔人宗教的信息，特别是萨满教的信息，汇编在了其划时代的著作《尤卡吉尔人和尤卡吉尔化的通古斯人》②一书中（汇编于本书关于他以前对尤卡吉尔人的研究中）。一方面，由于种种原因，他的尤卡吉尔人宗教思想和萨满教的文献一直处于重要地位；另一方面，正如上文所述，他的尤卡吉尔民族志是所有已出版的关于尤卡吉尔人的著作中最有影响力的作品。伊奥赫尔森著作的重要性基于这样一个事实：尤卡吉尔人的文化发生过深远变化，这种变化几乎没有让他们的"祖传"宗教幸存下来（除了口头文学中的一些回忆）；而伊奥赫尔森著作所依赖的事实在尤卡吉尔人的文化发生深远变化之前就已经被记录下来了。19 世纪 80—90 年代的传染病（Jochelson 1905a，1905b，1926）致使很多尤卡吉尔人死亡，并

---

① 特别是可以参看克努佩尔（Knüppel）（2013）的参考文献，尤其是第 16、17、20、21、23 和 26—29 期；其后的著作，如乔基尔森（Jochelson）（1926）的著作，也是基于这些早期研究。

② 见乔基尔森（Jochelson）（1926）；一些词汇方面的发现可见于 Jochelson（1905a，1905b）。

几乎摧毁了他们的宗教。在传染病发生之前，伊奥赫尔森已经进行了大量的研究，虽然我们不得不指出，在那个时代尤卡吉尔人的宗教已经受到邻近的雅库特人、鄂温克人和科里亚克人的信仰和宗教习俗的长期影响。尽管如此，伊奥赫尔森是第一位广泛并彻底搜集尤卡吉尔人精神文化各个方面信息的学者，与其他西伯利亚学者和前几个世纪的旅行者相比，他也为我们提供了一个连贯的尤卡吉尔人信仰世界的概貌。同时，伊奥赫尔森也是最后一位有机会在上述变化或衰退发生之前描述尤卡吉尔文化和宗教范围及行为的学者，在他流亡西伯利亚或西伯利亚科夫探险的几年之后，他的这些研究都是不可能进行的。像《尤卡吉尔人和尤卡吉尔化的通古斯人》这样的作品只能是由伊奥赫尔森写成，因为对西伯利亚研究和人类学研究来说，他所做的这些都是一种运气。后来几乎所有关于尤卡吉尔宗教、特别是有关其中萨满教的研究贡献都是基于伊奥赫尔森的这本民族志（这本民族志的优势在于它是用英语写的）或他早期的著作——除了最近的一些主要基于民间文献（指后来得以记录或最近几十年才被人们知晓的文本）的研究之外 ①。然而，这些文本的出版并没有从根本上带来新的见解，甚至没有得到新的阐释。

# 五

不管怎样，伊奥赫尔森到底提供了什么信息？基于他的文献，关于尤卡吉尔萨满教他得出了什么结论？在他的第一批有关尤卡吉尔人的文献中，他更广泛地论述了尤卡吉尔人的精神文化。伊奥赫尔森提供了一些文本，在这些文本中他展示了尤卡吉尔萨满教的一些细节，虽然当时的尤卡吉尔萨满教已经处于衰落状态，但仍然可以对其早期阶段作出一些结论。除了一些以萨满教为中心的有关病原、历史等故事外，这些文本还描述了在各种场合发生的萨满祭司降神会、驱邪和治疗疾病的行为、他们之间的争斗、以及他们的尸体是如何处理的。此外，伊奥赫尔森还提供了一篇萨满祈祷经文和一首萨满歌曲（Iokhel'son 1900：97—98，100—101，110—127，141—145，156—159，163—164，207—214）。这些文献信息后来被引入伊奥赫尔森的那本著名的民族志中，但施密特在其具有里程碑意义的著作中并没有直接或间接地

---

① 在西伯利亚口头文学的各种选集或尤卡吉尔文本集中，我们可以找到一些萨满民间故事（比如，在马斯洛娃（Maslova）[2001：75—77] 记录中名为 "安妮凯"[Anekay] 的故事）。

引用这些文献信息。尽管在施密特的著作中有很长一部分是关于尤卡吉尔萨满教的内容，但我们也不得不指出，在他的著作中整个有关尤卡吉尔萨满教的描述都是基于伊奥赫尔森的民族志，而不是基于他自己以前的文献。这些描述提供了更多的细节，但是并没有被他的巨作《尤卡吉尔》(*The Yukaghir*)所引用①。

即使在接下来的几十年里，这种情况也没有发生什么改观，但重要的是，尤卡吉尔人的宗教或至少它的许多方面——特别是有其组织形式的萨满教——并没有在上文提到的 19 世纪末的流行病以及 19 世纪下半叶—20 世纪初的传教活动中幸存下来。在这些厄运中幸存下来的为数不多的宗教成分也由于苏联早期（特别是 1930 年代）的反宗教和无神论运动而消失殆尽，只有一些不太重要的宗教信息可以在西伯利亚民间故事集中的有关尤卡吉尔萨满教的故事中找到。研究者会评价这些已发表的论文，有时编辑或者翻译人员也会加入一些关于尤卡吉尔人信仰的评价②，但是无论论文还是评论都没有提出新的有意义的见解，也没有增加我们宗教研究的知识③。很多博物馆收藏品或大型展览的目录卷的情形十分相似，那就是在目录卷中只能找到尤卡吉尔人的零星信息④。正如大家所了解的，虽然一些词典学著作列出了萨满祭司所使用的尤卡吉尔术语，但这与宗教史领域中的任何研究都相差甚远⑤。所有这些努力都没有改变尤卡吉尔萨满教的研究现状。如今，要找到尤卡吉尔萨满教新信息和新观点的机会十分渺茫。我们仅限于从档案中找到一些涉及尤卡吉尔人宗教信仰和实践的新材料或历史、民族志及语言方面的记录，比如，我们仍然期待在伊奥赫尔森还没有发表的材料中⑥，发现更多关于尤卡

---

① 施密特就此所做的记录 "Wenn nichts anderes hinzugefügt wird, sind die Zitate sämtlich Jochelsons Werk entnommen. Es ist zu bemerken, daß dieses Werk die ganze übrige Ethnographie der Yukagiren umfaßt"( Schmidt 1952: 678 )。
② 比如吉阿赤科夫（D'ïachkov 1893）文献中一个升入天堂的楚瓦（Chuvan）萨满祭司的故事。
③ 比如马斯洛娃（E. Maslova）对伊奥赫尔森和其他人的著作做了评价，大多没有对尤卡吉尔萨满教提出新的见解（Eliade 1989），或者仅仅又重复了伊奥赫尔森的工作（Angere 1957）。
④ 虽然这类目录并不缺乏（这里只是提及在德语地区出版的一些目录[ Gorbatcheva et al. 2000; Kasten 2009 ]，这些可被看作是典范目录），但是尤卡吉尔萨满教文献还是非常有限的。
⑤ 参见文后附录。
⑥ 参见 Knüppel（2013）中保存在各种档案中的材料，此文献对这些材料进行了概述。

吉尔萨满教某一方面的细节。由于伊奥赫尔森在写给杰苏普北太平洋探险队
（Jesup North Pacific Expedition）的组织者弗兰兹·博阿斯（Franz Boas）的
信中 ① 描述了他在雅库提亚和东北西伯利亚其他地区的野外考察，所以我们尤
其希望在这封信中以及在他的尤卡吉尔字典卡片档案 ② 里发现更多新的信息。

# 附　录
## 萨满祭司的尤卡吉尔术语：

1. *aɫma*（科累马）—"萨满祭司，巫师"；Aɫmādie "…［一个萨满祭司的名
   字］女性小萨满祭司"（Angere 1957：10）；也可参见第6条和第8条
   （Nikolaeva 2006：no. 2579）；

2. *amšamtorym*（楚瓦）—"女萨满祭司"（Angere 1957：15）；（科累马）*álma*
   （Jochelson 1926：317）；

3. *antad'aye* —"邪恶的萨满祭司"（Nikolaeva 2006：no. 64）③；

4. *irkeje*（科累马）—"萨满祭司、女巫师"（Angere 1957：77）；（科累马）
   *ikéye*（Jochelson 1926：322）；*irkeje*（Nikolaeva 2006：no. 1063）④；

5. *jaɫyińet*（Kolyma）—"萨满祭司、巫师"［比较 *yalgine* "敲鼓"—参见
   Jochelson（1926）；这个术语被 Angere 使用，但是没有被考虑］（Angere
   1957：83）；

6. *oɫme*（冻土带；不确定）—"萨满祭司"（Angere 1957：193）；（冻土带）
   *ólmañ*（Jochelson 1926：325）；参见第1条和第8条（Nikolaeva 2006：
   no. 2579）；

7. *ša:r-morunubo*（科累马）—"萨满祭司"（Nikolaeva 2006：no. 2159）；

8. *wolmaŋ*（冻土带）—"萨满祭司"（Angere 1957：249）；（冻土带）*wólmañ*
   （Jochelson 1926：327）；*almə*，*walmə* ~ *wolmə* "萨满祭司"（Nikolaeva 2006：
   no. 2579）；Nikolaeva 为 T.-Y 给出了不同的变体：Krejnovič（1958，1982）
   *wolme*，Iokhel'son（1900）*wolma*，*wolme*，*olma*，以 及 *alyma*（Schiefner

---

& Franz 1871：373—399），比林斯-萨里切夫探险队（1787 年后）记录
称 *alma*，Kreĭnovich（1982）后 K.-Y. 又 变 化 为 *alme*，Iokhel'son（1898，
1900）记录为 *alme*，*almo*，*almuo*，*alma*，Iokhel'son's 手稿和未出版内容
中又为 *alma*，Spiridonov（2003）*alma*；Maslova（2001：111）称为 *wolme*
（改变 T.-Y.）。

# 参考文献

Angere，Johannes

　　1957，*Jukagirisch-Deutsches Wörterbuch. Zusammengestellt auf Grund der
　　Texte von W. Jochelson.* Stockholm，Wiesbaden.

Argentov，Andreĭ

　　Putevye zametki svĭashchennika missionera v pripolĭarnoĭ mestnosti. In：
　　*Zapiski Sibirskiĭ Otdel. Rus. Georgr. Obshchestvo* IV（1），pp. 3–59.

D'ĭachkov，G.

　　1893，*Anadyrskiĭ kraĭ.* Vladivostok［Zapiski Obshchestva Izucheniĭa
　　Amurskago Kraĭa 2］.

Eliade，Mircea

　　1989，*Shamanism. Archaic techniques of ecstasy.* Arkana.

Freed，Stanley A. & Freed，Ruth S. & Williamson，Laila

　　1988，Capitalist philanthropy and Russian revolutionaries：The Jesup North
　　Pacific Expedition（1897–1902）. In：*American Anthropologist* 90. pp. 13a und
　　14b.

Golovachev，P［etr］M［ichaĭlovich］

　　Vzaimnoe vliĭanie russkogo i inorodcheskogo naselenĭia v Sibiri. In：
　　Zemlevedenie IX（2–3），pp. 53–68.

Gorbatcheva，Valentina & Federova，Marina

　　2000，*Die Völker des Hohen Nordens. Kunst und Kultur Sibiriens.* New York：
　　Parkstone Press.

Iokhel'son，Vladimir Il'ich

　　1898，Obrazcy materialov po izucheniĭu ĭukagirskogo ĭazyka i fol'klora sobran-
　　nykh v Jakutskoĭ ėkspeditsii. In：*Izvestiĭa Imperatorskogo Akademija Nauk*，

Ser. 5, Bd. IX（2）. pp. 151–177; ders.: *Materialy po izucheniĭu ĭukagirskago ĭazyka i fol'klora, sobrannye v Kolymskom okruge*. Teil I: *Obraztsy narodnoĭ slovesnosti ĭukagirov（teksty s perevodom）*. St. Petersburg（Trudy Ĭakutskoĭ Ėkspeditsii, snarjazhennoĭ na sredstva I. M. Sibirĭakov 3: 9: 3）. St. Petersburg 1900（Dolozhenno v zasidanii Istoriko-filologicheskaĭu otdeleniĭa 7 aprel'ĭa 1899 g. Trudy ĭakutskoĭ ėkspeditsii, snarjazhennoĭ na sredstva I. M. Sibirĭakov）.

Jakobson, Roman & Hüttl-Worth, Gerta & Beebe, John Fred

　　1957, *Paleosiberian peoples and languages. A bibliographical guide*. New Haven〔Behavior Science Bibliographies〕, nos. 4.18, 4.32,〔4.54〕, 4.62.

　　1905a, *Essays on the grammar of the Yukaghir language*. New York: Academy of Sciences（Annals March 1905; vol. XVI, part II, pp. 97–152 + maps）.

　　1905b, Supplement zu *AmA* 7（2）. April-June 1905, pp. 369–424.

Jochelson, Waldemar

　　1926, *The Yukaghir and the Yukaghirized Tungus*. Leiden, New York〔The Jesup North Pacific Expedition. Memoir of the American Museum of Natural History IX〕.

Kasten, Erich

　　2018, From political exile to outstanding ethnologist for northeastern Siberia: Jochelson as self-taught fieldworker during his first Sibiriakov expedition 1894–1897. In: Kasten, Erich（ed.）: *Jochelson, Bogoras and Shternberg: A scientific exploration of Northeastern Siberia and the shaping of Soviet ethnography*. Fürstenberg / Havel.

　　2009, *Schamanen Sibiriens. Magier — Mittler — Heiler*. Berlin: Reimer.

Knüppel, Michael

　　2016, Vladimir Il'ič Iochel'son und die Bedeutung der Jesup North Pacific Expedition für die jukagirischen Studien. In: Winterschladen, Matthias/Ordubadi, Diana/Dahlmann, Dittmann（eds.）: Auf den Spuren der modernen Sozial- und Kulturanthropologie. Die Jesup North Pacific Expedition（1897–1902）im Nordosten Sibiriens. Fürstenberg/ Havel: Verlag der Kulturstiftung Sibirien, SEC Publications.

　　2013, *Paraphernalia zu einer Biographie des Sibiristen, Anthropologen und*

*Archäologen Vladimir Il'ič Iochel'son*（*1855–1937*）. Wiesbaden 2013（Tunguso Sibirica 35）.

Kreĭnovich, Ërukhim Abramovich

　　1982, *Issledovaniĭa i materialy po ĭukagirskomu ĭazyku*. Leningrad.

　　1958, *Ĭukagirskiĭ ĭazyk*. Moskva, Leningrad.

Maslova, Elena

　　2001, *Yukaghir texts*. Wiesbaden ［Tunguso Sibirica 7］, p. 75, Anm. 2.

Nikolaeva, Irina［Alekseevna］

　　2006, *A historical dictionary of Yukaghir*. Berlin（Trends in Linguistics. Documentation 25.

Popov, A［ndreĭ］A.

　　1990, *Materialien zur Bibliographie der russischen Literatur über das Schamanentum der Völker Nordasiens*. Berlin , p. 112, nos. 589 and 590.

Sauer, Martin

　　1802, *An account of a geographical and astronomical expedition to the northern parts of Russia, for ascertaining the degrees of latitude and longitude of the mouth of the river Kovima; of the whole coast of the Tshutski, to East Cape; and the islands in the Eastern Ocean, stretching to the American coast. Performed, By command of Her Imperial Majesty Catherine the Second, Empress of all the Russias, by Commodore Joseph Billings, in the years 1785, &. to 1794*. London.

Schiefner; Franz Anton

　　1871, Beiträge zur Kenntnis der jukagirischen Sprache. In: *Bulletin de l'Académie Impériale des Sciences* 3（16）.

Schmidt, Wilhelm

　　1952, *Der Ursprung der Gottesidee. Eine historisch-kritische und positive Studie*. Bd. X, 3. Abt.: *Die Religionen der Hirtenvölker*, IV: *Die asiatischen Hirtenvölker. Der sekundären Hirtenvölker der Mongolen, der Burjaten, der Yuguren sowie der Tungusen und der Yukagiren*. Münster.

Spiridonov, Nikolaĭ I.

　　2003, *Ĭukagirsko-russkiĭ slovar'*. Jakutsk .

Witsen, Nicolaes

*1672, Noord-en Oost-Tartarye, ofte bondig Ontwerp van eenige dier Landen en Volken, zo als vormaels bekent zijn geweest, beneffens verscheide tot noch toe onbekende en meest nooit voorheen beschreve Tartersche en nabuurige gewesten Lantstrecken, Steden, Rivieren, en Plaetzen in de Noorder en Oosterlykste Gedeelten van Asia en Europa, zoo buiten en binnen de Rivieren Tanais en Oby, als omtrent de Kaspische, Indische-Ooster, en Swarte Zee gelegen; gelijk de Lantschappen Niuche, Dauria, Jesso, Moegalia, Kalmakkia, Tangut, Usbek, Noorder Persie, Georgia, Circassia, Crim, Altin enz mitsgaders Tingoesia, Siberia, Samojedia, en andere Hare Zaerze Majesteiten Kroon gehoorende Heerschappyen: met derzelver Landkaerten: zedert nauwkeurig onderzoek van veele Jaren, en eigen Ondervindinge beschreven, getekent, en in't Licht gegeven door Nicolaes Witsen.* T'Amsterdam in't Jar.

# Research Status on Yukaghir Shamanism

*Michael Knüppel*

**Abstract:** In this article the author deals with the history of research on Yukaghir shamanism. While we have much information from early travel accounts regarding the shamanism of Tungus and Mongol peoples, more extensive descriptions of Yukaghir shamanism were recorded only from the late nineteenth century. These data were mostly collected by Waldemar Jochelson, on whose works later publications were based.

**Keywords:** Yukaghir shamanism; history of sciences; V. I. Iochel'son; Siberian studies in the late 19th and early 20th century

# 萨满式的体育运动：布里亚特摔跤、射箭和赛马*

［奥地利］史蒂芬·克里斯特

（刘若盈　邢海燕　译）

**摘　要：**本文主要研究了布里亚特人传统体育运动的历史以及现存形式中的宗教因素。布里亚特人是定居于西伯利亚南部、蒙古北部和中国东北的蒙古族群。从古至今，他们的传统运动都与萨满教仪式有着密切关系。本文分析了这些体育赛事在布里亚特萨满教仪式中的功能——为什么它们曾经是，并且仍然是这些仪式不可或缺的一部分。这种传统运动被认为在仪式中扮演着重要的角色，目的是为了取悦或欺骗布里亚特人的神灵，以便从他们那里获得生存所需之物。本文还描述了布里亚特人与他们想象中精神实体关系建构的主要历史变化，及其在体育比赛中的相应变化。这种变迁主要体现在两个方面：从狩猎到畜牧为主的经济生活方式的变迁，以及他们在宗教信仰和世界观上的变迁：从萨满教到佛教；从苏维埃的共产主义信仰到后苏联时期萨满教和佛教的复兴。

**关键词：**布里亚特人　宗教体育运动　萨满教　佛教　后苏联

---

* 这篇文章所依据的民族志田野研究工作得以开展得益于以下支持：奥地利科学共同体的 MOEL-Plus 基金（Österreichische Forschungsgemeinschaft）、阿拉斯加费尔班克斯大学北方博物馆盖斯基金（Geist Fund Grant of the Museum of the North of the University of Alaska Fairbanks）、阿拉斯加大学费尔班克斯分校全球变迁中心（Center for Global Change）学生助研金、以及阿拉斯加大学费尔班克斯分校研究生院的旅行补助金。

本文翻译得到 *Religions* 的授权，译自 Krist, Stefan. 2019. Shamanic Sports: Buryat Wrestling, Archery, and Horse Racing. *Religions* 2019, 10, 306; doi: 10.3390/rel10050306. www.mdpi.com/journal/*religions*.

的复兴

**作者简介：**史蒂芬·克里斯特（Stefan Krist），内蒙古大学蒙古学研究中心。研究方向为体育人类学和布里亚特宗教。

**译者简介：**刘若盈，女，上海师范大学社会学专业硕士生。

邢海燕，女，博士，上海师范大学教授。研究方向为都市人类学。

# 一 引 言

布里亚特人是蒙古族群的一支，主要定居在西伯利亚南部贝加尔湖以西、以南和以东的俄罗斯联邦地区。也有小规模的布里亚特族群居住于外蒙古的邻近地区和中国内蒙古自治区，总计约有 50 万人。他们原称"布里亚特-蒙古族（Buryat-Mongols）"，因为属于蒙古族群最北端的成员，所以他们在语言和文化上与蒙古国人和中国的蒙古族都十分相近。17 世纪时，布里亚特人的居住领地被俄罗斯帝国征服并殖民后，他们就成为了一个独特的族群（Forsyth 1992；Humphrey 1983，1990；Kolarz 1954；Krader 1954）。

除了文献资料，本研究还基于过去 25 年来作者在特定地区进行的 16 次分别为期一到三个月的民族志田野调查。在此非常感谢当地所有的布里亚特人及其他居民，他们与我分享了他们的知识；让我有机会去参与观察、拍照并以他们为对象摄制影片等等。其中我的大部分田野调查也得到了当地科研机构的支持，其中，要特别鸣谢来自俄罗斯科学院蒙古、佛教与藏学研究所以及乌兰乌德布里亚特州立大学的支持，感谢所有的领导和同事们。

就地理关系而言，布里亚特人的居住领地位于横贯亚洲的草原与针叶林之间的过渡地带（即西伯利亚北部森林），这里的地貌景观与蒙古国人和中国蒙古族的居住地非常迥异。在那些地区，很少有森林，但布里亚特人居住地的地貌特点是草原和森林交替，所以很少干旱与荒芜。因此，不同于其他的蒙古部族，狩猎在布里亚特人的生活中一直扮演着非常重要的角色。他们也会进行渔猎，尤其在贝加尔湖一带渔猎尤为流行，但这项活动却被其他蒙古人所轻视。此外，布里亚特人的北方邻居——西伯利亚原住民群体，也属于针叶林地带的游猎民族，历史上布里亚特人与这些群体也曾有过贸易往来和文化交流。上述这些条件既影响了布里亚特人的传统宗教信仰，也影响了他们的传统体育运动。与其他蒙古人相比，狩猎在布里亚特人的生活中扮演着极为重要的角色，这使萨满教对他们的体育运动有着深远的影响力。

　　提及这些体育运动及本文的分析，就有必要避免将运动狭隘地归类为纯粹的以获胜和创造记录为导向的，高度正规化、标准化、规定化和制度化的活动。此观点起源于对现代西方体育的关注，而现代体育是在工业化的特定历史条件下，在劳动分工、异化、阶级斗争等相关过程中发展起来的，因此只构成了一种特定的体育类型，并不具有普遍性。而我们需要一个更开放、更综合的关于运动的定义来理解传统的布里亚特运动，而不是将其局限于排外的欧洲中心论，这一观点在社会人类学中也早有确立。1985 年，美国体育人类学家肯德尔·布兰查德（Kendall Blanchard）和艾丽丝·泰勒·切斯卡（Alyce Taylor Cheska）将体育定义为：在定义和规则的约束下进行的具有强竞争性的体能锻炼活动。它是文化的组成部分，具有仪式性的特征及游戏风格，并且具有不同程度的娱乐、工作和休闲成分（Blanchard and Cheska 1985：60）。其实，世界上大多数体育运动都不能被归类为竞争性或游戏性的，毫无疑问，用这篇文章的一位同行审稿人的话来说，它们都有"仪式化的特征"，而传统的布里亚特运动也不例外。正如我将展示的，它们既是体育运动和竞赛，同时也是游戏和仪式。

　　布里亚特人的传统运动包括摔跤、射箭和赛马等具体形式。摔跤手在比赛中袒胸露背，用一根特殊的布腰带束在腰间和臀部。如果比赛在五分钟内还不能确定胜负，则必须利用布带抓住对手。这是一种站立式摔跤（即不可在地面上进行摔跤）。当一方跌倒在地或身体有三个部位接触到地面时，就会被判为失败，这是确定比赛胜负的唯一方法。此外，既没有时间限制，也没有记分系统。弓箭手通常使用传统的由木头、牛角和动物肌腱混合制成的反曲弓。他们用加厚的钝头木箭（图 2）射击舒里（sury），一种由布料或皮革制成的圆柱形软标靶，直径约 6—8 厘米，长约 10—12 厘米（图 3）。其中一部分安置在地面上，距离弓箭手约 30 米到 60 米，弓箭手必须用箭射中并将其推到至少两米远之外的地方。在赛马中，男女骑手将骑在典型的布里亚特品种的马上，穿过草原，疾驰距离长约 6 公里到 28 公里。为此，马匹在比赛前要经过几周或几个月的专门训练，主要是通过控制它们的饲料摄入量以让它们适应比赛。其中会用到某些世代相传的方法，但饲养者通常会把它当做机密加以保守。

　　布里亚特人和所有其他蒙古人一样一直钟情于"男儿三技艺"的运动，或者类似形式的运动。毫无疑问，这是由于他们传统上以游牧为主，兼之以狩猎为辅的经济生活方式，以及战事和纷争不断而决定的。然而，不管是过

图1　2010年，在伊沃金斯克（Ivolginsk）佛教寺院举行的迈达尔·呼拉尔（Maidar Khural）庆祝活动中，布里亚特摔跤手在裁判监督下比赛。摄影：史蒂芬·克里斯特

图2　2015年夏，在俄罗斯联邦布里亚特共和国首都乌兰乌德的中央体育场举办的苏尔哈班共和艺术节上，布里亚特的弓箭手。摄影：史蒂芬·克里斯特

图3　2010年，在伊沃金斯克佛教寺院举行的射击比赛中，一名布里亚特射手正在为他的对手们设置"舒里"，一种象征啮齿猎物的软标靶。摄影：史蒂芬·克里斯特

去还是现在，这三项运动的比赛通常都是在各种仪式庄严的场合中举行的。虽然现在也有一些世俗化的活动，但按照传统，这些场合大多是宗教性的，具有信仰崇拜的意义。因此，这些运动也有很深的宗教根源，或至少具有某种宗教功能。为什么会这样呢？

## 二　宗教体育运动

早期的研究人员，特别是人类学家对游戏和体育在仪式和崇拜方面的共同之处有着广泛共识，因为被广泛接受的关于仪式的定义是："一种规定好的、可预测的、固定的、交流与共享的行为（Harris and Park 1983：17）。"这个定义也同时适用于游戏和体育竞赛。而且数不胜数的历史和民族志的报告中都将体育比赛作为宗教巫术仪式的一部分，这清楚地表明，这两种人类活动之间有着密切的联系。

通常情况下，有些体育比赛会伴随着某种仪式，或其本身被认为是某种丰产巫术，人们试图以此来影响天气，使雨量充足，使家畜或猎物繁殖良好，或祈求庄稼能够丰收（Damm 1960：3—5；Jensen 1947：38；Kamphausen 1972：94；Körbs 1960：14）。比如过去关于澳大利亚土著居民、大多数北美土著部落，以及南太平洋的提科皮亚岛居民的报道等，这里仅列举三个突出的文献（Culin 1907：484—485；Firth 1930：67；Sands 2010：28）。实际上，世界各地的此类个案还有很多，不仅有过去的例子，也有依然现存的例子，其中就有蒙古民族的那达慕（Naadam）运动会（Kabzin'ska-Stawarz 1987：54），包括 *Eryn Gurban Naadana*（就像布里亚特人的"男儿三技艺［Three Manly Games］"）。

世界各地的人们（包括蒙古人和布里亚特人）经常组织和参加体育比赛的场合，都与人类生命和自然周期的仪式相关（Jensen 1947：38；Damm 1960：8；Calhoun 1987：76—77）。在前者中，许多成人礼都伴随着艰苦的体能训练（Körbs 1960：14；Calhoun 1987：64）。而在庆祝季节变化的仪式中——尤其是冬末和春至——则通常伴随着球类运动、射击、拳击、摔跤等各种比赛（Culin 1907：483；Damm 1960：7；Calhoun 1987：77）。

---

① 作者注：在蒙古语中，这些游戏被称为"Naadam"（那达慕），以字母"m"作为结尾。而在布里亚特，这种运动被称为"Naadan"，以字母"n"结尾。

赋魅的宗教崇拜和体育比赛之间产生这种古老而广泛联系的根本原因，在于宗教和仪式的目的和结构。正如德国体育教育家和运动科学家维尔纳·科尔布斯（Werner Körbs）所阐述的那样，宗教（cults）是人们用来与"崇高（the sublime）"交谈的语言，这种语言是"通过身体的努力，在手势和姿势、游戏和比赛中奉献自己"（Körbs 1960：13，作者自译）。科尔布斯认为，在仪式中，人们践行有形的（即肉体的）努力——或者我们也可以称之为身体语言，因为这一交流方式"似乎是最引人注目的，最令人印象深刻的，无论是祈求还是赐福"（Körbs 1960：14，作者自译），无论对于人们自身还是对于他们的神明而言，都是如此。这是一种身体上的交流方式，人们在他们的原始仪式中使用这种方式来确保他们的生存，就像法国人类学家马塞尔·莫斯在他 1935 年的论文《身体技术》（Les techniques du corps）中所阐明的那样，这一事实有更加世俗的解释方式："人最初也是最自然的技术客体，同时也是他的第一个技术手段，即他的身体（Mauss［1935］1992：461）。"

正如美国体育人类学家罗伯特·桑德斯（Robert Sands）精辟表述的那样，"身体运动是人类仪式不可或缺的一部分"，的确这一点毋庸置疑（Sands 2010：27）。桑德斯恰当地总结道："身体运动是人类神圣和宗教的组成部分。"因此，"神圣性和后来的体育运动是由仪式和运动方式在动态的交互中演变而来的（Sands 2010：27）"。

通过这些"运动模式"——即通过仪式和体育活动——人们自古至今都在让宇宙和神圣的事件形象化，让它们变得生动起来，并且通过他们自身积极的、周期性的反复参与，使之变得有形和可感知（Mathys 1958：3，14，23）。因此，仪式和运动有着共同的起源，就像美国人类学家弗兰克·萨拉蒙所言，它们都是早期人类发展史上的一种手段，其目的是"消除对未知的恐惧，为社会做出神圣的贡献"（Frank Salamone 1977：166）。

宗教仪式，包括体育比赛，都可以"为社会做出神圣的贡献"，因为参加者相信，仪式提供了介入善恶之神之间"神圣斗争"的可能性（Calhoun 1987：76）。或者更通俗地说，在庇护者和恶魔之间，为了自己的利益而去影响他们。正如美国体育社会学家唐纳德·卡尔霍恩（Donald Calhoun）借助关于美洲原住民的报道所解释的那样，体育似乎为人们提供了这种机会。因为：

> 在文字尚未出现之前，人们普遍相信通过模仿或参与神的斗争，他们可以影响斗争结果，从而影响自己。因此，在春季的节日中，正当

"好"神努力维持生育能力之时，人们就会投身于竞赛——在村庄之间，在部落之间，在男人和女人之间，在已婚和未婚之间。

　　［……］在这场极为重要的自然斗争中，比赛运动的成功进行被认为能够博取超自然力量或生命的青睐，例如祈求所需的雨水、作物或猎物的丰收、疾病的痊愈，或是释放已逝之人的灵魂等。因此，根据类似的原理，游戏的顺利开展被认为是顺势疗法，可以增强对人类有利的力量。（Calhoun 1987：64）

换言之，这些运动竞赛的参与者笃信并亲身参与了交感巫术。

科尔布斯提供了一种有价值且可行的分类方法，将这种具有宗教意味的游戏按其功能分为两种类型。第一种属于指向巫术，或者是"Kampf um etwas"，意思是"为某事而战"，目的是为了达到某种效果。第二种则体现了宗教体育运动的象征性功能，即它们的"Darstellung von etwas"，或曰"某物的实现"。因为这些运动通常会模仿宇宙或神话事件，包括"神战"，所以他们会经常这么干。但这两种功能性的分类也可能同时存在，实际上也经常如此（Körbs 1960：14；Damm 1960：9）。

## 三　布里亚特的宗教体育运动

基于上述原因，参加模拟或象征宇宙或神话事件的体育比赛，通常是一场正义与邪恶力量的战斗，或被视为干预这些战斗或"神圣斗争"的手段，在大多数情况下被视为一项神圣的职责（Mathys 1958：22）。从历史上看，布里亚特人确实是这样看待他们的传统体育运动的，今天仍然如此。通过参与运动，他们不仅试图干涉他们所信仰的超自然生物的事务，甚至直接与其互动以达到他们的目标。但他们是如何达成这一目的呢？

正如我在早先的一份出版物（Krist 2014：425）中所记录的，在贝加尔湖及其出口安加拉河畔附近的岩石表面发现了新石器时代的岩画艺术作品，这些岩画是描绘了拟人化的摔跤作品。然而，这些图像中有一些具有动物的形态特征，包括头上有角，头部形状像鸟，有喙，或躯干形状像四条腿的动物。因此，这些图像很容易让人想起在同一时期著名的拉斯科（Lascaux）洞穴绘画和法国南部、西班牙等其他地方的著名洞穴绘画中所描绘的用于祭祀目的的人物，尽管二者并不完全一致（Müller 2006：8—9）。毫无疑问，西伯利亚南部石器时代的艺术家们所描绘的是摔跤比赛的仪式（Okladnikov 1974：49—50，109—11；Reshetnikov and Rabetskaya 2007）。这证明早在那个时候，居住在那个地区的人们出于达到一种具有宗教魔力的目的，在"进行这些体育竞赛"。

关于蒙古族三项传统体育运动的最古老书面资料可以在《辽史》中找到，《辽史》是中国辽王朝的官方编年史，该王朝由契丹人（现居于中国北方，讲古蒙古语的人）建立，从公元 907 年持续至 1125 年。在这部编年史中，我们发现了关于摔跤的详细报道，特别是在皇室萨满教祈雨仪式中举行的射箭比赛（Wittfogel and Feng 1949：176，219，277，254，413，267；Lkhagvasuren 1998：14）。

这些在辽代宫廷举行的仪式表明，在历史上，即便在社会经济和文化条件发生重大变化的情况下，该地区人民也一直保持着将这些体育运动用于神奇目的的做法。然而，这些仪式表明最初为了确保生命的魔法仪式的形式在该地区已经发生了变化。因为在这些仪式中，参与者并不祈求雨水，而是为了游戏和祈求狩猎中的好运。

在蒙古人的前佛教徒甚至是在佛教徒的信仰和神话中，被捕猎的许多野生动物扮演着至关重要的角色。例如，蒙古人认为狼、鹰、天鹅或野猪等动物是图腾（即作为其氏族的祖先），所以他们将自己视为此类动物的后代和亲属。因此可以理解捕猎野生动物对他们所起的重要作用：首先，在世界各地，狩猎和采集是人类最早、也是迄今为止持续最久的获取食物的手段。随着新石器时代的革命——先发明了农作物种植之后，大多数的畜牧业才得以出现——两者在人类历史上出现得很晚（在这里所讨论的地区，这种情况大约发生在公元前 2000 年）；其次，大约 3000 年前，蒙古和中国今天的干旱草原地区还是大片的森林，直到在那之后，气候才从温暖潮湿的气候转变为寒冷干燥的气候，即所谓的极端大陆性气候，这种气候至今仍然是这个地区的特点。

基于这些原因，到目前为止，布里亚特摔跤手依然很自然地在他们的鹰舞（devekh）中模仿一种野生动物——鹰，每次赛前他们都会表演该舞蹈，而获胜者也会在比赛后进行表演（图 4）；舒里（在射箭比赛中用作靶子的皮革或布垫）则象征着他们曾经大量捕猎的小型啮齿动物（Dugarova 2004：20）；而且通常在射箭运动员击中舒里之后，裁判、观众和参赛者会唱起巴拉（bara），一种来赞美神射手的仪式赞歌。但更重要的是，这首歌旨在取悦和满足同名的虎神，她是猎人、勇士和弓箭手的守护神，人们相信她会隐身降临于比赛中（Dugarova 2004：23）。

因此，如法国人类学家哈马扬（Hamayon 2016：162）所言，布里亚特人从事体育活动是为了给"不可见"或"无形之物"带来快乐，以维持或重新获得他们的支持；而这些活动往往是由动物神引导的[①]。他们以此为目的而模仿动物，例如他们的鹰舞[②]。然而，这些体育游戏和舞蹈最初只有辅助功能，意在从同时进行的萨满戏剧表演中转移神灵的注意力。通过分析19世纪末和20世纪初有关布里亚特集体萨满教仪式的民族志报告（每年早春时节在布里亚特"举行"的那达哈 [ naadaha ] 运动），哈马扬概述并揭示了这些仪式的结构、逻辑和目的。以下是作者对这些问题的补充说明。

图4　2018年夏天，中国内蒙古自治区呼伦贝尔市举行了一场摔跤比赛，两名布里亚特摔跤手正在比赛，一名摔跤手正在表演"devekh"，即鹰舞。在进行摔跤比赛之后紧接着会举行"祭敖包（oboo）"仪式。摄影：史蒂芬·克里斯特

这既是一种隐喻性的游戏，也是一种仪式，萨满会在其中模仿被狩猎的动物。然而，他这样做的目的是为了直接吸引并最终与另一个雌性动物神灵达成婚姻关系，以便藉由游戏从她那里得到一份充满爱的礼物（即为猎人的团队搜寻猎物）。作为这个礼物——事实上是被杀死的动物——的交换，他需要给鬼神以人类的生命，或者至少通过奉献自己来奉献人类的生命能量，因

---

① 作者注：这一段和接下来的四段部分基于我对罗伯特·哈马扬的著作《我们为什么玩耍》（Krist 2018：296—298）的评论。

② 尽管布里亚特和蒙古（还有蒂瓦，甚至土耳其）的摔跤手会在舞蹈中模仿鹰，但中国内蒙古的蒙古摔跤手是个例外，因为他们会模仿狮子。

此，他通过让自己倒下，躺下不动来实现虚拟的死亡。然而，现在的团队成员及时"唤醒了他"，所以没有太多"至关重要的人类能量"被鬼神带走（即团队成员中不会有太多人死亡，或过早死亡或生病）。因此，整个行动实际上是为了欺骗神灵。然而，这被认为是确保该组织生存的必要条件。因此，参加这些活动的一项必要条件是：布里亚特萨满必须表演他的戏剧，他的团队成员也必须参加摔跤和跳舞。否则，预期的效果（如打猎成功）会被认为是不可能的（Hamayon 2016）。

因此，这些游戏旨在影响"经验现实"（Hamayon 2016：297，299），即在萨满游戏和男子体育比赛之外的"真实世界"或"现实生活"（Hamayon 2016：68，115）。为了达到预期的效果，所有的巫师、摔跤手和舞蹈演员每次都必须各自扮演好不同的角色。也就是说，他们每次都必须"定制"（Hamayon 2016：180）自己的行为，否则，作为这个"巫术逻辑"的内在因素，鬼神既不会被运动员和舞者分心，也不能再次被萨满愚弄。

因此，这些复杂的，"规定好的，可预测的"，但又不"刻板的"，而是交流和共享的"那达"（Naadan）（在布里亚特语中是"游戏"和"玩耍"的意思），构成了科尔布斯这类宗教活动的两个类别：一场"为了"预期效果的"战斗"；一场"实现""崇高"或"神圣"的"行动"。因此，在这种情况下，参与者同时"创造了神圣的活动"，使其"更可感知和有形"。他们所采用的方式是隐喻性的身体表达，即隐喻性的游戏，正如哈马扬对他们的描述所切中的（Hamayon 2016：279—294），以及科尔布斯所谓的"有形的努力（corporeal effort）"。

布里亚特人在那达中使用"身体语言"并不奇怪，因为如上所述，"身体运动是这种仪式不可或缺的"。他们使用隐喻也不足为奇，因为这是人类认知活动的根本和基本手段，因为"我们的思维过程"必然以"隐喻结构"为主要特征，正如哈马扬（Hamayon 2016：282—283）引用语言学家乔治·莱考夫（George Lakoff）和哲学家马克·约翰逊（Mark Johnson）的话，将其定义为"从另一方面理解和体验一种事物或经验"（Hamayon 2016：282［引自 Lakoff and Johnson 1980：5］），人类的确一直在这样做。哈马扬解释说，"诉诸有形的或众所周知的东西"——就布里亚特人的仪式游戏和体育游戏而言，他们模仿被猎杀的动物的动作——"是让我们思考一些不一样的东西的原因"——在布里亚特的案例中，是动物神的领域——"而且可能是操纵它的原因"——从而使这些神灵给了人们足够的生存游戏（Hamayon 2016：286）。

## 四　布里亚特经济活动和宗教信仰的历史发展及其对布里亚特传统体育的影响

然而，到了19世纪，在布里亚特人独有的萨满教仪式表演中发挥着直接功能（即前面提到的分散神灵的注意力）的三项体育比赛，不再是典型的季节性的、确保生命的仪式活动，而是成为了稀有的事件。当时的民族志学者对这些仪式的描述，不论在什么地方，都是典型的"拯救民族志"行为。也就是说，是为了给子孙后代保存这些仪式而去记录的已有知识。他们的报告，如著名的布里亚特民族志学家马特维·坎加洛夫（Matvey Khangalov）的许多著作，都已经成了历史性的著作，也就是说，他们成了老者们关于他们早年故事的报道。

相反，在当时每一个布里亚特部落每年至少会组织三次公众仪式（一次在春天，一次在夏天，一次在秋天，但有时会很频繁）（Mikhaylov 1965：11；Dashiyeva 1985：4）。他们要么是进行泰拉甘（taylagan），即部落的萨满呼唤氏族祖先和保护者的神灵，向他们献祭（主要是奶酒、塔尔苏姆①、其他乳制品，以及氏族成员奉上的马或公绵羊等祭品），并请求神灵保护氏族成员，保佑他们牲畜的繁衍；要么会举行流程相同的祭敖包仪式，为了呼唤佛教的神灵，但不会有动物祭品，因为这个仪式是由佛教喇嘛而不是萨满主持的，所以不会杀生。但无论如何，这两个祈祷仪式之后总会有宴会、舞蹈，以及三项体育比赛。

随着时间的推移，这种祭祀仪式在布里亚特人和所有其他蒙古人中逐渐发展起来，因为在他们狩猎和畜牧混合的生存经济中，后者变得越来越重要。因此，正如法国人类学家罗伯特·哈马扬清晰解释的那样，他们在魔法活动中结合了两种"逻辑"：狩猎人的"魔法逻辑"和畜牧人的"生产逻辑"。猎人从自然中直接获取，即他们会借助游戏直接与自然的神灵进行谈判。也就是说，他们在交流中是平等的伙伴——在这种交流中，双方都试图欺骗对方，换言之，即互相愚弄。因此，猎人的谈判者（即他们的萨满巫师）基本上是在玩游戏；然而，如上所述，这里有一个强制性的基础：他们被要求模仿被捕猎的动物（即想带走的动物），并（象征性地）与一位雌性动物神灵达成婚

---

① 译者注：布里亚特人用来祭祀的一种奶酒。

姻关系，因为在这些谈判中，双方都必须成为平等的伙伴。

　　然而，对畜牧者来说，牲畜群是他们的生活来源，他们生产并继承它们。因此，他们并不是直接从自然中获取（Hamayon 1994：78—85，2001：133—144，2003：63—66）。换言之，对于他们，自然界（用马克思主义的概念来说）变成了一种生产手段。然而与资本主义企业家不同的是，他们并不拥有这种手段。因此，他们必须请求他们的祖先、保护神或佛教神灵，为他们提供必要的手段。因此，他们并不是神灵的平等伙伴，而是他们的下属。这就是为什么他们不能和他们一起游戏，而必须向他们祈祷；为什么他们不能从他们身上掠夺，而必须给他们礼物，以便赢得或保持他们的好感。他们通过献祭一种动物——一匹马、一只公羊和（或）奶制品——来赢得或保持神灵的好感，而这两种动物都是他们在神灵的帮助下生产的。

　　这一祭祀仪式之后的盛宴，除了开玩笑、跳舞和唱歌之外，还必须包括体育比赛，其中，固定的模仿野生动物和被猎杀的象征（即摔跤手表演的鹰舞、象征啮齿动物的射箭靶等），显示了猎人典型的"巫术逻辑"并没有消失。但是明确地说，现在的运动员和萨满教徒，当然也包括佛教喇嘛，都不再将他们的活动视为是一种与"无形的"或"非物质性的存在"进行的谈判并欺骗他们的仪式，而是通过向神灵赠送礼物，给他们带来欢乐。现在参加仪式的人希望通过这些礼物能得到神灵的回报。为了达到这一目的，参加仪式的人需要向他们的神灵表明，一个人的健康和强大是由于他们（即灵和［或］神）的关心和保护，所以能够向他们呈现这些礼物。而举办比赛的目的是证明和显示他们照顾得成功及其必要性。人们相信，如果神灵对所给予的礼物和向他们展示的娱乐感到满意，他们就会进一步保护那些送礼和玩游戏的人（Dashiyeva 1984：136；Kabzin'ska Stawarz 1987：53；Alekseyev and Gombozhapov 2000：151—152；Dugarova 2004：13，16）。因此，体育比赛也被视为是对"崇高"的礼物，是象征性的牺牲，是"在手势和姿态上，在娱乐与竞赛中奉献自己"。

　　从考虑自己"在本质和地位上［……］相似"到早期仪式中萨满祭司可以玩耍和欺骗的动物神灵，再过渡为恳求"神"（即"被认为本质上与众不同，地位更高的超自然生物"，再次使用本文的同行评议者非常恰当的措词），对布里亚特人来说，并不是迈出了一大步。

　　因为除了他们自己的灵魂以及动物、植物、山脉、水域和自然界所有其他实体的灵魂之外，他们始终相信有一个完整的万神殿。因此，他们的萨满教实际上就是所谓的 tengrianism（腾格里主义）或 tengrism（腾格里教），他们相信有 99 个居于天国的 *tengri*（腾格里，即天神），其中 55 个仁慈的住在西方，44 个邪恶的住在东方天堂，他们都有儿子和女儿，要么在地面上流浪，要么在地下世界游荡。对一个布里亚特人来说，在他们的生活中，恐惧、祈祷或简单地崇拜这些神圣的生物，是很正常的。

　　几个世纪以来，布里亚特人为了确保他们的生存，一直在进行上述的泰拉甘（taylagan）和祭敖包仪式。简而言之，这些可以被称为基于亲属团体的祭祀祈祷仪式，最先由萨满主持，后来由佛教喇嘛主持，但仪式后必然会举行一场宴会，并进行摔跤、射箭、赛马这三种布里亚特传统的体育项目比赛。一些最早关于布里亚特人的民族志报告记录了对这些事件的描述，如 18 世纪上半叶和下半叶的约翰·乔治·格梅林（Johann Georg Gmelin）的《*Reise durch Sibirien*[①]》（Gmelin 1752：21–26）和约翰·戈特利布·格奥尔基（Johann Gottlieb Georgi）的《*Bemerkungen einer Reise im Rußischen Reich*》[②]（Georgi 1775：316–319），还有 19 世纪上半叶瓦西里·帕辛（Vasiliy Parshin）的《*Poyezdka v zabaykal'skiy kray*》[③]（Parshin 1844：61–63）。在 19 世纪下半叶和 20 世纪前几十年，由俄罗斯和布里亚特的作家、学者、旅行家、流亡者、当地历史学家等创作的关于布里亚特人丰富的民族志文献中，也可以找到对这些事件相当多的、且极为详细的描述（见 Khangalov 1880；Loginovskiy 1897；Golovachev 1902：112–113；Shagdaron and Ochirov 1909 等）。从当时的资料来看，我们可以了解到，泰拉甘活动不仅是每个部族为内部成员举行的，而且其中还有一些由数个部落的成员共同参加，这使得成千上万的人们聚集在一起（Potanina 1912：13；Dashiyeva 2001：29）。

　　泰拉甘是该仪式的原初形式，如上所述，祈祷部分是由氏族的萨满主持，奉献给氏族祖先和守护神的主要祭品是马或公羊。祭祀敖包仪式是它的佛教版本，其中佛教僧侣取代了萨满，人们向佛教神灵祈祷，但不提供动物祭品，只有 tsagaan idee（察干伊迭），"白色食物"（即乳制品）作为祭品。然而，正如前文所述，仪式的目的是完全一样的。动词 "taykhu"（泰昆），也是由名词 "taylagan"（泰拉甘）派生而来，在包括布里亚特在内的所有蒙古语言中都有"通过献祭来表示敬意"的意思（参见 Babuyeva 2004：192）。在第一种情形

---

① 西伯利亚之旅（德语）。

② 俄罗斯帝国之旅评论（德语）。

③ 前往贝加尔湖领地（俄语）。

下，布里亚特人向他们的萨满教神灵供奉祭品，在第二种情形下是向佛教神灵供奉祭品，但两种仪式目的都一样：意图维持这些超自然神灵的仁慈和支持，他们相信这些神灵是保佑他们生存的基础。这是一个非常好的例子，展现了那些 17 世纪晚期从西藏和蒙古来到布里亚特的僧侣，是如何将东方的布里亚特人（即贝加尔湖以东的五分之四布里亚特人）转变为佛教徒的，他们通过举行萨满教的活动，将其融入到佛教信仰体系和仪轨中去，并取得了很大的成功。布里亚特人古老信仰中的诸多 tengri（腾格里，即居住在天堂、大地和地下世界的神）确实帮助佛教僧侣取得了成功，因为许多布里亚特人都接受佛教的神灵现在已经取代了古老神灵的位置，并以同样的方式保护他们。尽管如此，佛教的神职人员并不能消灭非"佛教化（Buddhistianized）"的萨满教。萨满是一直以来都有的，直到今天人们还经常求助于萨满。

尽管如此，藏传佛教喇嘛在传教方面取得的成功还是令人瞩目的。因为到了 18 世纪末，几乎所有的东部布里亚特人都皈依了佛教，这一切只用了大约 100 年的时间。喇嘛们利用布里亚特人对三种传统体育运动的热爱进行传教，这对传教成功起到了至关重要的作用。他们组织的这些运动比赛，不仅作为祭敖包仪式的一部分，同时也是他们寺院中宗教仪式的一部分。最突出的是每年仲夏举行的 Maydar khura——这是一项对弥勒佛（Maytrea），即未来佛的礼赞仪式，也是一年中佛教最高神圣仪式之一。此外，当有来自西藏或蒙古的高僧访问 Datsanis（布里亚特人对他们的佛教寺院的称呼）时，也经常会组织这三项运动比赛以礼遇贵客。

后来，寺院有了自己的摔跤手，喇嘛会为他们提供一切所需的东西，以便他们能够专心练习摔跤。换一种较为现代但十分贴切的说法——佛教神职人员成为了这些运动的有力赞助商。结果，佛教寺院中的这些比赛经常会吸引大量布里亚特运动员及爱好者，从而为这些寺院及佛教神职人员的繁荣发展，以及佛教在贝加尔湖以东的布里亚特人中的快速兴起做出了贡献。但是，定居在湖西的布里亚特人的情况却十分不同。在那里，佛教传播活动的时间很晚：仅在 19 世纪末和 20 世纪初。在此之前，俄罗斯东正教牧师曾试图将那里的布里亚特人转变为他们的信徒。然而，俄罗斯基督教神父的成功率远不及在东部布里亚特人中传教的蒙古和藏传佛教的喇嘛们。从 17 世纪俄国征服该地区到 19 世纪末的两个半世纪中，他们仅将大约 40% 的西布里亚特人转变为俄罗斯东正教徒（Hundley 2010：247；Mikhaylov 1994：122），甚至这些人并没有成为新信仰的真正信徒。例如，在 1905 年全帝国起义后，尼古拉二世下令允许宗教自由，立即就有大批的宗教信徒离开教会，这点就十分明显（Zhukovskaya 1995：83）。直到今天，绝大多数西布里亚特人仍然是萨满教徒。甚至有些曾经或现在仍是东正教会成员的人，通常也不会放弃他们的萨满教信仰和崇拜（Humphrey 1983：30；Montgomery 2005：72）。因此，在西布里亚特人中出现了融合的宗教习俗，但其中新宗教（大多数情况下是俄罗斯东正教）在东部布里亚特人中所起的作用远不及佛教。因此，直到今天，萨满教仍是他们主要的宗教信仰体系和仪式实践。

当地的领导人和机构也将三种传统的布里亚特运动用于其统治的目的。可汗和氏族领袖经常招募最优秀的摔跤手和弓箭手作为他们的禁卫兵骑兵团（life guards）和精锐部队，并且还经常在战役结束后组织"男儿三技艺"比赛（Zhukovskaya 1988：59；Bardamov and Fomin 1998：141；Darzha 2003：38；Babuyeva 2004：198；Krist 2014：30）。在和平时期，富有的布里亚特氏族首领会在比赛开始前的几个月里为选定的摔跤手滋补身体，并为他们提供一切所需（Khangalov 1880：31）。

沙皇政府也曾利用它们，这里有一个鲜明的例子。1814年夏天，在恰克图（Kyakhta）（当时与中国接壤的一个蓬勃发展的商业小镇）举行了庆祝巴黎陷落和两年前战胜拿破仑事迹的大型活动。在这项为期三天的庆祝活动中，核心活动就包括布里亚特"男儿三技艺"的大型比赛，还有一场有上百匹马参与的赛马活动（Shchapov 1908：710—712）。

然而，在沙皇统治之后，布里亚特传统体育活动的发展却因为政治目的而达到了巅峰。从最早的统治开始，苏联各地和党的干部就将这些运动作为aimak（艾麦科）①进行组织，即名为苏尔哈班（Surkharban）的地区运动会，每年在新成立的蒙古苏维埃社会主义自治共和国的首都乌金斯克（Verkhneudinsk）（后来更名为乌兰-乌德 Ulan-Ude）举行大型苏尔哈班共和比赛。从1930年代初开始，他们还组织了集体农庄（kolkhoz）运动，即重新强制建立的集体农场。这些活动被广泛用于国家和政党的宣传，作为上述组织计划的预期结果，这些运动员以其工作单位的成员或特定行政单位的居民身份参加比赛（Humphrey 1983：381）。因此，这些体育竞赛以前主要是亲属群体的事情，现在已经成为新苏联生产和行政单位的事件，并与苏联的意识形态紧密相连（Ocherki istorii kul'tury Buryatii 1974：287；Humphrey

---

　　① 译者注：蒙古共和国为行政目的而划分为18个最大的地区之一。

1983：380—382；Vatanabe 1994：54）。通过对规则、服装和装备的修改，传统的布里亚特体育运动变得与国际体育运动非常相似，这使它们成为了后者的预备演习，并作为一项公开反对"民族主义或分裂主义"的措施（Eichberg 1991，1998：134）。这样，在苏联统治的 70 年中，这些体育运动丧失了许多独特的布里亚特民族特色，但"男儿三技艺"遭到最严重的世俗化和彻底的减损还是来自前苏联领导们的影响。由于国家和政党组织的比赛是独立的活动，与任何宗教仪式都不相关，因此这种比赛被剥夺了所有宗教元素，甚至包括 devekh 中摔跤手的鹰舞。

　　尽管如此，布里亚特人并没有忘记他们的传统，而且苏联人在企图消除其宗教信仰方面显然失败了。在整个苏维埃时期，尽管萨满和喇嘛都受到迫害，他们的信仰活动也受到严重挫败和阻碍，而且在 1930 年代几乎所有寺庙都被关闭和摧毁的状态下，有些泰拉甘（作为亲属的祭祀仪式）依然以传统方式进行，其中有些甚至伴随着传统的体育比赛（Mikhaylov 1971：66—67）。在 1980 年代后期，戈尔巴乔夫总统的改革最终在苏联创造了一个更加自由的社会和政治氛围时，正如卡罗琳·汉弗莱（Caroline Humphrey）指出的那样，"泰拉甘"和"祭鄂博"仪式都出现了"爆发"，尽管这些活动有着明确的宗教目的，但当局却不再试图制止或阻碍他们（Humphrey 1989：168；Musch 2006：19）。当局态度的完全转变也体现在 1987 年由布里亚特 ASSR 的美术博物馆购买和展出的抽象装饰金属雕塑上。该雕塑由布里亚特金匠拉德娜·桑吉托夫（Rdna Sanzhitov）制作，名为"苏尔哈班（Surkharban）"。该雕塑对萨满教的世界之树、天体、箭的渲染，向观者清晰地揭示了这些体育赛事的原始宗教意义：人们试图与神圣的天神相沟通（图 5）。

图 5　布里亚特锻冶匠人拉德娜·桑吉托夫的雕塑"Surkharban"（苏尔哈班），铁艺，1987 年。摄影：史蒂芬·克里斯特（由布里亚特共和国桑皮洛夫美术博物馆提供）

　　1991 年苏联最终解体后，是国家体育行政部门管理（现为俄罗斯联邦的布里亚特共和国服务）第一个采取措施让布里亚特体育比赛重新传统化。例如，在苏哈尔班共和比赛中，废除了苏联时期为布里亚特摔跤引入的时限和记分制度，而增加了一项针对高级弓箭手的比赛——要求他们穿着传统的布里亚特服装，使用传统弓箭而不是现代塑料材质弓箭。

无论如何，在过去的两个半个世纪中，不是由国家体育机构，而是由布里亚特最大和最有影响力的佛教机构的喇嘛，"俄罗斯佛教传统僧伽"（翻译过来就是"僧侣集会"或"僧侣团体"）改变了布里亚特的传统体育。堪布喇嘛丹巴·阿尤谢耶夫（Khambo-lama Damba Ayusheyev）领导下的喇嘛从90年代中期开始，主要目标之一就是以他们喜爱的方式和特定风格，让三项传统的布里亚特运动蓬勃发展并使其重新传统化。最重要的是，他们再一次将比赛与佛教仪式联系在一起。1996年，Eryn Gurban Naadan（艾音·古尔班·纳丹，这个传统名字翻译过来就是"男儿三技艺"，此后也被喇嘛们使用）成为了伊沃金斯克寺庙50周年庆祝活动的一部分；1997年，举办了同样的运动会，以纪念蒙古高僧到访伊沃金斯克和基任加（Kizhinga）的寺庙；2003年以来，这些运动又再次成为迈达尔·呼拉尔（Maydar Khurals）的组成部分。迈达尔·呼拉尔是夏季的主要佛教仪式，在伊沃金斯克的寺院以及苏维埃时代以前的（如上所述）其他寺院中也是如此。此外，2008年以来，每年都在布里亚特东部Egituy的寺院举办著名的艾音·古尔班·纳丹，在那里保存着著名的檀香木佛像赞丹珠（Zandan Zhuu）；自21世纪前十年中期以来，布里亚特共和国及其他人口众多的布里亚特地区举办了更多神圣的佛教仪式，其中许多是每年举办一次。因此，佛教神职人员为这些运动会创建了一个年度的节日（即一系列的艾音·古尔班·纳丹），从4月开始，到9月以该季节的高潮结束，以纪念Dashi-Dorzho Itigelov（1852—1927年），第十二任堪布喇嘛（Kamboo-lama），尽管他已于90多年前去世，但他的尸体并没有腐烂，原因迄今未知，且一直在伊沃金斯克的寺庙展出。

因此，在他们组织绝大多数比赛的同时，佛教传统僧伽已经从国家机构手中接管了传统的布里亚特运动，至少在以佛教为主要宗教的布里亚特人地区如此。所有的这些艾音·古尔班·纳丹都是以非常传统的方式组织的：所有弓箭手都必须穿着传统的布里亚特服装，并或多或少地使用传统的布里亚特弓；赛马的赛程很长，从7公里到28公里不等；摔跤运动员必须佩戴和使用传统的腰带，并遵守重新建立的传统规则，包括必须进行的表演——鹰舞（图6）。

图6　2011 年夏季在布里亚特州南部的明斯克寺庙组织的"艾音·古尔班·纳丹"期间的
青年摔跤比赛。摄影：史蒂芬·克里斯特

　　在定居于贝加尔湖以西的布里亚特人之间，情况又有所不同。正如所描述的，萨满教仍然是他们的主要宗教信仰，但今天只有为数不多的寺院和少数喇嘛。在那儿，由于佛教神职人员的地位低下，几乎没有僧侣，国家组织的苏尔哈班虽然人数不多，但在布里亚特传统体育领域仍然发挥着重要作用。然而，毫无疑问，萨满教的另一种传统却在那里复兴了起来，直到今天仍然发挥着重要作用，这就是 Yordinskiye Igry，即"约丁的游戏"。在靠近贝加尔湖的西岸一个40 米高的圆顶形山丘上，该地区主要居民是布里亚特人。2000 年，在经历了一个多世纪的间歇之后几乎完全消失的大型传统，全布里亚特（即跨氏族）泰拉甘活动，在这个被许多布里亚特人认为处于"世界轴线"的小山附近，伴随着大型的传统体育比赛得以复苏（Sodnompilov 2000；Babuyeva 2004：176—180）。从 2005 年到 2011 年，此后每隔一年重复举办一次，而且规模不断扩大（图 7）。

图7　2011 年"约丁游戏"第一日早晨的"约丁山"。摄影：史蒂芬·克里斯特

　　每次都会有成千上万的人聚集在那里一起祭拜，来自各地和跨区域萨满教协会的几十位萨满教徒在耶德山脚下进行祭祀（图 8）。但通常为期两天的庆祝活动的主要仪式高潮是约克（*yokhor*）——一种典型的布里亚特圆舞。约克由男女代表共同起舞，他们拉着手形成一个闭合的圆圈，并围绕代表世界轴心或世界树的物体顺时针移动，人们相信通过仪式舞蹈，就能将这个世界及其居民与天堂及神圣之物联系起来。这类圆圈舞及其宗教的意义也是埃文斯（Dugarov 1991：144）和定居在布里亚特北部西伯利亚针叶林的其他族群（Babuyeva 2004：180—181）传统文化的一部分。但是，和其他蒙古人相比，只有布里亚特人跳这种舞（Babuyeva 2004：181），这是"狩猎巫术"的强大作用的另一证明，换句话说，就是与神灵的直接交流。

**图 8**　2011 年，一群布里亚特萨满教徒在约丁山脚下的"约丁游戏"中进行祭祀祈祷仪式。
摄影：史蒂芬·克里斯特

**图 9**　布里亚特人和其他信徒在"约丁山"上跳起巨大的"约克（yokhor）"圆圈舞，
以迎接来年（2011 年）。摄影：史蒂芬·克里斯特

在约丁游戏中，约克是围绕约丁山进行的舞蹈（图9），为此至少需要700位舞者才能闭合圆圈，这被认为是确保仪式成功的必要条件。人们相信，封闭的圈子可以抵御恶魔，从而使来年成为美好的一年（Dugarov 1991：144；Babuyeva 2004：178)）（图9）。在舞蹈中，一位当地已经在任20余载的布里亚特萨满大祭司瓦伦丁·哈格达耶夫（Valentin Khagdayev）(他对游戏的复兴也发挥了领导作用），将作为代表站在山顶上，呼唤神灵并向他们祈祷。

图10 布里亚特萨满祭司瓦伦丁·哈格达耶夫（Valentin Khagdayev）从山上完成祈祷仪式下来后，与"约克"舞表演队伍一起（2011年）。摄影：史蒂芬·克里斯特

他戴着鹿角冠，以此模仿一只被狩猎的动物（图10）。

在活动达到高潮之前，在山脚下的舞台上要进行为期两天的音乐会和舞蹈节目表演，人们为此欢呼雀跃。也是在这为期两天的比赛中，会举行布里亚特的三种传统运动以及其他西伯利亚土著民族的运动（例如雅库特跳台）。因此，这一活动总是有成千上万的人参加（主要但不限于布里亚特人），构成了令人印象深刻的大规模萨满教仪式（可能是当今世界上最大的仪式之一），其中包括传统上认为所有必要的组成部分，比如起着至关重要作用的体育运动竞赛（图11）。

图11 2011年"约丁"山脚下"约丁游戏"中的摔跤手。摄影：史蒂芬·克里斯特

# 五　结　论

鉴于体育和仪式之间有据可查的主要联系，可以在逻辑上得出结论，它们有着共同起源，而且它们在许多族群中曾有过，甚至今天仍然普遍存在的巫术功能。本文主要分析了布里亚特三种传统体育的历史和现状，特别是它的宗教意义。

贝加尔湖附近发现的新石器时代的岩石艺术作品证明，体育比赛——至少是摔跤比赛——在早期的布里亚特地区也被用作仪式目的。中世纪（辽代）的文字资料证明了它们的历史延续性，而且，在专家们（即萨满）进行旨在确保生育和生存的仪式中，体育（主要是射箭比赛），也扮演着重要的作用。

通过对19世纪，20世纪和21世纪民族志资料的分析（包括我自己的观察）证明，布里亚特萨满教的体育活动和仪式有着相同的最初目的，一方面，它使得想象中的宇宙和神圣事件更容易被人们察觉和感知，另一方面也为人们提供了影响这些神圣事务的可能性。此外，我已经表明，布里亚特人传统的狩猎和畜牧业混合经济也通过两种不同的巫术活动体现在仪式中：一种是猎人的巫术活动（即与想象中的神圣生物直接谈判），另一种则是畜牧业的巫术活动（即恳求恩典）。

这也表明，无论是（西藏）佛教还是基督教（俄罗斯东正教），包括17世纪以来喇嘛和僧侣的传教活动，以及大多数布里亚特人皈依的这种或那种宗教，都没有能够消除布里亚特人赖以生存的萨满教信仰，以及体育比赛在萨满教仪式中发挥的重要作用。佛教喇嘛从根本上将这些仪式和体育活动完全纳入了佛教的信仰体系和仪式实践中，并没有改变他们的意义。但受洗的布里亚特人中，向基督教的转化仍然只停留在一个非常形式化和肤浅的水平上，因此并不影响他们的萨满信仰和实践，人们依旧像从前一样行事。

苏联将近70年的镇压以及对各种宗教活动的阻碍也未能将其彻底消灭。可以这样说，在苏联解体后不久，布里亚特的三大传统体育活动再次蓬勃发展，而且通常伴随着各种佛教仪式和萨满教仪式，包括每两年在约丁山举办的为期两天的布里亚特全民大型运动会，实际上就是向所有人开放的祈祷仪式，其中也包括传统的体育赛事。

所以说，这三项传统的体育活动就是一个生动的例证，证明了所从事的体育运动是出于宗教目的，甚至即便在当代，有些积极的体育运动者也会将运动视为是与他们所信仰的神圣生物交流的媒介。

# 参考文献

Alekseyev, N. A. and A. G. Gombozhapov

2000, Obo takhilgan—Gornoye moleniye aginskikh buryat. In *Etnografiya narodov Sibiri i Mongolii*. Ulan-Bator and Ulan-Ude：Mongolyn Shinzhlekh Ukhaany Akademi, Institut mongolovedeniya, buddologii i tibetologii RAN.

Babuyeva, Valentina D.

2004, *Material'naya i dukhovnaya kul'tura buryat*. Ulan-Ude：Tsentr sokhraneniya i razvitiya kul'turnogo naslediya Buryatii.

Bardamov, Gavril B. and Vladimir A. Fomin

1998, Vozrozhdeniye natsional'noy traditsii v sisteme sostyazatel'noy deyatel'nosti. In *Vozrozhdeniye traditsionnykh kul'tur narodov Buryatii：Materialy nauchnoprakticheskoy konferentsii 14–15 maya 1998 g.* Ulan-Ude：Pravitel'stvo Respubliki Buryatiya, Rossiyskaya Akademiya nauk Sibirskoye otdeleniye, Baykal'skiy institut prirodopol'zovaniya, pp. 140–146.

Blanchard, Kendall and Alyce T. Cheska

1985, *The Anthropology of Sport：An Introduction*. South Hadley：Bergin & Garvey.

Calhoun, Donald W.

1987, *Sport, Culture, and Personality*. Champaign：Human Kinetics Publishers.

Culin, Stewart

1907, Games. In *Handbook of American Indians：North of Mexico*；Part 1. Edited by Frederick Webb Hodge. Washington, DC：Government Printing Office, pp. 483–486.

Damm, Hans

1960, Vom Wesen sog. Leibesü bungen bei Naturvölkern. Ein Beitrag zur Genese des Sportes. *Studium Generale* 13, pp. 1–9.

Darzha, Vyacheslav

2003, *Loshchad' v traditsionnoy praktike tuvintsev-kochevnikov*. Kyzyl: TuvIKOPR SO RAN.

Dashiyeva, Nadezhda B.

2001, *Buryatskiye taylagany* ( *opyt istoriko-etnograficheskogo issledovaniya* ). Ulan-Ude: Izdatel'sko-poligraficheskiy kompleks VSGAKI.

1985, Traditsionnyye obshchestvennyye prazdniki buryat: Opyt istoriko-etnograficheskogo issledovaniya. Avtoreverat dissertatsii, Institut etnografii im. Miklukho-Maklaya AN SSSR. Nauka, Moskva.

1984, K voprosu o traditsionnykh prazdnikakh v Buryatii. In *Polevyye issledovaniya instituta etnografii 1980—1981*. Edited by Sev'yan I. Vaynshteyn. Moskva: Nauka, pp. 134—142.

Dugarov, Dashinima S.

1991, *Istoricheskiye korni belogo shamanstva* ( *na materiale obryadovogo fol'klora buryat* ). Moskva: Nauka.

Dugarova, Radzhana D.

2004, Traditsionnyy sportivnyy prazdnik "Eryn gurban naadan" ( "Tri igrishcha muzhey" ) i ego mesto v kul'ture Buryat. Avtoreferat dissertatsii, Institut etnologii I antropologii imeni N. Miklukho-Maklaya RAN, Moskva.

Eichberg, Henning

1998, A Revolution of Body Culture? Traditional Games on the Way from Modernization to "Postmodernity". In *Body Cultures: Essays on Sport, Space, and Identity by Henning Eichberg*. Edited by John Bale and Chris Philo. London: Routledge, pp. 128—148. First published 1991, in *Eclipse et Renaissance des Jeux Populaires*. Edited by J.-J. Barreau and Guy Jaouen.

Firth, Raymond

1930, A Dart Match in Tikopia: A Study in the Sociology of Primitive Sport. *Oceania* 1: 64—96.

Forsyth, James

1992, *A History of the Peoples of Siberia: Russia's North Asian Colony 1581— 1990*. Cambridge: University Press.

Georgi, Johann Gottlieb

1775, *Bemerkungen einer Reise im Rußischen Reich im Jahre 1772*. Erster

Band. Sankt Petersburg: Akademie der Wissenschaften.

Gmelin, Johann Georg.

1752, *Reise durch Sibirien von dem Jahr 1733 bis 1743*. Dritter Theil.
Göttingen: Vandenhoeck.

Golovachev, Pyotr M.

1902, *Sibir'. Priroda, lyudi, zhizn'*. Moskva: Yu. I. Bazanova.

Hamayon, Roberte N.

2016, *Why We Play—An Anthropological Study*. Chicago: Hau Books.

2003, Game and Games, Fortune and Dualism in Siberian Shamanism. In
*Shamanism: A Reader*. Edited by Graham Harvey. London: Routledge, pp.
63—68.

2001, Tricks of the Trade or How Siberian Hunters Play the Game of Life-
Exchange. In *Expanding the Economic Concept of Exchange: Deception, Self-
Deception and Illusions*. Edited by Caroline Gerschlager. Boston: Kluwer
Academic Publishers, chp. 8, pp. 133—147.

1994, Shamanism in Siberia: From Partnership in Supernature to Counter-
power in Society. In *Shamanism, History, and the State*. Edited by Nicholas
Thomas and Caroline Humphrey. Ann Arbor: The University of Michigan
Press, pp. 76—89.

Harris, Janet C., and Roberta J. Park.

1983, Introduction to the Sociocultural Study of Play, Games, and Sports. In
*Play, Games and Sports in Cultural Contexts*. Edited by Janet C. Harris and
Roberta J. Park. Champaign: Human Kinetics Publishers, pp. 1—36.

Humphrey, Caroline

1990, Buryats. In *The Nationalities Question in the Soviet Union*. Edited by
Graham Smith. London: Longman, pp. 290—302.

1989. Population Trends, Ethnicity and Religion among the Buryats. In
*The Development of Siberia: People and Resources*. Edited by Alan Wood.
Basingstoke: Mac Millan, pp. 147—176.

1983, *Karl Marx Collective: Economy, Society and Religion in a Siberian
Collective Farm*. Cambridge: Cambridge University Press.

Hundley, Helen S.

2010，Defending the Periphery：Tsarist Management of Buriat Buddhism. *The Russian Review* 69，pp. 231—250.［CrossRef］Jensen, Adolf E. 1947. Wettkampf-Parteien, Zweiklassen-Systeme und geographische Orientierung. *Studium Generale* 1，pp. 38—47.

Kabzin′ska-Stawarz，Iwona

1987，Eriin Gurvan Naadam—'Three Games of the Menin Mongolia'. *Ethnologia Polona* 13，pp 45—89.

Kamphausen，Hans.

1972，Traditionelle Leibesübungen bei autochthonen Völkern：Ein problemorientierter Überblick. In *Geschichte der Leibesübungen*. Edited by Horst Ueberhorst. Berlin：Bartels- und Wernitz-Verlag, vol. 1, pp. 64—109.

Khangalov，Matvey N.

1880，Natsional'nyy prazdnik u buryat. *Izvestiya Vostochno-Sibirskago otdela Russkago Geograficheskago Obshchestva* 11，pp. 30—34.

Kolarz，Walter

1954，*The Peoples of the Soviet Far East*，2nd ed. New York：Praeger.

Körbs，Werner

1960，Kultische Wurzel und frühe Entwicklung des Sports. *Studium Generale* 13，pp. 11—21.

Krader，Lawrence

1954，Buryat Religion and Society. *Southwestern Journal of Anthropology* 10，pp. 322—351.［CrossRef］Krist，Stefan. 2014，Wrestling Magic：National Wrestling in Buryatia，Mongolia and Tuva in the Past and Today. *The International Journal of the History of Sport* 31，pp. 423—444.

Krist，Stefan

2018，Review of *Questioning Play. What Play Can Tell Us about Social Life*，by Eichberg，Henning，and of *Why We Play. An Anthropological Study*，by Hamayon，Roberte. *Anthropos* 113/1，pp. 296—298.［CrossRef］Lakoff，George，and Mark Johnson. 1980. *Metaphors We Live by*. Chicago：University of Chicago Press.

Lkhagvasuren，G.

1998，Fisicheskaya kul'tura v traditsiyakh gosudarstvennoy politiki Mongolii.

In *Fizicheskaya kul'tura i sport: Istoriya, sovremennost', perspektivy: Materialy nauchno-prakticheskoy konferentsii*. Edited by Semën V. Manturov. Ulan-Ude: Izdatel'stvo Buryatskogo gosuniversiteta, pp. 14—17.

Loginovskiy, Karp D.

1897, Igry buryat Vostochnago Zabaykal'ya. *Zapiski chitinskago otdeleniya priamurskago otdela imperatorskago russkago geograficheskago obshchestva* 2, pp. 45—56.

Mathys, Fritz Karl

1958, *Kultische Ursprünge des Sports*. Celle: Pohl.

Mauss, Marcel.

1992, Techniques of the Body. In *Incorporations*. vol. 6 of *Zone*. Edited by Jonathan Cary and Sanford Kwinter. New York: Zone, pp. 455—477. First published 1935. French under the title "Les techniques du corps." *Journal de psychologie normale et pathologique* 32, pp. 271—293.

Mikhaylov, Taras M.

1994, Buryaty. In *Narody Rossii: Entsiklopediya*. Edited by Valeriy A. Tishkov. Moskva: Nauchnoye izdatel'stvo "Bol'shaya Rossiyskaya Entsiklopediya", pp. 118—122.

1971, Shamanskiye perezhitki i nekotoryye voprosy byta i kul'tury narodov Sibiri. In *Voprosy preodoleniya perezhitkov lamaizma, shamanizma i staroobryadchestva*. Edited by A. A. Belousov. Ulan-Ude: Buryatskoye knizhnoye izdatel'stvo, pp. 56—68.

1965, Ob obychakh i traditsiyakh buryat v sovremennyy period. In *Kul'tura i byt narodov Buryatii*. Ulan-Ude: Buryatskoye knizhnoye izdatel'stvo.

Montgomery, Robert W.

2005, *Late Tsarist and Early Soviet Nationality and Cultural Policy: The Buryats and Their Language*. Lewiston: The Edwin Mellen Press.

Musch, Tilman

2006, *Nomadismus und Sesshaftigkeit bei den Burjaten: Gesellschaftlicher Wandel im Spiegel zeitgenössischer Folklore*. Frankfurt am Main: Lang.

Müller, Klaus E.

2006, *Schamanismus: Heiler, Geister, Rituale*, 3rd ed. München: Beck, pp. 8—9.

Ocherki istorii kul'tury Buryatii

　　1974, Edited by Dashi D. Lubsanov et al. Ulan-Ude: Buryatskoye knizhnoye izdatel'stvo, vol. 2.

Okladnikov, Aleksey P.

　　1974, *Petroglify Baykala: Pamyatniki drevney kul'tury narodov Sibiri*. Résumé in English. Novosibirsk: Nauka.

Parshin, Vasiliy

　　1844, *Poyezdka v zabaykal'skiy kray*. Chast' pervaya. Moskva: Tipografiya Nikolaya Stepanova.

Potanina, Aleksandra V.

　　1912, *Rasskazy o buryatakh, ikh vere i obychayakh*, 2nd ed. Moskva: Tipografiya K. L. Men'shova.

Reshetnikov, Anatoliy F., and Zinaida I. Rabetskaya

　　2007, Istoricheskiy put' vozniknoveniya i razvitiya natsional'noy bor'by na osnove petroglifov baykal'skogo regiona. *Vestnik Buryatskogo gosudarstvennogo universiteta Vyp.* 8, pp. 213—216.

Salamone, Frank

　　1977, Religion as Play—Bori, a Friendly 'Witchdoctor'. In *The Study of Play: Problems and Prospects*. Edited by David F. Lancy and Allan Tindall. West Point: Leisure Press, pp. 158—167.

Sands, Robert R.

　　2010, Anthropology Revisits Sport through Human Movement. In *The Anthropology of Sport and Human Movement: A Biocultural Perspective*. Edited by Robert R. Sands and Linda R. Sands. Lanham: Lexington Books, pp. 5—37.

Shagdaron, S.-D., and B.-D. Ochirov

　　1909, Igry i uveseleniya aginskikh buryat. *Zapiski Imperatorskago Russkago Geograficheskago obshchestva po otdeleniyu etnografii* 34, pp. 465—482.

Shchapov, Afanasiy P.

　　1908, Sibirskoye obshchestvo do Speranskago. In *Sochineniya A. P. Shchapova*.

Sankt-Peterburg: Knigoizdatel'stvo M. V. Pirozhkova, pp. 643—717.

Sodnompilov, Dorzhi

2000, Yordynskiye igry na Ol'khone. *Inform Polis*, July 9.

Vatanabe, Khibi

1994, *Obryady i politicheskaya integratsiya u buryat.* Tokio.

Wittfogel, Karl A., and Chia-Sh "eng F "eng.

1949, *History of Chinese Society*: *Liao*（907—1125）. *vol. 36. Transactions of the American Philosophical Society*. New York: Lancaster Press.

Zhukovskaya, Natal'ya L.

1988, *Kategorii i simvolika traditsionnoy kul'tury mongolov*. Moskva: Nauka. Zhukovskaya, Natal'ya L. 1995. Na perekrestke trekh religii: Iz istorii dukhovnoy zhizni buryatskogo sela Tory. In *Shamanizm i rannye religioznye predstavleniya*. Edited by Dmitriy A. Funk. Moskva: Institut etnologii i antropologii RAN, pp. 76—87.

# Shamanic Sports: Buryat Wrestling, Archery, and Horse Racing

*Stefan Krist*

**Abstract:** This paper presents the religious aspects of the historical and present forms of the traditional sports competitions of the Buryats—a Mongolian ethnic group settled in Southern Siberia, Northern Mongolia, and North-Eastern China. Both historically and in our time, their traditional sports have been closely linked to shamanic rituals. This paper provides insights into the functions of these sports competitions for Buryat shamanic rituals—why they have been, and still are, an inevitable part of these rituals. They are believed to play an important role in these rituals, which aim to trick and/or please the Buryats' spirits and gods in order to get from them what is needed for survival. The major historical changes in the Buryats' constructions of their relationship to their imagined spiritual entities and the corresponding changes in their sports competitions are described. The effects of both economic changes—from predominantly hunting to primarily livestock breeding—and of changes in religious beliefs and world views—from shamanism to Buddhism and from Soviet Communist ersatz religion to the post-Soviet revival of shamanism and Buddhism—are described. Special attention is given to the recent revival of these sports' prominent role for Buddhist and shamanist rituals.

**Keywords:** Buryats; cultic sports; shamanism; Buddhism; post-Soviet revivals

# 满—通古斯语民族萨满的社会特征*

［俄］史禄国

（于　洋　译）

**摘　要：** 西伯利亚和中国东北多个通古斯和满族人群体萨满的个案比较说明，萨满在满—通古斯民族的社会生活中占据特殊的社会位置，体现为萨满对社会生活运作过程的具体实践：除了少量氏族以外的萨满外，萨满大多与氏族组织相互结合，掌控氏族神灵，负责管理氏族成员的心灵生活，其行为始终受公众意见所规范、评价和检验；萨满有义务帮助氏族成员，没有物质回报，不能正常进行生产活动，因而处于不利的经济地位；尽管如此，不同萨满间仍保持着鲜明的个性差异，涉及理智程度、对萨满教理论知识的态度、仪式技术的娴熟程度等方面。

**关键词：** 萨满　氏族组织　公共意见　经济地位　个性

**作者简介：** 史禄国（Shirokogoroff）（1887—1939），俄国民族学家，1915—1918年对东北的满族、鄂温克、鄂伦春等民族进行调查，后在中国长期任教。研究方向为通古斯学，民族学。

**译者简介：** 于洋，人类学博士，吉林师范大学历史文化学院讲师。研究方向为萨满教。

---

\* 教育部人文社会科学青年基金项目"史禄国萨满学的学术遗产与当代意义研究"（16YJC850012）阶段性成果；吉林省教育厅项目"'非遗'视域下吉林省萨满文化传承现状及其遗产化路径研究"（JJKH20180802SK）阶段性成果。

本文译自史禄国所著的《Psychomental complex of the Tungus》（Shirokogoroff 1935：376—385），题目、摘要和关键词由译者所加。关于对史氏的满—通古斯萨满研究的评介，请参见曲枫《两种语境中的萨满概念分析与萨满概念重建》（曲枫2018）

# 一　萨满的社会关系

萨满的社会关系有两种性质：其一是萨满与掌控神灵间建立的关系；其二是萨满与顾客间的关系。神灵也有两个特点：氏族神灵与外来神灵，以及依此形成的两类萨满：氏族萨满和"氏族以外"萨满。不过，这两类萨满都需要被承认，萨满的承认可通过复杂的选择典礼，也可经过对萨满候选人的检验和讨论，抑或是萨满本人对萨满教技艺的成功实践完成。

经氏族承认和个人能力的不同途径选择的萨满之间有很大差异；第一种类型萨满在本质上是氏族组织功能的本质组成部分，而第二种类型萨满则是氏族外的萨满，其影响局限在有限的"外神"范围内，这类萨满拥有有限的个人性顾客。

事实上，萨满掌控了氏族神灵后，所有的氏族成员便不再担忧被氏族神灵伤害，萨满随时准备为每一位氏族成员服务。萨满的帮助会有效，并且没什么困难，因为萨满掌控了神灵，一个小型献祭、一段祭词或一段与神灵的谈话，都会缓解病人的困扰。通过这样的方式，会治愈大量的心智紊乱。而且，氏族神灵通常是能力强大的，它们了解氏族成员，获得很好的供奉。氏族神灵可帮助氏族萨满与外氏族神灵战斗，将氏族中去世成员的灵魂送到阴间。氏族萨满的帮助是容易的、有用的，而外氏族的萨满则是有害的，因为氏族外萨满的神灵可能会与氏族神灵混淆，这是需要避免的。

因此，从功能观点看，萨满扮演着氏族"安全阀"的角色，作为氏族的特殊成员，负责管理氏族成员的心灵平衡。

我们可以在新氏族形成的事实中，发现氏族与萨满之间的紧密联系。以满洲的通古斯人为例。在《北通古斯的社会组织》（Shirokogoroff 1929）中，我描述了为实现通婚而发生的氏族分裂现象，如果两个通婚氏族间出现性别比例失调，或其中一个氏族出现了人口的增加或减少，人口较多的氏族很可能会发生分裂。向天神（buga）宣告之后，分裂氏族间的通婚实践也要按照一定的规矩开始，两个氏族的萨满必须将神灵分开。因此，一个新氏族的形成伴随着"下一级"（nokun）氏族的萨满从旧氏族中分离出来。根据通古斯人的理论，不同氏族的神灵不能一样，也不能混淆。只有这种操作完成后，氏族间才能通婚。有趣的是，氏族神灵的划分、能够掌控神灵萨满候选人的出现，可能发生在正式向天神宣告之前。对于这种现象，人们解释成氏族的分裂可发生于亲属称谓终结之前，通常会持续4到5代人。我观察到几种不同类型关系的结合。这一事实非常有趣，在这里，社会组织反映了萨满和神灵之间的关系。但是，我们不能将氏族分裂视为分裂神灵的行动。作为萨满所创造关系的反映，氏族分裂比萨满教更为古老。

　　萨满帮助族人的义务，源自氏族赋予萨满的特殊社会地位。事实上，这种要求可能使萨满教技艺沦为简单的程式化表演。这往往发生在人口很多的氏族中，萨满必须照顾到每一个氏族成员。由于萨满表演需要付出很大的努力达到入迷状态，可萨满又不能够十分频繁地入迷，因此表演变得十分仪式主义，不能让观众满意。大量的满族萨满的表演都是仪式主义的。根据施特忍堡（L. Sternberg）的介绍，在果尔德人中，有位萨满能十分娴熟地将死者灵魂送到阴间，一直在忙于表演此类仪式，有的人需要等数年才能得到这位萨满的帮助。由于这个原因，氏族萨满的技艺有时被 dōna（氏族外的）萨满取代。此外，还有一个因素对氏族外的萨满有利，氏族萨满候选人不愿意当萨满，是被长辈逼迫成为萨满，而氏族外的萨满主动希望承担其功能，不过在获得"认可"前，他们要付出很大的努力。

　　另一方面，通古斯人与满族人认为，萨满在某种程度上是氏族的一个部分（按照我的理解，其功能是安全阀），氏族成员相信他们需要萨满，萨满可带来氏族的向心运动。如果氏族萨满实践失败，他们会找托词，如萨满太年轻或太年老，可能是神灵太懒不愿为主人服务，也可能是出现了某些人们不了解的神灵。但是，如果萨满活动没有作用，氏族中有经验的长老会查明原因，他们代表氏族成员的意见，萨满有时会遭到所有氏族成员的反对，成为氏族中危险的、有害的人物。这种情况通常发生在"心眼坏"的萨满中。在其他萨满帮助下，氏族成员可能会决定除掉这位萨满，或至少将其驱逐，在具体实践上这与"死刑"（Shirokogoroff 1929：198）相似。如果氏族成员不喜欢萨满，萨满也可能放弃自己的身份，后文将会论述，但这并非易事，几乎是不可能的。

　　通古斯人（所有群体，包括满族人）认为萨满需要与氏族神灵（外来神灵）斗争，抵御氏族神灵的侵害。他们相信，如果没有神灵会更好，这样也不需要萨满。因此，如果某种方法能够清除神灵，他们会欣然接受。与此相伴随，他们不再需要萨满。这种态度对萨满不利，但远非达到对萨满的消极态度。不过，在所有的通古斯群体中，我们都能发现对萨满有敌意的人，在这些人看来，所有错误都源自萨满。如果萨满得不到氏族成员的支持，这种声音就会很强烈。这种运动在很大程度上源于其他不同的民族志文化丛在通古斯人中的传播。

萨满必须面对中立的、敌意的态度。年轻萨满受到长幼关系的社会文化制约。大量的个案表明，这种关系使萨满处境艰难，他们的观点有时不会得到长辈的同意。当萨满到达一定年龄后，这些困难将会减少，长辈群体的人数也会变少。就这个角度而言，萨满一生都要不断适应环境，哪怕成为长辈后，其观点也要受到氏族的制约。

通过上述评论，可清楚看到，萨满并没有像巫师或牧师的权威，一生中都受到批评性意见检验，始终是一名普通氏族成员。

萨满的个人成功在稳固其角色的过程中发挥重要作用。如果萨满能成功地帮助氏族成员，则会被再次邀请。萨满表演之后，留下仪式上所用神灵的"路"。因此，萨满和顾客之间有一种特殊的关联，在神灵和"路"的体系的帮助下，两者间建立牢固关系。氏族外萨满与顾客之间是个人联系，而氏族萨满则通过氏族神灵的"路"与所有氏族成员发生联系。萨满直接留下的"路"在很大程度上增强了萨满和氏族成员间的个人联系。

满族人用专门术语表达这类联系：萨满所照顾的家庭（bō，bao，参见《满族的社会组织》[Shirokogoroff 1924]与《北通古斯的社会组织》[Shirokogoroff 1929]）称 jarunbō，这类萨满则称为 jarun saman。这种关系通常形成于萨满照顾者的童年时代，尤其涉及非萨满氏族的个人。如果萨满成功地治疗一个 10 岁以下的儿童，会留下 targa，后者取自萨满头饰上的一条布（丝绸），通常为红色，除了红色的布条外，还有黄色、蓝色、绿色、白色、黑色等。这些布条上拴着两个 xoŋgo（铜铃）以及萨满头饰上的穗。这些都是根据不同颜色组合而成的神位，如 p'oɣun vočko（家神）。这些神位拴在儿童衣服后面（并非总是如此，如果儿童身体健康，父母会忽略不做），一直到 10 岁。戴 targa 的儿童千万不能进入禁忌的房屋，如 jatka bō（儿童出生之后）、targa bō（ilxa mama 带来的疾病：天花、水痘、麻疹），以及最近有去世者的房屋，因为萨满的神灵可能与这些神灵混淆。除 targa 外，萨满照顾的儿童还会得到一面铜镜（tōli），保存在 sèmde（满语口语）上[参见 sendexen（满族书面语），根据扎哈洛夫解释，šen（汉语神灵）undexen（undexen）（满语，"空白的"）]（用来存放神位的架子），tōli 也要在 10 岁以后拿下。这个架子被称为 jarun saman'i sèmde，和 p'oɣun vočko 有同样的重要性，除了萨满主动帮助外，个人必须求助保护他的萨满。① 萨满会逐渐在其周围聚集一些固定的顾客，每个月的正月初一和十五顾客必须祭祀萨满的神灵，每年的正月初二顾客必须参加（理论上顾客必须参加，哪怕是 1000 里之外！）萨满举行的年度大祭，需要随身带上酒、汉人糕点以及糖果（不需要肉！）作为祭品。

在秋收后 10 月、11 月期间，萨满会到村庄中的所有的 jarunbō 中索要谷物（小米、麦子或其他），富裕家庭要给萨满 1 吨谷物，贫困的家庭则少些，不是 jarunbō 的家庭给萨满的粮食不少于 15 公斤，搜集的粮食够萨满消费一年。需要注意的是，不同的萨满不会出现在一个家户中，当有一位 jarun saman 在某一家户时，另一位萨满不会进去。一位萨满正在某家户中做仪式时，如果另一位萨满进屋，其助手（jar'i）会立即告诉他。这场仪式就会包括一次简短的祈祷，尤其是向 apka endur'i（天神）。

在满洲的通古斯人中，如果萨满照顾的对象为儿童，萨满和顾客间的关系会更加紧密。很多情况下，萨满取走儿童灵魂（男孩或女孩），保存到一定年龄，一般为 13 至 14 岁。萨满保护的是转生魂，即能转换到其他人或动物中的灵魂。如果萨满保护全部 3 个灵魂要素，那么儿童就可能死去。萨满会留给儿童一个铜铃、一面铜镜或者是萨满服上的某个东西，表示萨满掌控神灵的神位。这些物件必须装在桦树皮盒子中，放在儿童睡眠处附近，千万不能弄丢这些物件。如果这些神位丢了，人们必须向萨满报告，萨满必须采取特殊的手段来恢复对神灵的控制，同时也要恢复神位。从功能上说，萨满的神灵实际上是儿童的守护神。达到上述所说的年龄后，萨满要撤回灵魂，将这些物件收回去。在儿童灵魂恢复之前，如果萨满去世，情况就会变得复杂。人们认为，萨满死后所有的神灵和灵魂都变得自由。在萨满死后，如果萨满的灵魂和神灵，以及儿童的灵魂被其他神灵捕获，儿童就会遭受困扰。通古斯人一般不会求助年老萨满，也不会求助处于斗法状态、随时可能死去的"坏心眼"萨满。萨满在很大程度依靠自身能力来搜集儿童的灵魂，因此萨满与其顾客之间的关系很紧密。所有顾客都努力与萨满维系良好的关系，在遇到困难时，顾客会因彼此同情形成团体，有时甚至会违背自身的意志。

当然，萨满所照顾的儿童顾客越多，其影响力就越大。

除了给儿童提供特殊的服务外，萨满也拥有大量的成年顾客，由于萨满

---

① 女孩一般不会得到 targa 和 tōli。

缓解了他们的困扰，自然也就成了萨满的朋友。成年顾客会长期求助同一位萨满，因此萨满更熟悉顾客的心理，成为对顾客而言必不可少的人。当顾客需要暗示时，如果没有萨满的帮助，就不能平静地生活。

如果萨满是一位受欢迎的萨满，同时又是一位氏族萨满，并且不"好战"，他对氏族成员的影响会变得更大。不过，由于氏族组织十分严密，萨满不会成为氏族的"领导"或"头领"。萨满十分特殊的心智状况，不允许其成为"领导"，尽管他们可能十分有影响力，甚至担当如穆克特坎（Mukteokan）和其他萨满那样的军事头领，用自身的技艺防御外来侵犯。

通过这些案例可发现，萨满的影响力可能远超氏族范围，这是萨满的个人成功。

无论萨满是否被人们喜欢，抑或是"善良"还是"邪恶"，他们都拥有独特的技艺和个性，占有特殊的社会地位，使人们以特定的礼节与萨满互动。人们都不直呼萨满的名字，甚至是长辈；通古斯人十分喜欢开玩笑和逗趣，但不能对萨满如此；萨满通常被当成"长辈"对待。在一些通古斯群体中，"萨满"一词不用来称呼萨满。在后贝加尔地区的驯鹿通古斯人中，萨满被称为"nordojar'ifk'i"，意思是"正在祈祷的人"（nordojar'i，意思为"歌唱"等），甚至是"orovun"（涅吉达尔方言，毕拉尔千方言），"歌手"之意。在满族人和满洲的通古斯人中，人们用比较荣耀的词称呼萨满，如"aka"、"aki"，甚至是"èjen"，为"主人之意"。在后贝加尔地区的驯鹿通古斯人中，人们用外来词汇"odakón"称呼女萨满。

## 二　萨满的经济地位及其困难

在对萨满教传承的讨论中，我们已经指出维系萨满存在的重要性，及其对新萨满产生的重要影响。由于萨满教的心智特征，许多萨满被置于通古斯重要狩猎活动的社会角色之外。在后贝加尔地区的通古斯人中，我遇到过一位不能猎获麋鹿、驼鹿等大型动物的萨满，他只能猎获狍子。在萨满本人那里，这是一种自我暗示。一些萨满不能猎老虎或熊，因为其他萨满可能变形成这两种动物（动物是萨满的寄魂对象）。大多数萨满不敢使用火枪。萨满与神灵交往的过程中，有时被神灵攻击；萨满有时也会被其他萨满攻击，所以萨满不敢肯定其独处时是否会受到攻击。必须补充的是，萨满有时忙于帮助氏族成员和外来者，因此没时间进行正常的狩猎活动。由于这一原因，北通古斯人中的萨满与那些为其提供猎物的人居住在一起，这些人替萨满照看驯养动物，并照顾萨满。不过，这种照顾并非完全控制萨满的生活，而是在通古斯人社会关系的范围内展开。在通古斯人中，当一个人伤残后，同一氏族的其他人也会予以帮助。

与男性萨满相比，女萨满的经济活动内容不同，会比男萨满表现得更为出色。唯一不同的是，女萨满在承担其责任的同时，没时间做各种手工活，如缝补、装饰衣服、驯鹿鞍、各种各样的盒子等。因此与有空闲时间的女性相比，女性萨满家庭用具的装饰不够丰富。由于女萨满经常离家从事萨满活动，期间需要有人帮助她照看孩子。如果萨满有需要哺乳的孩子，会在出行时带着孩子；但如果萨满的孩子可以离开母亲，则由其他人照看。在通古斯人的生活状况中，照顾女萨满的孩子并不困难，居住点一般都有两个以上的棚屋。作为受人尊敬的女萨满，可以期待其他妇女帮她做些必不可少的工作，如熟皮子等。女萨满的丈夫普遍为妻子分担部分工作。一般来说，在通古斯人中丈夫帮助妻子并不罕见：男人帮妻子们熟皮子，尤其是比较厚重的皮子，例如麋鹿皮、熊皮等，只有男人能做这些工作。

在后贝加尔地区的驯鹿通古斯人中，除了从祭品中获得一些食物外，萨满不会因其服务获得任何报酬；萨满也会像其他客人一样，得到一些新鲜的肉类。萨满会得到方巾，有时也会得到一些仪式用具，但萨满不会得到任何物质性的支持。萨满绝不会收钱。因此，萨满不会成为一种仅靠氏族成员和外人赢得收入的职业。

在满洲的通古斯人中，萨满绝不会得到任何报酬，会得到一些献祭动物的血、饮品、从其他族团中获得白酒（汉人、俄国人）或通古斯人自己制作的大麦酒（一些通古斯人群自己制作），也包括萨满衣服上的方巾。他们绝不会收钱。所有通古斯人断言，萨满不能变得富有。实际上，我认识的所有萨满要比一般通古斯人贫穷。毕拉尔千人中有位女萨满十分贫穷，她和丈夫住在别人房屋中的角落。女萨满的丈夫不是好的猎人，因此不得不和妻子呆在一起，照顾妻子和孩子。他们甚至没有足够数量的衣服进山，孩子也经常半裸。巴尔古津驯鹿通古斯人中的一位萨满驯鹿最少，我认识他时，他出行时需要徒步，仅有的两头驯鹿用来驮行李和孩子。在一次狩猎失误后，他相信自己不能像过去那样狩猎。

因此我们可以说，萨满候选人不是受物质利益刺激产生的，从这一观点看，萨满的生活有时会持续处于贫穷状态。但需要指出的是，在北通古斯人中，萨满若不是一个"心眼坏"的人，就不会饿死，氏族成员和顾客会支持他。每一位通古斯人都会得到相同的对待。

满族萨满的情况则不同。满族萨满为氏族成员服务不收取任何报酬，但氏族外的顾客必须给萨满报酬。在祭品的描述中曾提到一只鸡、一块银圆、一块足够做一套衣服的布，萨满活动结束后，将这些东西带走。这些报酬足以供养萨满的生活，因为萨满一天至少能举行一次仪式。满族人秋祭时，萨满会从村庄中所有的家户中收取谷物，其中 jarumbō 提供给萨满的谷物数量最多，萨满甚至比一般的满族人还要富裕。拥有 20 或 30 个 jarumbō 的萨满很普遍，其中一些 jarumbō 很富裕，每个 jarumbō 一年给他一吨谷物。萨满在每年正月初二收到的酒、糖果、糕点以及香也很重要，这些物品足够萨满消费很长一段时间，甚至卖掉。

不过，正如我强调，氏族萨满要忙于氏族内部的事务，他们不能靠萨满活动获得报酬。不过 amba saman（大萨满）并不受氏族的限制，可能达到相对富裕的状态。

在满族人中，由于大多数萨满是氏族萨满，所以我没见过唯利是图的萨满，但汉人的萨满的确是一种获利的职业。在田野调查中，我认识了两位汉人萨满，他们生活十分富裕，甚至居住在城市（saxalan，满语；xeixe，汉语）。在我看来，达斡尔人的萨满中也存在类似现象，我见过以萨满职业为生的人。

艰难的经济状况使萨满的一生成为一种牺牲：萨满活动的困难、与贫困联系在一起的责任感；而且萨满的活动也受到很多限制；萨满灵魂的未来命运也是不确定的。但尽管如此，萨满不能放弃其身份。首先，萨满的功能使其一直处于神经和精神的巨大紧张之中。从个人角度来讲，精神紧张可能是件快乐的事，但萨满每次做完活动后身体会很疲劳，因此这是一项令人劳累的工作，有些萨满在工作一些年后，往往筋疲力尽。萨满的过度劳累可能由于表演过程中精力的过度消耗，萨满的表演有时可通过纯粹的仪式主义和把戏，而不需要心理的真正紧张（通常基于真正的入迷）。如果萨满表演得过于频繁（我在后贝加尔地区看到过萨满一天展演三场小型仪式；大规模人员聚集的婚礼上每晚都要举行仪式），自然会很疲惫。我们也会观察到萨满本人主动想表演仪式的情况，这源于萨满心灵的不稳定。如果萨满容易受心智不稳定的影响，不限制自身的表演，就可能成为掌控神灵的牺牲品。如果没有更强大萨满的存在，就没有人能够帮助他（她）。

作为氏族的安全阀、工作人员，萨满不能拒绝帮助氏族成员。因此，无论萨满感觉自身是否强大、是否劳累，都要付诸行动。但是，人们往往忽视萨满的心灵状况，很可能也无法理解萨满的心灵状况，只有萨满变得心智"不正常"，人们才会注意到，被视为神灵诡计的一种证据。因此，萨满千万不能忽略其职责。只有在年老、身体不好时，萨满才能推卸责任，女萨满在怀孕和一般的 ak'ipču（月经）时也可拒绝萨满实践。如果无上述原因，萨满拒绝帮助氏族成员的话，就会失去其身份；尽管这种情况很少发生。但是，因为大多数案例表明，萨满往往因自身的心智状况而获得身份，这需要萨满"掌控神灵"，如果萨满被剥夺了权利，则意味他失去自我控制能力，进而成为神灵的牺牲品。萨满在放弃实践和失去权利后，应尝试尽力恢复自身的社会地位，与氏族成员和新萨满相冲突。萨满可能变成"心眼坏"的萨满，进而发生相应的结果。萨满的压力比一般的氏族成员要大，因为萨满与氏族神灵相关联。

作为氏族的安全阀，萨满的职责是管理氏族的心灵生活，他会一直担负着责任感。有时人们认识不到这点，但这对萨满而言十分重要，这表现为对萨满和神灵关系的管理。但是，在很少情况下，有经验的老萨满可能总结心灵现象及其管理的知识，这反过来也强化了萨满的功能和责任感。责任感为萨满很好地发挥功能提供前提。

萨满在实践活动中还会遇到另一个困难，即敌意。敌意态度可能来自氏族内外小部分或大部分人。正如我前文所言，萨满如果不能获得同情，就很可能变为普遍敌意。如果萨满在与氏族成员的关系维系方面犯错误，不能解决氏族成员的困扰，就得不到氏族成员的信任。如果有困扰发生，人们往往会归因给萨满；认为是萨满带来的伤害。当然，为了自我保护，萨满会创造出新的敌意态度，在某种程度上成为需要逐出共同体的"坏心眼"萨满。如果萨满不是氏族萨满，这种情况很少发生。在所有的通古斯群体中，都有对萨满教持敌意态度的人，因此，哪怕是一个不为很多人所知的新萨满，即便不能赢得人们同情，也要使他们持中立态度。

通过对萨满与神灵关系的分析，涉及萨满与掌控神灵、萨满与其他萨满的神灵、以及其他神灵丛，我们可以发现各种需要避讳、禁忌的规范，伴随着萨满的整个生涯。如果是男的萨满，他不能伤害其妻子，如果是女萨满，则不能伤害其丈夫和孩子。萨满也要避免伤害其他人，如处在分娩、渔猎等生产活动中的人。萨满掌控的神灵，有时可能会与其他神灵相混淆，并带来持续的困扰。由于这一原因，当萨满处在迁徙和生产活动的人群中时，往往会十分小心。这表明，萨满总是特别关注其周围的环境，失去了普通通古斯人所拥有的自由。人们对萨满的态度与其小心翼翼的行动相呼应，导致萨满变得越来越孤独。

最后，还有一个因素剥夺了萨满的快乐，即对灵魂的担忧。事实上，萨满的生命没有其他人那样容易。其灵魂可能留在此界，为其他神灵捕获，然后掌控，因此萨满的神灵不会去往下界而是留在中界。这成为萨满生命的一种新困扰，每位萨满都受到此观念的影响。

不利的经济条件、萨满实践的不确定性和困难、承担责任的压力、来自氏族内外成员的敌意以及不能放弃的身份，构成了萨满的现实处境。只有在很少的情况下，萨满才能摆脱这一境地。萨满不能放弃其功能，因为如果这样，其掌控神灵会获得自由，造成氏族成员心智失衡。通古斯人相信，在旧主人出现时，神灵不容易服从新主人，会伤害氏族成员。萨满在放弃功能后，可能再次受心智失衡影响，再次被迫担任萨满。通古斯人普遍认为，萨满千万不能放弃其职责，即氏族的压力会让萨满面临更大的困扰。因此，一旦一个男人或女人成为萨满，就不得不坚持到去世。

在我看来，可以毫不夸张地说，萨满的一生充满艰辛，是一种持续自我牺牲的过程。

在认识到萨满艰难的生存处境时，我们可能会问自己：萨满为什么不放弃其功能？萨满候选人在认识到将来的困难时，为什么还要选择担任萨满？对于这一问题，我通过新萨满的形成以及通古斯人的大众需求来分析说明。萨满不是按照个人意志产生的；新萨满的产生源自通古斯人中既有的理论体系，大众精神紊乱，个人心智状况的敏感性（很可能是遗传下来的），这些都需要新萨满发挥萨满教的功能。通古斯人需要萨满，萨满可以治疗受神灵影响（心智不稳定）的人；萨满可以使病人、甚至是为患心灵秩序疾病的人得到缓解，萨满可使受影响的器官得到成功的"自卫"；萨满的出现可保证人们不受伤害。这是通古斯人在长期适应的基础上，在经验层面上所获得的结论。而且，由于其公共性活动很吸引人，所以萨满不会遭到拒绝。通古斯人观看萨满仪式时在情感上参与其中，从中发现快乐。若没有这个重要因素，萨满教是不能稳定传承的。每位萨满候选人都要认识到共同体需要萨满的事实，并应为共同体服务。我们需分析"社会服务"文化丛背后的机制，它在某种程度上甚至是一种自我牺牲。从个人的观点看，如果允许有意识选择和决定，承担萨满职责的正面价值比负面价值更容易引起人们的注意。萨满的产生是与整个群体相联系的文化事件，个人的命运和决定几乎不会被注意。

另一个问题是，萨满如何运用其身份来获得快乐，萨满通过获得哪些回报以致没有逃离。

在这方面，萨满的个人性十分重要。首先，大量萨满由于怕再次生病不能放弃其功能；其次，氏族组织会逼迫萨满承担使命；第三，他们会对成为共同体中有影响者而感兴趣；第四，萨满在展演的过程中，会因经历了入迷的情感状态而感到快乐；最后，萨满在对人类心智丛结的微妙机制进行研究（有意识或无意识的）的过程中，会获得智识上的乐趣。① 根据对萨满的态度的多样性，我们可以对萨满进行分类，以更好地理解萨满的差异性。事实上，接受承担萨满职责的不同困难因素可能结合在一起，在一些情况下，困难可能要比从萨满角色中获得的快乐更少。

我暂时搁置接受萨满功能的前四个动机的分析，我希望论述最后一个动机，即智识上的满足。事实上，尽管并非所有萨满都对神灵好奇，但我在一些情况下遇到这方面的案例。前文在论述作为观察者和自然主义者的通古斯人时，我们发现通古斯人在很大程度上拥有观察能力，这种实践甚至不是出于实用目的的，而仅为了扩展知识。与萨满进行紧密接触的人，必须坦率向萨满呈现自身的真实情况（我们发现通古斯人的确如此），这为萨满提供了广泛的观察领域。无需惊讶，萨满会不断地思考其观察结果，解决各类心理学困扰（以神灵的方式），搜集越来越多的新资料，对新事物抱有持续的兴趣。像其他做智力创造工作的人那样，萨满在其中获得智识上的满足。我们发现，萨满可以成为通古斯人"科学"的贡献者。但是，如果将萨满教定义为对理论的寻求，则是一种主观构造，这一结果只是萨满中天才个人的适应结果，我们会发现萨满充当"安全阀"，是氏族精神生活的管理者。这一知识结果只是通古斯人支持的萨满教实践的产物；其他族团中可能没有这样结果。例如，在满族人中我没有发现这种知识，原因是满族的文化丛此前接受了汉人文化丛的要素，后者阻止选择特定的人群对心灵现象做探索，满族的萨满教进而也衰退。对满族和北通古斯人进行区分，我的解释仅是一种假设形式；但事实上，我在满族人中的确没有遇到像北通古斯人中那样的萨满。

---

① 这里我忽略了靠萨满职业谋生的萨满。

## 三 放弃萨满资格与萨满的死亡

我观察过关于萨满放弃身份的案例。萨满在年老、失明、身体虚弱等身体不适的情况下放弃萨满资格。但是，正如后贝加尔地区通古斯人萨满教传承的情况表明，一个氏族不能同时存在两位萨满，因为这样年老的萨满可能会死去。如果年老的萨满不想死去，可以将其功能传递给年轻萨满。前文提到，一位年老的萨满与其侄子同时当萨满，由于年老的萨满很少从事活动，所以与其侄子在很多年里都是氏族萨满。在这类例子中，年老的萨满貌似不再发挥作用，可以支持一个候选人，人们不必担心这位老人。这样对氏族中不能同时存在两位萨满的规范就更好理解了，即老萨满不允许新萨满出现的情况。在实际生活中，一个氏族不需要同时存在两位萨满；当氏族人口增多时，会分裂成两个氏族，每个新氏族会有自己的萨满。

我在兴安岭通古斯人中观察到相似的案例，当老萨满已经不承担其责任时，由新萨满从事萨满活动。

萨满可能放弃萨满活动，如由于失明。我在毕拉尔千人中观察到这种情况。这位女萨满大约40岁，她解释说，其失明源于与其他萨满斗法。但是，这位毕拉尔千萨满肯定地告诉我，失明根本不能阻止其萨满活动。由于前面章节所说的原因，我们无法判断萨满所说是否准确；萨满必须能够看到观众，不过这位萨满甚至可以表演仪式。在这位女萨满的案例中，变为盲人之后，其身份被氏族解除了。

与氏族萨满不同，dōna（氏族外）萨满不必一生都实践萨满活动。因此，当没有心灵因素驱使萨满实践，dōna 萨满可以放弃身份，神灵不会侵扰他（她）。这其中唯一的问题是，若神灵 dōna 给其他人带来困扰，如何将神灵传承给其他萨满候选人。人们假设，dōna 神灵常常离开人们单独存在，并且常常遭到驱逐，因此并非总有必要掌控这类神灵。在毕拉尔千人中，这种情况发生的十分频繁，人们解释：萨满变得懒惰，于是神灵离开了主人。此外，还有一种因素导致萨满活动的中断，即氏族压力。如果萨满不能发挥作用，即便很年轻，也会因氏族成员的回避而失去萨满角色。如果氏族成员不邀请萨满帮忙，萨满就没有存在的意义，尤其是人们不再需要萨满治疗病人、送魂等。可以肯定，在这种情况下，氏族中迟早会有新萨满出现，并获得氏族认可，此前的萨满需要放弃其角色，很可能不允许再次恢复氏族萨满的功能。由于萨满的缺陷通常与掌控神灵、入迷技术等相关联，萨满基本不会反对其角色的变化。萨满也可能由于变得"懒惰"，在氏族的默许下放弃萨满实践。

在满族人中，我没有观察到放弃萨满的例子，很可能的情况是独立于氏族存在的萨满很少。许多独立性的萨满都属于其他族团（汉人和达斡尔人）。如果萨满不活跃，则表明了氏族成员生活的不平静。在满族人中，萨满的部分功能由 p'oyun saman（向神灵祈祷）承担，mafar'i 也分担了满族萨满的功能。

在氏族生活中，萨满的去世是重要事件。氏族要面临两个问题，其一是对萨满灵魂的处理；其二是需要有新萨满掌控去世萨满所留下的神灵。满族人认为，死者的第三个灵魂必须到 Ilmunxan（阎王）处接受最终的审判，但萨满的灵魂不会留在下界，所有萨满的灵魂都会成为神灵 vočko。但是，一些特殊的因素也存在。例如，前文论述萨满被权威斩首的例子中，人们认为在执行死刑的当天，萨满的灵魂被神灵捕获，并整合到一个新生儿身体中。第二个灵魂与 vočko 一起守护 olorg'i 灵魂。不过，这个灵魂不能立即成为 vočko，需要经历 15 年的时间 ①。

如果人们不关注萨满灵魂，那么当其灵魂成为 vočko 后，会附体氏族成员，使其遭受痛苦，直到新萨满的出现。去世萨满所留下的神灵也会如此，造成个人甚至大众的精神紊乱。

萨满的埋葬与普通人没有什么区别，萨满的器具尤其是三叉戟要放在棺椁中，而萨满服饰、鼓以及其他物品要放在盒子里，与萨满的神位一起放到高处的架子上。不过，萨满的埋葬过去并非如此，人们实践着特殊的萨满埋葬方式。

因此，在满族人中，关于萨满灵魂问题的解决方式十分简单，并非特殊担忧。北通古斯人的情况则不然。

萨满死后，其灵魂必须去往下界，必须由一位能力更强大的萨满将其灵魂送往下界。如果没有这类萨满，灵魂是不能到达死者世界"bunil"（阴间）的。居于此界的萨满灵魂不会得到休息，其他氏族成员会一直受到侵扰。

在后贝加尔地区的通古斯人中，人们将萨满的尸体放入同种类型的立着放的棺椁中。除了 savak'i 外，萨满的所有器具都要挂在棺椁近处的树上。棺椁附近还有几处木刻的鸟，帮助运载萨满的灵魂。萨满的埋葬仪式与普通人

① 这是新萨满不能较早产生的理论原因之一，因为萨满的灵魂还没有成为 vočko。

基本相同。一般情况下，人们不能触碰棺椁附近的萨满器具。触碰萨满器具的人可能会患"精神疾病"，他们将会"失去思维能力"，变得不正常。

萨满死后的 9 年内，新萨满一定要把其掌控神灵搜集好；要不然的话，会有很多人遭到神灵侵害。

在满洲的通古斯人中，由于萨满的灵魂可能会变为新的 sèvèn，人们将会面临更大的困难。正如前文所述，对于神灵数量的增加，通古斯人会感到不悦。通古斯人将神灵视为不幸的事物。随着萨满的"横死"，如前文所举的例子（如神灵 lamalaičen，Dunänkän 氏族等），萨满的灵魂不能到达下界，因此成为神灵。幸运的是，通古斯人因无书写系统而获得方便。一些重要的神灵因传统得到维系，而大量的萨满神灵则很快被遗忘。只有通过这种方式，我们才能解释数量有限的萨满教神灵的起源。

将萨满的灵魂送到下界很不容易，甚至对一位能力强的萨满而言也如此，其中主要困难是两位萨满的神灵可能相混淆。如果送魂萨满不能掌控去世萨满的神灵，就千万不能做这件事情。去世萨满的神灵，总是想与其灵魂呆在一起，因此送魂萨满必须先击退这些神灵。

通古斯人更希望永远摆脱这些神灵。为了达到此目的，他们会用十分繁琐的程序送走这些神灵，这些神灵可能被送往新的地方，或置入神位后放到江河中送走，如阿穆尔河。能够被送走的神灵只是氏族萨满所掌控的 dōna 神灵；而氏族萨满所掌控的氏族神灵不能被送走，它们一直与氏族共存。氏族神灵迟早会找到新的主人，这一阶段，神灵会侵扰不同的人，使其不正常，这种状况有时会持续很长一段时间。我在兴安岭通古斯人中曾观察到，一个年轻人被萨满留下的掌控神灵侵扰两个月。这个年轻人经常神经发作，持续地喊"sèvèn èmèrèn，sèvèn èmèrèn！"（神灵就要来了）。年强人用手腕捶头，然后"身体僵直呈拱形"。直到某位有能力的候选人掌控了神灵前，人们都会遭到侵扰，这一过程会持续几年。

当然，萨满知道自身命运的结局，其一生中都为自己不能像其他成员那样去往单调的、饥饿的、暗淡无光的下界而困扰，即便如此，也比一直为后代氏族萨满服务要好。

## 四　萨满的个性

前面部分对萨满的论述，我们看到通古斯社会中萨满角色的悲剧形象。

但在萨满的认知和理解中，萨满教实践也有"积极的"一面。但是，列举的事实和概括，并不能呈现萨满个人的生动画面。在"萨满选择"一章中，我呈现了两位萨满候选人的情况，但这两个案例并不典型。当然，对诸多萨满的个人形象进行描述，可以弥补我在这方面的遗漏，不过这可能有为我的著作增加太多想象的危险，首先，我不确定我关于萨满个性的知识足够丰富，我只列出能够表现萨满个人特征的事实，尽管这些事实不是很充分。例如，在两年的时间内，我观察过一些萨满，但仍有一些萨满的个性逃离了我的视野范围。就这方面而言，我们不能对萨满的个性做全面深入的呈现，这已经超出了田野调查者的能力。

尽管我们不能对萨满的个性全面呈现，但我认为指出一些观察到的萨满个性还是有用的。这些资料没有很重要的科学意义，我只是叙述我的印象。

1. **一位巴尔古津地区驯鹿通古斯人的萨满**。这位萨满身材瘦高，鼻子挺直，蓝黑色的头发，头大，腿长；尽管这位萨满看着虚弱，但身体十分强壮、健康。他与妻子和两个孩子居住在棚屋内，家具不多。他们有两头驯鹿。萨满的妻子通常十分安静、沉默。孩子们是正常的。在这个家庭中，我们观察不到任何成员的心智不正常。在遇见他们时，这家人独自住在山谷的沼泽地中；其周围没有邻居。萨满大约 35 岁，承担萨满角色有 10 年，甚至更久。他是一位氏族萨满。他不喜欢工作，也不喜欢狩猎，更愿意长达数个小时的冥想。与一般通古斯人相比，他更嗜酒，虚荣心强，有明显的自我中心倾向。萨满最感兴趣的事情，是讨论萨满教、神灵、以及一般的自然现象和宇宙现象。不过对于不敢肯定的问题，萨满往往会说："我不了解这件事情""我不知道答案正确与否"。他不会轻易接受某种信念，希望发现事物间的逻辑关联，神灵理论在萨满推理中占主导位置。不过，其对宇宙观和自然现象的理解不受神灵理论影响。对于不狩猎的原因，萨满解释为他此前误杀了一头驯鹿，此后失去了狩猎"运气"。很可能的情况是，萨满借此来为其狩猎效率低寻找借口，是害怕做错事情的心理表现。这位萨满并不总做萨满活动，不被视为一位好萨满，但他在梦中经常与其他萨满交流，尤其是涅尔泰斯克林区的一位通古斯萨满。由于这位萨满倾向讨论，并对各种普遍化问题感兴趣，我无法与他建立十分亲密的关系。与我相识后，他十分坦诚，并愿意交流。在萨满的谈话中，"普通人"是指那些不反对萨满教，持续求助萨满实践的人。而且，这位萨满的仪式很有"艺术表现力"，产生真正的入迷。我很幸运，曾有 5、6 周的时间和他接触。

2. **一位巴尔古津地区驯鹿通古斯人的女性氏族萨满**。她是一位体格健壮，身材高大，有肌肉的50多岁妇女，看起来十分健康，刻意在日常生活缓慢行动。在很长一段时间，我观察这位萨满的日常生活，多次观看其仪式展演。我第一次见她时，她带着年幼的孩子，人们着急求助她做去往下界的仪式，正如前文所述，这类仪式很少见，任务艰巨。最初她对我的态度是尽力避开我，我巧妙地离开她一段时间，当这位女萨满与长辈讨论问题时我支持其观点，我觉察出她赞同我对萨满教的理解及功能认识。在我为她的仪式展演提供一些小帮助后，她允许我对其进行观察。在仪式的不同阶段，她没有反对我测量其脉搏，检查她的肌肉紧张程度，甚至为我提供帮助。这位女萨满对我的发现感兴趣，在与她交流的过程中，她同意我的观点。这位女萨满的态度表明，面对自我心智状况时，她是一个善于思考、做自我分析的人。这些讨论经常在老年男性在场的情况下举行，她表现得落落大方。我没有听过她提及"普通人"。她看起来与孩子在一起的时间并不多。这位女萨满的丈夫是名出色的猎手，他们的关系似乎很好，家庭的物质生活也不差（尽管女萨满没有过分装扮，但她穿得不错）。人们认为这位女萨满是最好的萨满之一，她从不拒绝帮助别人，在观众看来，其仪式技术、入迷是十分成功的。在这位萨满身上，我们观察不到任何不正常之处。与其他妇女相比，她更沉静，通常不与互动者眼神交流，总是向下看，或者向旁边看。与一般通古斯人不同，她不愿意说笑、闲聊，不参加夜晚的舞会（参见［Shirokogoroff 1929］），也不聚集喝茶；这位女萨满不与"普通女性"混在一起。但是，萨满的这些表现只是一种简单的态度，而不是冷落旁人。她不喜欢像其他妇女那样分散精力。

3. **一位兴安岭通古斯人的女性氏族萨满**。已婚，不到30岁。与兴安岭通古斯人的其他妇女一样，这位女萨满丰满、微胖，动作迅速轻盈，其脸庞要比一般通古斯妇女更为有生气。她所有方面似乎都很正常。她对萨满教的兴趣未超出表演的仪式，她很喜欢这些仪式，会寻找适宜的场合进行萨满实践。这位女萨满的仪式缺乏"艺术性"，在某种程度上遵循传统；不过在一两次仪式中，我看到她真正的入迷状态。人们并不认为她是一位优秀的萨满，她只做一些不太重要的仪式，如寻找疾病的原因、占卜、预测等。我没有见过她表演任何重要的仪式，如寻找灵魂、去下界旅行等。虽然我因为帮她在鼓面上绘制图案，而成功地与她建立了友好关系，但还是不能"严肃地"（我所理解的）和她探讨萨满教，她最想探讨的是仪式传统与框架。她常与其他妇女一起工作，说闲言碎语，开玩笑。这位萨满表现出一定的性下流，例如，与其他妇女在一起时，她要求我在其神位和纸张上画出男性生殖器；尽管保持一定限度的克制，但与其他妇女谈话时，她会说一些禁忌语言。她还不是一位有经验的萨满，其性格会因年龄而发生变化。

4. **一位毕拉尔千女萨满。** 她 29 岁，身材苗条，有些神经质，这点明显表现在她对孩子的行为上，其 4 个孩子只有一个活下来。她经常用脸和乳房贴近孩子，亲吻并用温柔的眼光看着孩子，尽管这种态度在通古斯人中很普遍，但却很少见到如此充满感情的表达方式。这位女萨满的丈夫是位贫穷的猎手，甚至在狩猎旅途中无马可乘。他们非常贫穷。在这位女萨满展演时，我给她做过几次助手，并在其攻击者面前保护她，所以得到了她的青睐与信任。她不想谈论萨满教，但为了帮助我理解相关细节，她同意为我演唱神歌。在我看来，这位女萨满不喜欢谈论萨满教，主要因为她对萨满教了解得不多，但是她能够在经验层面"感受"萨满教、理解萨满教，很可能对其所作所为没有形成明确的观念。她十分羞涩，当不想做萨满仪式时，她会断然拒绝人们的求助。女萨满不是一流的表演者，她击鼓技术差，在舞蹈的过程中会变化步伐，歌唱的声音不清晰，很难理解她在入迷状态中的语言。这一原因很可能是她还年轻，未能磨炼出娴熟的技术。不过，还有一种可能性的原因，由于害羞，这位萨满不能掌控自己。对这位女萨满而言，很难进入入迷状态，在入迷状态中，她几乎能掌控自己。而且，有几次她在非常不利的环境下表演，一部分仪式参与者对她持消极态度。不难看出，她生活在艰难的处境中，尤其对一位通古斯妇女来说，这更为不易。她一直在"抗争"。通过一些事实和行动，我发现这位女萨满的坚持和反抗。这使我相信，她在部分地压制"歇斯底里"，不过在以后几个月里，我没有听说她神经发作。

5. **一位满族氏族萨满。** 一位约 45 岁的男人，强壮且健康，所有方面都很正常。他有一位汉人（n'ikan）妻子，几个孩子中只有 2 个活了下来。他能够阅读满语和一些汉语，从事萨满实践大概 20 年左右。从表面上看，我们分辨不出他是一位萨满，其穿着并不朴素，饮食和喝酒也不节制，这位萨满喜欢这样的生活。他被视为一位优秀的萨满，非常有经验，治疗也很成功。在每次治疗中，他都会首先仔细询问病人状况，如果需要的话，他会通过睡眠做决定。有时，他可不通过睡眠得出诊断结论。这位萨满是很好的表演者，有时允许自身进入强烈的入迷状态。他对一般问题不感兴趣，尽量避免与别人交谈，但似乎对人类的心理现象很感兴趣，能做很好的分析。我们可以通过萨满处理的病人以及特殊的困扰来证实这点。当某一氏族选择新萨满做决定时，会邀请这位萨满参加，在这样的场合中，我可和他密切接触。他倾向将困扰解释为复杂的神灵关系。在对相似状况的分析中，这位萨满会运用所有知识（神灵的知识与经验），对一些复杂情况的细节进行理解和解释。不过，由于他以萨满教为生，需要与人们维系友好关系，因此在推理上并不总是真诚，会提出人们能够接受的建议。遇到困难时，他不反对求助其他萨满，甚至是汉人医生。在一个治疗案例中，他曾提出过这类建议。在我与其朋友（一位与我关系也要好的满族人）面前，这位萨满十分坦诚，承认他不能理解的情况。在上文提及的萨满选择中，他对寻求事实很感兴趣，尽管受公共意见的左右，他还是讨论了两位候选人行为方面的一些细节。

这 5 位风格各异的萨满，加上前文描述的萨满以及候选人，只是萨满存在的一些类型。见到的萨满越多，就越会发现每位萨满的独特个性。只有在不考虑萨满个性的情况下，我们才能对萨满的共性做出归纳。与真实的、自然的事实相比，这种归纳会受到不同目的的影响。从个人的心智丛结来看，我们看到了各种变化：（1）从十分"正常"到典型的失去理智；（2）从绝对的信仰到对萨满教文化丛的有意识接受；（3）从占有非常有限的知识到掌握可获得的所有事实（既存文化丛中的）；（4）从个人的、自我中心的情况到将个性融入到社会环境中；（5）从萨满教知识与技术贫乏到萨满教技术的娴熟展演者。很明显，我们找不到完全相同的两位萨满，因此对萨满进行理论上的分类可能毫无用处，尤其是每个族团都有其自身"特色"，并在不同的历史时刻发生变化。为了避免通过人为建构，将活生生的现象纳入到一个充满先入之见的严格体系中，造成读者的误解，我在这里指出了萨满个性问题，萨满的个性差异鲜明，我们不能将其纳入到严格的体系之中。

# 参考文献

Shirokogoroff, S.M.

    1935, *Psychomental complex of the Tungus*, London：Kengan Paul，Trench，Truhner. CD. LTD.

    1929, *Social Orgnization of the Northern Tungus*, Shanghai：The Commercial Press.

    1924, *Social Orgnization of the Manchus*, Shanghai：The Commercial Press.

曲枫

2018，“两种语境中萨满概念分析与萨满概念重建”，《世界宗教文化》，第6期，第146—150页。

# The Social Characteristics of the Tungus Shaman

［Russia］*S. M. Shirokogoroff*

**Abstract:** The comparison of shamans from different groups of the Tungus in Siberia and Northeast China indicates that the shaman assumes specific position in the social life of the groups. Besides the out-clan shaman, most of the shamans belong to their clans. Master spirits are responsible for regulating the psychic life of the clan members, and are asked by "public opinion". The shamans are obliged to cure the clan members' suffering from the problems caused by the spirits, while not having any personal gain. They have no time to hunt, resulting in a disadvantaged economic position. However, the shamans maintain their social status.

**Keywords:** shaman; clan organization; public opinion; economic position; social status

# 近北极民族研究

# 论达斡尔族莫日根故事（英雄史诗）*

赛音塔娜

**摘　要：** 文章主要探讨了达斡尔族莫日根故事（英雄史诗）的内容分类、特征等问题。随着历史的变迁，达斡尔族的史诗面临着失传的危机。达斡尔族史诗的研究，对我们了解史诗的概念以及达斡尔族莫日根故事（史诗）具有重要的认识价值和学术价值。同时，在挖掘达斡尔族文化资源的时代潮流中，它是寻求文化多样性的源泉之一，并为近北极民族地区英雄史诗的研究纳入中国史诗体系提供理论依据。

**关键词：** 莫日根故事　英雄史诗　近北极民族

**作者简介：** 赛音塔娜，内蒙古社科院民族所研究员，研究方向为少数民族语言文学。

## 一　从莫日根故事说起

达斡尔族是中国人口较少民族之一，有 13.1992 万人（2010 年）。达斡尔语属于阿尔泰语系蒙古语族。主要分布于我国嫩江中下游及新疆塔城地区。达斡尔族有语言无文字。现在通用汉文，还有的人使用蒙古文、哈萨克文，根据科研等方面的需求，创制了达斡尔语记音符号。萨满教是达斡尔族民间重要的信仰。他们与满族、鄂温克族、鄂伦春族、蒙古族都相邻而居，都是中华民族大家庭中的重要成员。这些居住在这一带的各民族都拥有丰富的民

---

* 本文系 2014 年内蒙古自治区社科规划特别项目内蒙古民族文化建设研究工程子课题"达斡尔族民间文学概论"阶段性成果之一。

间口头文学遗产。

在目前的史诗研究中，达斡尔族得到承认的史诗仅有两篇，即《阿尔腾嘎勒布日特》和《绰凯莫日根》。其实，达斡尔族还有 16 篇莫日根故事，也应该纳入史诗的范围内。这个问题与英雄史诗和英雄故事的理解有关联。对此有不同的见解。仁钦道尔吉（1989）在《阿尔泰语系民族英雄史诗、英雄故事的一些共性问题》中探讨了英雄史诗、英雄故事在"题材、情节和结构""英雄与恶魔搏斗""英雄特征"等方面的共性，提出有的整体相似、有的部分相似。并没有把英雄故事与英雄史诗归为一类。但是，也有的人认为两者相同。如阿地利·居玛吐尔地（2011）在《论突厥语族民族史诗类型及分类》中认为，两者虽然在术语上自相矛盾，但不能无视它们的关联。在 2012年第四期 IEL 国际史诗学与口头传统研究讲习班报告上，他提出要把英雄故事纳入英雄史诗范围，两者属于一个类型。就在这次史诗讲习班上，斯钦巴图也提出相同的观点，他以青海民众对蒙古英雄史诗与英雄故事散韵形式都认同为依据，提出英雄故事与英雄史诗没有分界线。吴刚（2015）在《英雄故事与英雄史诗的同源、转换关系》一文中也提出两者为同源。两者归为同一类的观点较为符合达斡尔族史诗的实际。

为了进一步了解这种观点，让我们回顾一下对北亚史诗研究的简单情况。早在 30 多年前，马名超和郭崇林两位先生在《终结期北亚民族史诗诸类型及其文化》中提出："综合性应用比较文化学方法进行实地考察，使沿我国东北边缘区诸原住民（部落）中曾经长期地广布一条民族史诗传播纽带的论断，相继得到了更大范围的确证"（仁钦道尔吉和郎樱 1990：33）。最近笔者又一次阅读日本姬田忠义先生指出的北亚史诗当时的现状，得到很大的启发，让我们看看一位日本学者[①]对北亚史诗带的现存（30 年前）情况的大体认定。

1. 以"莫日根"（中国北方）、"勇士"、"英雄"（日本北方阿伊奴族）以及"汗王"（以及蒙古诸部）等蒙古语、通古斯语族中较通行词语命名并以之作为主人公的长篇传奇性征战叙事文学，今天不论它们以哪种传播形式（口头的或文字的），也不论采取哪种形体（咏唱的、宣讲的、或讲唱间杂的等），更不论其遗存在北亚冻土带哪一个国度哪一个原住民（或部落）之中，都迥非孤立的精神文化现象，完全相反，从他们各自纵向与横向文化联系上，不

---

① 参见日本民族映像研究所所长姬田忠义先生等拟定的《日中联合考察北方民族长篇叙事诗计划书》，1986 年，东京。引自马名超，郭崇林：《终结期北亚民族史诗诸类型及其文化》。引自仁钦道尔吉，郎樱编：《阿尔泰语系民族叙事文学与萨满文化》。

难看出脉脉相通的诸多内在的共同点，从而形成一个跨地区跨疆界的原始文化（属于古人类精神文化生活领域）类型学整体。并在深入考察基础上，其布列空间大有朝向它东西两侧翼持续延长的总趋势。这一与本区间物质文化遗存相对应的古老精神文化沉积物的大面积覆盖，毋宁说是世界文化中的一大奇观。

2. 前记民族叙事文化群体中，隶属于社会史比较深层次的英雄史诗类型，最具有特征性意义。它集中分布区，乃在兼有渔、猎、游牧等原始采集与驯养生产最佳环境的"满蒙文化区"腹地，即包括今大、小兴安岭系南沿、呼伦贝尔草原和三江水域（黑龙江、松花江、乌苏里江）在内的北纬45度线以北的冻土带。大量采集证明，这一故事文化宝库应属于北亚史诗带上的一大叙事文学中心传播区域（仁钦道尔吉和郎樱 1990：33—40）。

虽然这段话是30年前说的，但是它较贴切地阐释了北亚英雄史诗带的概貌。当时就有不同的观点，至今还影响着学界的认识。

在北亚史诗带居住的民族有满族、东部蒙古族（杜尔布特、郭尔罗斯）、达斡尔族、鄂温克族、鄂伦春族等，由于缺乏著录与调查，过去一直认为这里无史诗，或者认为极少流传近似作品。所以，从整体文化联系上，似乎在这些地区之间，出现了长诗彩练的空缺。事实上，根据后来在这些地区相继的调查采录，在巴尔虎、赫哲、鄂伦春、鄂温克、达斡尔等民族中早已剥离出了一批属于变异、衰变类型的史诗传承的线索，这也算是北亚史诗研究的新进展。

中国最早记录伊玛堪的是著名的民族学者凌纯声先生，20世纪30年代，他实地考察了赫哲族的文化、民间故事。他在1934年出版《松花江下游的赫哲族》一书中记录了19篇故事，实际只有14篇为伊玛堪作品。近半个多世纪以来，我国各民族都挖掘出了一些英雄史诗。1958年，中央少数民族社会历史调查小组，曾到各个民族地区调查，他们在民间文学方面也有很大收获，为后来的研究者提供了丰富的资料。

关于达斡尔族的史诗，从20世纪80年代就已开始搜集、翻译、出版。内蒙古社会科学院民族所的孟志东和奥登挂、呼思勒三位老先生都做了很多工作。多次到达斡尔地区调查研究，搜集到了不少莫日根故事，并已出版。他们说当时民间艺人都是唱的，遗憾的是没有录音设备，只好采取记笔记和用脑子记的方式采录，又由于汉译成韵文体有一定的困难，只好在笔记基础上译为散文故事。同时，我国黑龙江地区先后出版了鄂伦春族"摩苏昆"① 和赫哲族"伊玛堪"等部分史诗。这方面黑龙江民间文艺家协会做了不少工作。还有许多东北地区研究人员和大学教授撰写过许多评介该地区史诗的文章。这些成果说明北亚史诗带的考察研究从未停止过。

近些年，又有中青年学者们正深入研究这一带史诗，如吴刚副研究员于2013年6月将达斡尔族两部英雄史诗搜集在一起出版了达斡尔语与汉语对照的《达斡尔族英雄叙事》一书（吴刚和孟志东等2013），并写论文阐释相关达斡尔族史诗的诸多问题，如提出"英雄史诗与英雄故事同源"的观点，值得关注。中央民族大学少数民族语言文学系汪立珍教授也在关注并指导硕士撰写相关论文，培养年轻学子。大连民族大学郭淑云（2001）教授认为《乌布西奔妈妈》为满族英雄史诗的文章，反映很好。这些文章更深入地探讨了近北极民族史诗深层次的问题。我们相信以后会有更多的年轻学子加入这个研究的行列，使我国史诗的研究领域更加开阔，理论更加深入。有关的研究文章很多，不便一一介绍。现在，上述传统的民间文艺形式都已进入国家级或自治区级的非物质文化遗产名录，成为国家重点保护对象，引起各方面的注意，开始得到保护和研究。

山东聊城大学的曲枫先生② 从美国留学回来后，在聊城大学建立了北冰洋研究中心，将研究我国北方少数民族的学者组织起来，方便了相互切磋和交流，已初现成果。值得注意的是他在一篇论文中提出"中国北方民族，如达斡尔族、鄂伦春族、鄂温克族、赫哲、布里亚特等民族生存在属于次北极生态系统的泰加林边缘地带，称他们为近北极民族"（曲枫2020）。北冰洋研究中心研究的方向就包括这些民族的各个方面，把近北极民族的文学也包括在内，其中不乏他们的英雄史诗的研究。将我们近北极民族研究带入国际和国内研究的前沿阵地，这样，如果把北亚史诗带称为北极民族史诗带比较合适。达斡尔族的史诗当然也包括在内。

2018年5月，为了加强我国三少民族各方面的研究，在内蒙古自治区鄂伦春旗成立了达斡尔族、鄂温克族、鄂伦春族研究基地，为他们的研究提供了一个更好的平台。这将在文化类型地理区位上展开一个更广阔的世界视野。

---

① 歌手孟淑珍搜集了一些"摩苏昆""坚珠恩"等作品，发表在《黑龙江民间文学》（十七、十八集）。

② 曲枫，聊城大学北冰洋研究中心主任，教授。分别于吉林大学获历史学学士学位，于荷兰莱顿大学获考古学硕士学位，于美国阿拉斯加大学获人类学博士学位。研究方向包括北极考古学和民族志学，北极环境史，宗教人类学等。

这样小民族就不再是小民族，文化不再是碎片化、残存的文化，而是一个全球性的北极民族的大文化。

这些科研成果及研究机构的成立，可以看出国家对这些少数民族文化的研究高度重视。相关的成果更是证明了"中国东北边缘区诸原住民（部落）中曾经长期广布着一条民族史诗传播纽带"的说法是准确的。但是时至今日，在我国史诗研究 70 年之际，在一些综述类文章中始终未得到充分重视。说明学界对这一史诗带的学术价值还没有引起足够的重视，在史诗观念与研究范式转移的今天，希望加强对近北极民族史诗的关注，再一次转变史诗的观念。

## 二 达斡尔族英雄史诗的内容和类型

仁钦道尔吉在《关于阿尔泰语系民族英雄史诗、英雄故事的一些共性问题》中提出：我国阿尔泰各民族的英雄史诗与英雄故事之间存在着各种相似、相近和相同的现象。这种现象涉及作品的各个方面。如在题材、情节、结构、人物、母题和表现手法等方面都有不同程度的反映（仁钦道尔吉和郎樱：11）。这个共性在达斡尔族是如何体现的呢？在达斡尔族史诗内容的分析中，可以看出其衰变、世俗化、故事化、散文化的轨迹。本文分三个类型进行介绍。

### （一）征战型史诗

早期氏族社会实行生产资料公有制，人们共同劳动，平均分配劳动成果，没有明显的剥削和被压迫，还未出现氏族内部矛盾的现象。主要的矛盾是氏族与氏族之间的矛盾和人类同自然界的矛盾，早期的史诗正是反映了这种矛盾和斗争。因争夺的对象不同，分为两种类型：一种仅仅是和社会恶势力的斗争，氏族复仇型；是由一个或两个母题系列构成。另一种不仅仅是和社会恶势力的斗争，又增加了和自然界的斗争，由两个母题系列构成。

1. **氏族复仇型史诗**。勇士与恶魔战斗题材的史诗，在史诗中勇士代表的是一个氏族的群体力量，恶魔代表的是另一敌对氏族的力量。达斡尔族史诗中的恶魔主要有莽盖、坏国王、恶魔等。两方斗争的结果，一个氏族杀绝另一个氏族，反映了原始社会氏族复仇观。如下：主人公有奇特的出生和成长经历。他是由仙女为无嗣的老两口投生的儿子，是从温贡呼兰老妈妈长在左膝上巨如牛头的肉瘤中蹦出来的，刚落地就能跑东跑西，孩子的前胸后背都有碗大的金痣在闪闪的发光。故起了名字"阿尔腾嘎勒布日特"（有金痣的孩子）。不但能吃能喝，力气也非常大，长得快。5岁时，背着父母偷偷去北方杀死了经常危害百姓的花公野猪拯救了不少百姓的性命；10岁时，射死了遮天盖地飞来的巨凤，救活了黄骠马的黄骠马，得到了自己的助手；18岁时，一顿能吃一头牛半斗米。有一天，白那查托梦说"在西海中央，簇立着三棵宝树，你用它做弓箭"，取树的过程中遇到巨蟒，英雄因中了蛇毒而死。天神知道后来救他，死而复活回到家。刚刚过上平安的日子不几天，西方的耶勒登给尔莽盖（九头莽盖）和哈日谢勒莽盖（十二头莽盖）却不让人们安生，经常抢劫财物，杀的人布满屯子城堡。阿尔腾嘎勒布日特拿着用宝树、巨凤的羽毛和花公野猪的筋做的弓箭，骑上黄骠马，率领二十屯的几千勇士，射死了从西方来的一群一群魔鬼，让百姓过上了安乐的日子。

这篇史诗是由与自然界的斗争和恶魔斗争两个母题系列构成。约600余行。这篇史诗本来是能唱几天几夜的长诗，在20世纪二三十年代还曾流传在达斡尔族民间，到五六十年代已无人会唱或系统地讲述了。由此可以看出，达斡尔族的这首史诗是一种衰变期的史诗。从故事情节来看，我们看到的这部分，可能是原作的冰山一角。尽管如此，我们还是应该承认它是一部很有研究价值的早期史诗。故事主要有英雄神奇诞生——苦难中成长——少年立功。在一次与自然界恶势力的斗争中被害死，获白那查、神骑的帮助死而复生。为保卫家乡，在与西方的莽盖斗争中获全胜。但是，因为在流传过程中佚失，未能提供打仗的细节、宏伟的场面唱词，留下几多遗憾。

**2. 掠夺财产型史诗。**随着社会的发展，由于私有制的产生和阶级的分化，在社会上产生了贫富分化的现象，出现了对财产、人力争夺的情况。在这类史诗中，勇士的敌对势力，已从恶魔变成了人世间的勇士（国王），他们不仅抢劫女子，还要掠夺牲畜和财产、主人公的父母以及整个氏族的族众做家奴。这就是这类掠夺者和奴役者的特征。如《德洪莫日根》情节内容是："德洪莫日根是一位为民除害的英雄。在他们部落的西北有一个残暴可恨的国王，他用武力征服了很多部族，劫掠财产；每天还杀害无辜的百姓。这时，德洪莫日根挺身而出，在神骑的帮助下战胜了坏国王，解救了自己部落的民众。"从上面史诗的比较中看出，两类征战型史诗是有区别的，主要表现在争夺的对象上。在《阿尔特嘎勒布特》的征战对象是莽盖（敌对氏族的首领），德洪莫日根斗争的对象已是国王。

氏族社会末期，由于私有制的产生和阶级的分化，在社会上发生了争夺牲畜、财产和劳动力的现象，勇士的父母、妻子和氏族的百姓被俘虏当家奴。

因此出现了财产争夺类的史诗。在这类史诗里，勇士的斗争对象由莽盖变成了国王或勇士。

### （二）婚姻主题与氏族制的分化

这类史诗分为两种情况，一是抢婚型史诗，二是在此基础上又增加了考验型史诗。

1. **抢婚型史诗。**为妻室而远征反映了父权制氏族的族外婚风俗，这种史诗歌颂了勇士在远征途中先后战胜种种自然力和社会敌对势力，在到达目的地后，以自己的力量打败情敌和女方父亲的阻挠而得到未婚妻的英雄行为。这种史诗我们称为抢婚型史诗。如《库楚尼莫日根》的情节内容是："库楚尼莫日根的姐姐被苏加尼莫日根抢走，他在白那查帮助下了解到情况，又得到了神奇的坐骑火红马。在火红马和白那查的帮助下顺利克服了三大难题：过天剪、过天铡、打败一群乌鸦的围攻，终于找到了苏加尼莫日根的住处，并在与其激烈的战斗中最终获得胜利，将姐姐从苦海中解救出来。"这类型的史诗属于单一母体类型，情节并不复杂，此外，还有一种复合型抢婚史诗。

2. **考验型史诗。**在抢婚型史诗基础上，出现了岳父考验的情节。考验型史诗出现的原因，是由于古代社会的向前发展，原始抢婚制不适应于社会现实，出现了新的社会意识和新的婚姻观，于是就出现了种种有偿的和有条件的婚姻形态。在这种有条件有偿的婚姻形态基础上，便出现了种种不同形式考验女婿的史诗。

在抢婚考验基础上，不但有考验的情节，而且有的更为复杂。如《绰凯莫日根》：岳父以掠夺财产为目的，把女儿当成摇钱树想掠夺对方的财富、还杀了不少人，只有遇到了绰凯莫日根后才被铲除。这首史诗是 20 世纪 60 年代孟志东先生从民间收集到的，在达斡尔族史诗中属于较为精彩的作品。《绰凯莫日根》共有 2000 行，情节内容是："绰凯莫日根和纳日勒托莫日根两者俱是部落的首领。先是纳日勒托莫日根偷走绰凯莫日根的 70 匹白马。为了找回自己的马，绰凯莫日根在家奴陪同下出发，半路上被管家害死。后被纳日勒托莫日根的女儿安楚莲卡托和仙女救活，与安楚莲卡托结为夫妻。纳日勒托莫日根设毒计想害死他。岳父提出个难题考验他，在妻子的提醒下，他才识破岳父的阴谋。据说岳父世世代代惯用招女婿为名陷害年轻人。绰凯莫日根在妻子、仙女、神骑的帮助下，终于铲除了这个披着人皮的恶魔，将他四马分尸。"

　　从上述史诗的比较中，可以看到两种不同类型的史诗。一种是《库楚尼莫日根》这种抢婚型英雄史诗；第二种在抢婚型情节基础上，又增加了考验型的情节，如《洪都尔迪莫日根》和《绰凯莫日根》中都有了考验型情节，而且《绰凯莫日根》中有一种有偿婚姻的观念。

### （三）家庭、氏族内部斗争型英雄史诗

　　家庭内部斗争型史诗是晚期出现的史诗类型。这类史诗描述的是氏族内部的斗争、家庭内部的斗争以及亲人之间的谋杀。有新题材、新内容、新的情节结构和新的人物形象，并继承和发展了古老的英雄史诗的传统，丰富了史诗的内容，开拓了英雄史诗新的理论。

　　从题材上讲，其内容已从广阔的社会生活开始转向家庭生活中的伦理道德、价值观。故事中的矛盾世俗化，更加接近现实。如《阿波卡提（柞木）莫日根》的故事（孟志东 1979：43）由两个母题系列构成，第一部分是哥俩型的故事，弟弟死后，哥哥和嫂子嫌弟妹（眼瞎）是累赘，害死了她。第二部分，与英雄史诗的情节相似。《阿波卡提（柞木）莫日根》的情节内容是："讲述了他和伯父斗争的故事。阿波卡提（柞木）莫日根的诞生很神奇。他妈妈被大哥大嫂扔到荒山野林中，喝了一股泉水后生了他，故给孩子起名柞木英雄。妈妈的眼睛也好了。在妈妈的精心养育下，白那查送给他弓箭和神骑赤红马，他奇迹般地成长为一位能武能战的英雄，伯父看到后还不甘心，和一位富人勾结想害死他。他在曾被征服的天狗、天鸟、还有嘎拉斯鹰的帮助下，战胜了他的伯父和哈拉巴热汗。"这个故事中的矛盾就是伯父和侄儿之间的矛盾，其实还是和家庭之间的经济利益有关。勇敢机智的阿波卡提莫日根在众人帮助下，终于战胜了狠心的大爷。

　　又如《珠贵莫日根》《德莫日根和奇尼花哈托》（呼思勒和雪鹰 1991：201—218）等等，由于篇幅的关系，不再介绍。这些作品大都反映了家庭成员之间的矛盾，在这类史诗中鞭挞了多疑、嫉妒、自私自利的人，肯定大公无私、主持正义、助人为乐的传统美。

## 三　达斡尔族英雄史诗的民族特色特点

### （一）具有与国内其他民族史诗相同的模式

　　**1. 叙述模式**。达斡尔族的史诗基本上采取由本及末的叙事方式，即不打

破自然顺序，按照人物的生命节奏、事件发生时序，对于人物与事件进行叙述。达斡尔族英雄史诗的叙述模式如下：英雄特异诞生——苦难的童年——少年立功——娶妻成家——外出征战——家乡被劫——再次征战——杀死入侵之敌——英雄凯旋。有的史诗包括上述模式的各个部分，而有的史诗则缺少其中的一部分或两部分。

**2. 回归模式**。达斡尔族的史诗与其他民族的史诗比较，可以看出，在史诗中都有一种叙事回归模式。这就是"英雄出发——劫难——回归——报应——成婚"回归模式。在反映家庭斗争型史诗《绰库日迪莫日根》在这篇史诗中，既有抢婚的情节，又有征战的情节。英雄出发时遇到的三个难题被一一克服，在多方的帮助下取胜回归，使贪心的国王得到了报应。而他得到了两个妻子，过上了幸福生活。许多史诗中都有这种模式。往往莫日根在一次战斗中因为某种原因失利，因而死去，但是，通过爱人或仙女和神骑的救助，死而复生，并恢复如初，继续战斗终于获胜。

### （二）英雄史诗与萨满教观念

从作品的内容看，英雄史诗是在萨满教世界观指导下产生的[①]。在史诗中包含着图腾崇拜、三界观念、万物有灵观等。下面我们通过对勇士莽盖、白那查和马的形象的介绍来了解一下这个问题。

**1. 勇士的形象与萨满教**。勇士的形象是根据萨满教观念创作的。他既是现实生活中的人，又是超自然的人物；既有人的性格，又有神的功能，是人性与神性相结合的半人半神似的人物。《蒙古人民的英雄史诗》（谢·尤·捏克留多夫 1991：110）一书对英雄史诗中主人公特征的概括，比较符合达斡尔族史诗的实际：法伊特在研究"勇士"这个概念的局部含义时，列举了蒙古阶级社会叙事文学主人公（勇士）的以下特征，同样符合达斡尔族勇士的形象：

① 他生来就有神奇的本领；

② 他生活在他和他的人民的幸福存在受到外敌破坏的变化时期；

③ 他受到双亲和夫人的挚爱和信任，并肩负着对他们的责任；

④ 预言、占卜或梦兆向主人公预示了他的历险活动或冒险经历；

⑤ 他无限勇敢，但缺少智谋，从不说谎；诡计和魔法往往出自他的骏马；

---

① 曲枫认为，神话故事的基本脉络与萨满进入迷幻状态相似（曲枫 2017：137）。

⑥ 他的勇敢很少是一种纯粹的冒险愿望，其目的是恢复被破坏的秩序。

达斡尔族的勇士莫日根也具有类似的品质和能力。这些勇士的形象是在萨满教观念指导下创作的。尤其是关于英雄起死回生的情况，与萨满教有密切的关系。萨满教信仰的因素还表现在英雄的妻子和仙女的形象上。

达斡尔族萨满教认为宇宙由三界形成，上界是神的居所，中界是人和动物繁衍生息之地，下界是鬼魂所居之地。史诗中英雄和马一遇到危机的情况，就到天上找仙女解决。史诗的主人公和他的神骑在三界中任意驰骋，能呼天唤地，可以上天请仙女下凡，使他们可以起死回生。这里的妻子和仙女都是萨满的形象。

**2. 莽盖形象的塑造与萨满教。**达斡尔族的英雄史诗和其他阿尔泰语系各族一样，他们按着萨满教观念创造了这个形象。他们认为人有三种灵魂，一是生存的灵魂，人死它不死，照样和人们一起生存，帮助子孙后代；二是临时性的灵魂，它可以附身，也可以暂时离开人体。在睡眠中它离开躯体去各处去活动，返回来附体时人才能醒过来；三是投胎转生灵魂。莽盖的灵魂就是在这种灵魂观的支配下产生的。

莽盖是史诗中英雄的对立面，它在名称、外貌、神力和性格等方面都有不同程度的相似现象。它是人格化的形象，它的相貌丑恶无比，既有思维，也懂人的语言，力气也很大，经常夺人妻、抢人财。在达斡尔族史诗中还有七头、九头或十二头的莽盖。达斡尔族将九头莽盖称为耶勒登该莽盖、十二头的称为哈日谢勒莽盖。莽盖除了多头外，还有几个或多个灵魂。如《德洪莫日根》，在史诗中莽盖有附体的或离开身体而独存的几个灵魂，如果不先打死这些灵魂就不能消灭它的躯体。达斡尔族莽盖各种化身的灵魂，有的是放在一棵树上面一个盒子里，或是在什么地方，或大拇指里。从上面的分析来看，莽盖的形象是在萨满教万物有灵观指导下所创作的。

**3. 白那查的形象。**达斡尔族民间故事以及史诗中，经常出现白那查的形象。他是一位达斡尔族供奉的山林神，这是达斡尔族萨满教自然崇拜观念的反映。达斡尔语中词义为"巴音·阿查"（Bayin aqaa），意为"富有的父亲"。在达斡尔人意识中，白那查是隐居深山密林中的白发老人，他主宰山林和山林中的飞禽野兽。对于曾世代从事狩猎生产的人们来讲，白那查就是他们的财神爷。故达斡尔人认为他们所获之猎物及采伐的木材都是白那查所赐。所以，猎人进山有许多禁忌。在达斡尔人心目中白那查是善神，从不无端加害于人。过去猎人或伐木者所到之深山密林处都有白纳查的画像。通常是在离地面高数尺高的桦树上用斧头劈成两个交面，以墨线绘成老人像。猎人或进山采伐者，都要在像前停步祈祷，祈求保佑，同时将猎物奉献于像前，再祈祷后方可离去。

在史诗中经常出现白发老人，他帮助英雄出谋划策、送战马和弓箭、预测战况、战胜敌人。当英雄遇难时，他就会出来相救。白那查的形象根据情况变化，他可以变化为房子，给勇士准备一屋的吃喝。他可以变成老太太、老头，或站在天上，或在河边给予帮助。总之，勇士在哪儿有困难，白那查随时随地来帮助，克服困难，战胜困难。

4. **马的形象**。达斡尔族莫日根故事中的英雄有三宝：骏马、妻子和弓箭。不仅达斡尔族的史诗如此，阿尔泰语系各民族的史诗大都有此情节，不过所持的武器不同而已。三宝中骏马是首位，充分反映了马在英雄心目中的位置。莫日根故事中蕴藏着丰富的马文化，莫日根故事中的马有以下特点：自然属性的马、人格化的马、神性化的马。

首先，马的自然属性。达斡尔族历来善于养马和调教马，故他们的马一般都比较粗壮结实、膘肥、肌腱发达。在史诗中处处看到对马的赞美之词。达斡尔族对马情有独钟，他们用尽世界上最好的语言根据马的颜色、走的步法、年龄各方面给马起名字。在达斡尔语中有关马的词汇非常丰富。这是由于马在达斡尔族生活中的重要性，尤其早期生活中，征战、打猎、赶车拉东西都离不开马，有重要的实用价值。日常生活中，在男子三项比赛中也有一项赛马。在史诗中马是英雄寸步不离的坐骑。

其次，人格化的马。在史诗中马能与人说话，和人一样会考虑问题，有感情。所以在史诗中马就成了英雄的伙伴和助手，帮助主人出谋划策，替主人排除困难。在《绰凯莫日根》中黄骏马"在主人休息时，它一边把马尾当蝇甩子，来回驱赶扑来的瞎虻蚊子，又用身体挡阳光"。种种的描述，反映了马与人之间几乎是一种亲兄弟之间的关系。

再次，马的神性化。从史诗中可以看到马在征战中，在攻克考验时，在与恶魔激战中，它能起到关键性的作用，为胜利立下汗马功劳。这样人们对马就产生崇拜的心理，神化它。如在描写马的特异功能时，往往写到它具有感知和预知能力，有"非凡的神力"和"神奇的魔力"，它们能在天上飞翔、在水中酣战、在大地上奔跑。这些马都不是一般的马，主人在生命危机的时刻，它与魔鬼决战，舍身救主人，具有神奇的本领，更为神奇的是在达斡尔族民间故事中多次出现白马和多腿马的形象。

由于马在达斡尔族生活生产中得到了升华，它与人们的财产和生命密切相关，于是马在达斡尔族心目中成了具有神性的马，成了英雄的保护神。我们可以从对马的感情看出达斡尔人在马身上寄托了美好的理想和追求，象征的是达斡尔族民族的精神。

# 结　语

达斡尔族中流传着与英雄史诗相似或相同的莫日根故事，除有两篇被公认为是英雄史诗之外，对其他的莫日根故事仍有不同的理解。主要的观点是"韵文还是散文"的问题。关于该问题已经说清楚了，这是翻译的问题。采录时民间艺人是唱的。现实的情况是，都以散文形式出版了。我们就否认它是史诗吗？回答是"否"。劳里·航柯先生也曾说："我们可以保留一个统一的史诗的定义，但不必非把它放在世界上每一个史诗传统上。"（劳里·航柯2001）这些说法应该引起学者们的重视。学界对待达斡尔族莫日根故事上，也应该如此。总之，经达斡尔族莫日根故事的介绍，可以看出，达斡尔族莫日根故事就是近北极民族史诗带上的一颗明珠。

但是，我们也要看到达斡尔族的这些莫日根故事的特点，有的是残缺不全，有的已变异、世俗化、散文化，但是从它们的题材、情节、结构上来说，都保留着史诗的遗迹和特质，包括所有北亚史诗带的作品，仍然可以将他们纳入史诗的范畴。它们对我国史诗学科体系及史诗各方面的研究具有重要的学术价值。我们不应该抛弃"世界文化中的这一大奇观"。

# 参考文献

阿地利·居玛吐尔地

2011，"论突厥语族民族史诗类型及分类"，《西北民族大学学报（哲学社会科学版）》，第2期，第2—10页。

郭淑云

2001，"满族萨满英雄史诗乌布西奔妈妈初探"，《黑龙江民族丛刊》，第1期，第103—106页。

呼思勒，雪鹰

1991，《达斡尔族民间故事集》，内蒙古：内蒙古人民出版社。

劳里·航柯

2001，"史诗与认同表达"，孟慧英译，《民族文学研究》，第 2 期，第 89—95 页。

孟志东

1979，《达斡尔族民间故事选》，上海：上海文艺出版社。

曲枫

2017，《图像时代的精神寓言——中国新石器时代的神话、艺术与思想》，哈尔滨：黑龙江人民出版社。

2020，"关于建立中国北极民族研究框架的思考"，《渤海大学学报》，第 2 期，第 1—7 页。

仁钦道尔吉

1989，"关于阿尔泰语系民族英雄史诗、英雄故事的一些共性问题"，《民族文学研究》，第 6 期，第 23—28 页。

仁钦道尔吉，郎樱

1990，《阿尔泰语系民族叙事文学与萨满文化》，呼和浩特：内蒙古大学出版社。

吴刚

2015，"英雄故事与英雄史诗的同源、转换关系"，《社会科学家》，第 4 期，第 127—131 页。

吴刚，孟志东，那音太

2013，《达斡尔族英雄叙事》，北京：民族出版社。

谢·尤·涅克留多夫

1991，《蒙古人民的英雄史诗》，徐昌汉、高文凤、张积智译，刘魁立、仁钦道尔吉校，内蒙古：内蒙古大学出版社。

# The Daur Morigen Story（Heroic Epic）

*Saiyin Tana*

**Abstract:** This article mainly discusses the content and characteristics of the Daur Morigen stories. The epics of the Daur people are facing the crisis of being lost with the changes of time. Thus the study of the Morigen stories（heroic epics）and the understanding of their concepts possesses important cognitive and academic value. Further more the study of Daur cultural resources will assist in identifying cultural diversity and provide a theoretical basis for the study of heroic epics in the Near Arctic ethnic areas, which could be incorporated into the Chinese epic system.

**Keywords:** Daur; Morigen epic; heroic epic; Near Arctic Peoples

# 敖包"官祭"的文化表达*

## ——基于两个"旗敖包"祭祀仪式的田野调查

王　伟

**摘　要：**本文通过对两个"旗敖包"祭祀仪式的田野研究，着重对祭祀的组织者和参与者、仪式过程及其意义进行了考察，探讨敖包官祭作为一种传统，在今天如何完成意义演变与价值重构。旨在说明仪式及其意义通过祭祀过程所构筑的有形世界和无形世界来表达，敖包官祭作为一种象征，通过民众的参与，完成了从神圣秩序到世俗秩序的转换，并在此过程中，凸显了敖包祭祀的文化价值。

**关键词：**敖包祭祀　民间信仰　象征　秩序

**作者简介：**王伟，中国社会科学院世界宗教研究所副编审。研究方向为宗教人类学、萨满教。

敖包祭祀是北方草原民族的重要习俗之一，蒙古族、达斡尔族和鄂温克等族都有祭祀敖包的传统。清代史料中有很多关于敖包的记载，可见当时敖包在草原民族中就已非常重要。20 世纪中后期，祭祀敖包的习俗曾被禁止，但自 20 世纪 80 年代以来，这一传统又开始复兴，如今，敖包文化成为我国北方草原民族传统文化的重要部分。敖包"官祭"即由官方组织的祭祀，官祭地方神祇的做法自古有之，清代八旗建制，蒙古草原部分旗有旗敖包，每年由各旗组织祭祀，这一传统至今仍有一定程度的沿袭，亦有顺应时势的

---

* 本文系国家社科基金项目"东北亚文化圈农耕文明视阈下的中韩萨满教比较研究"（项目批准号 18BZJ052）的阶段性成果。

改变。

# 一、敖包信仰的相关研究回顾

敖包是北方草原民族的传统信仰，但由于缺乏相关史料记载，关于敖包的起源、功能及历史演变等问题并不明朗。

《钦定大清会典事例·理藩院·疆理》中提到的很多鄂博，都被确定为蒙古各札萨克的游牧边界。因此有人认为敖包原为北方游牧少数民族区分疆界的标志，有指示方向的功能，后来才因各种原因而成为祭祀圣地，其依据主要为民间传说或史书中的记载。例如马昌仪认为，蒙古先民赋予高地、山峦以生命和神性，把它们视为地母的化身，因而他们把沙土和石头堆起的石堆也看作神圣的守护神加以崇祀。他还假设也可能是先民在狩猎或游牧的时候，用石头设立一些醒目的标志，以便那些迷路的人能够顺利地到达营地，于是这些为了一定目的而设立的石堆，就成了最初的敖包（马昌仪1993）。如今能够观察到的敖包大多位于地势相对较高之处，这也为该观点提供了一定的支持。

有学者认为敖包起源于墓葬。持这种观点如任洪生（1999）的《蒙古族敖包习俗的文化渊源考述》，他认为敖包的形制来源于"一位勇士的坟墓"，而其祭祀则起源于葬礼。再如包海青（2009）在《蒙古族敖包祭祀仪式渊源探析》中提出的观点，他说，"敖包的原型来自先祖的石板墓，是自然崇拜与祖先崇拜相结合的产物；敖包祭祀源于祖先祭祀，是古老的萨满教万物有灵论观念的具体表现形式"。以石为墓是蒙古族早期的习俗之一，据文献记载，以前吐蕃、突厥等民族也有用石块垒墓的习俗，《文献通考·四夷考》中说："吐蕃在吐谷浑西南……其墓正方，累石为之，状若平头屋。"可见早期在很多民族中，石块可能被赋予某种神圣性并用于墓葬。远古的灵石崇拜或对于高地的信仰与敖包有密切关系，刘文锁和王磊（2006）在《敖包祭祀的起源》一文中认为，敖包在打上佛教烙印之前，还有一个更加古老的渊源，即"在萨满教信仰中的灵石，可以用来解释敖包信仰的起源"。蒙古国学者苏鲁格（2006：41）认为敖包崇拜源于地母女神的崇拜，并且他认为敖包的选址是由萨满选择的。部分学者认为敖包信仰与萨满信仰有密切关系，融了萨满信仰、佛教等观念（王其格和塔娜2010）。

前述学者忽略了一个现象，即多数敖包祭祀的供品以牛羊肉为主，而如果按照佛教教义,祭祀中本不应有杀牲祭祀,因此这显然不符合佛教教义,所以很可能是在藏传佛教传入之前,草原已有敖包信仰和献牲祭祀,藏传佛教为了传播而对原有传统进行了妥协。另外,如今的敖包祭祀虽然有的由喇嘛主持,但也有不少是由萨满主持。鉴于以上原因,笔者认为敖包信仰与萨满教有关,其起源很可能早于藏传佛教在北方草原的传播。

除了上述历史视角下的研究,近年来也有学者关注敖包在现代社会的意义。宗教人类学界提出"民间信仰"的概念,以应对一度被视为"迷信"的民众思想与行为。金泽认为,民间信仰是根植于老百姓当中的宗教信仰及宗教的行为表现(金泽 2002),作为"与制度性宗教相对的范畴,是指民众在日常生活中所持奉的信仰及其仪式表现"(高丙中 2007)。邢莉(2013)把从蒙古族氏族社会绵延至今的敖包祭祀仪式视为一种"社会文本",也视为一种社会历史的记忆方式,"敖包的建置对环境赋予了传统的意义。以民俗生态学的视角审视敖包祭祀文化,敖包祭祀有其明确的祈雨功能"。从人类学的角度看,敖包文化作为一种传统文化资源,对于传承民族文化,巩固群体的历史记忆具有重要的作用。同时,对于加强区域社会认同、增强民族自信心与凝聚力,繁荣民间文化生活都具有一定的积极作用。从社会学的角度来看,敖包祭祀及游艺活动,是民俗群体确认维系、改善社会关系和权力的一种方式(乌仁其其格 2012)。

总体而言,尽管对敖包的信仰曾一度被视为"迷信",但是在民族传统文化受到重视之后,敖包被看作民众传统生活中的信仰,进而人们开始重视这种传统信仰在现代社会的意义与功能。如今,敖包信仰作为一种民间信仰的现象,同时作为草原民族传统文化的重要组成部分而被接纳。2006 年 5 月,由内蒙古自治区锡林郭勒盟申报的祭敖包经国务院批准列入第一批国家级非物质文化遗产名录(类别:民俗;编号:X-40)[1]。

## 二、敖包的一般情况:传统与现代

"敖包"是蒙古语,意为"石堆"。清代的文献中多称敖包为"鄂博",史料记载了当时分布在草原的部分敖包,这些敖包大多作为游牧部落分

---

[1] 《国务院关于公布第一批国家级非物质文化遗产名录的通知》,中央政府门户网站:http://www.gov.cn/zwgk/2006-06/02/content_297946.htm。(阅读时间:2020 年 1 月 10 日)

疆的标志。如《清史稿·高宗本纪》："庚午，设唐古忒西南外番布鲁克巴、哲孟雄、作木朗、洛敏汤、廓尔喀各交界鄂博。"不仅国内各部落间游牧范围以鄂博为界，中俄之间也以"鄂博"为界，如"旧设中、俄国界鄂博六：曰塔尔郭达固，曰察罕乌鲁，曰博罗托罗海，曰索克图，曰额尔底里托罗海，曰阿巴哈依图，此为库伦东中、俄界第六十三鄂博。雍正五年恰克图约鄂博止此。"此外，《钦定大清会典事例·理藩院·疆理》中也提到了很多鄂博，作为蒙古各部落游牧边界，如察罕（汗）鄂博、红古尔鄂博等。

鄂博作为疆界标志，自然也就是边防要塞，这一点在《清史稿·志·兵》中有详细的描述，其曰："沿边墩台、卡伦、鄂博、碉堡，清初于各省边境扼要处，设立墩台营房，有警则守兵举烟为号。"这里所说的鄂博与墩台、卡伦、碉堡一样，是作为边防将士驻守之处的，遇有敌兵来袭则及时示警。之后又阐述了鄂博作为边界的由来："蒙古各旗台、卡、鄂博之制，以大漠一望无垠，凡内外札萨克之游牧，各限以界，或以鄂博，或以卡伦。盛京、吉林则以柳条边为界，依内兴安岭而设。"稍后又分述了台、卡伦的设立情况，其中记述在苗疆多设碉堡，新疆多设卡伦，鄂博则主要用于蒙古各旗的游牧边界，也用于中俄边界的分界。关于鄂博的描述云："其恰克图及沿边鄂博、卡伦之制：因山河以表鄂博，无山河则表以卡伦。鄂博者，华言石堆也。其制有二：以垒为鄂博，以山河为鄂博。蒙古二十五部落，察哈尔牧厂八旗各如其境，以鄂博为防。其与俄罗斯接界，中间隙地，蒙古语曰萨布。凡萨布皆立鄂博以申画之。"

从这些记载可知，清代将鄂博作为疆界看待，并在划分蒙古诸部游牧地区时大规模利用原有鄂博或修建新的鄂博。如今，内蒙古草原仍有大量不同规模和形制的敖包，种类上有旗敖包、苏木敖包、家族敖包、英雄敖包等，形制上有十三敖包、七敖包、树敖包等。蒙古族有对敖包进行祭祀的习俗，几乎每个敖包都有自己的传说和祭祀日期。此外，生活在北方草原的鄂温克族、达斡尔族等民族也有祭祀敖包的传统。

笔者于2009年夏季在呼伦贝尔地区进行宗教信仰与习俗的调查，期间考察了当地的一些敖包。现以鄂温克族自治旗为例，阐述当地的敖包信仰情况。

鄂温克旗的鄂温克族于18世纪来到呼伦贝尔草原，之后一直在该地区生息繁衍，保留了很多传统习俗。笔者着重考察了鄂温克旗辉苏木（苏木即"乡"之意），因该苏木是鄂温克旗最典型的鄂温克族聚居地，苏木各嘎查

（嘎查即"村"之意）分布着众多敖包，其中有一些敖包并无明确的归属，如哈克木敖包，由附近几个嘎查共同祭祀，也有几个家族祭祀这座敖包，如何音家族等。也有的敖包是家族敖包，如西潘·杜拉尔敖包。在辉河地区的鄂温克语中，"敖包"的意思是男性生殖器，这与蒙语中的"石堆"之意有非常大的差别，是考察敖包意义不可忽视的一条线索。

　　敖包信仰很可能与早期生殖崇拜及祖先崇拜有很大关系，这不仅根据鄂温克语中"敖包"的词意，还依据鄂温克人对敖包的祭祀方式等。首先，也是非常重要的一点，鄂温克人有一种特殊的"敖包"，即萨满的陵墓，据鄂温克语音译为"先当"。家族所有萨满的先当往往相距不远，这一地区被看作萨满家族的祖先墓地，每年由家族组织祭祀，这种祭祀无疑是祖先崇拜的一种形式。对于先当的祭祀有严格的程序和禁忌，祭祀仪式必须由萨满主持，祭祀的目的是为了保佑家族的兴旺。可以说，先当祭祀是萨满信仰的重要内容。其次，鄂温克人传统祭祀敖包仪式女人不能参加，只能在50米之外等候，祭祀仪式完全由男性进行。近些年虽然随着对待女性态度的改变，大部分敖包祭祀允许女性参加，但仍有一些祭祀仪式中，尤其是先当祭祀，不允许女性接近敖包。而在鄂温克族其他仪式中，如在家中进行的祭祀萨满祖先等仪式并不排斥女性。这在某种程度上可以说明祭祀敖包与性别有关，或许蕴含着早期生殖崇拜的某些内容。

　　此外，还有一个值得注意的现象就是敖包的形制，鄂温克族敖包的基本形制是由石块堆积成丘状，中间插柳枝而成。而先当的形制与此并不完全相同，先当是用石块压住萨满的尸骨，而在北方树立起柳枝，进行祭祀。敖包与先当树立的柳枝类似。笔者认为，敖包很可能是对先当的模仿。之所以这样推断，因为考察北方有敖包祭祀习俗的几个民族，如蒙古族、鄂温克族、达斡尔族等，在历史上都不是定居民族，而是或游牧、或游猎，不断迁徙。当迁徙到一个新的地点后，很可能会树立敖包以祭祀祖先神灵，祈求福佑，后来不断演化为现在的敖包信仰。当然这只是一种猜测，况且现在很难解释为什么以石块压住萨满尸骨，而在北方树立柳枝，只是可以肯定它们具有某种神圣意义。为了解敖包祭祀在当代语境下的变迁，笔者在田野调查过程中，参与了鄂温克旗和新巴尔虎左旗的两个"旗敖包"的祭祀仪式，着重对祭祀的组织者和参与者、仪式过程及其意义进行了调查分析。

## 三、两个旗敖包祭祀仪式的田野调查 [①]

在呼伦贝尔市南部的鄂温克自治旗，有被誉为"天下第一敖包"的巴彦胡硕敖包。这个敖包历史较长，规模也很大，历史上是属于当地旗政府管理的"旗敖包"。与鄂温克旗相邻的新巴尔虎左旗（当地人称东旗）的莫能宝格大山上，也有一座规模较大的敖包，是当地的旗敖包。如今，敖包祭祀已被列为国家第一批口头非物质文化遗产。在现代化的语境下，政府非常尊重民间传统的保存与延续，民间传统的公开性和公共性逐渐提高。2009 年夏季，笔者对鄂温克旗和东旗两个旗敖包的祭祀仪式进行了田野调查。[②] 调查的主要目的是考察敖包官祭作为一种传统，在今天如何完成意义演变和价值重构。[③]

### （一）巴彦胡硕敖包祭祀仪式

"巴彦胡硕"是蒙古语，意为富饶的山岗。巴彦胡硕敖包位于海拉尔至伊敏公路的 39 公里处，巴彦胡硕敖包山的山顶。笔者所见巴彦胡硕敖包前的石刻介绍说，巴彦胡硕敖包历史悠久，是呼伦贝尔草原上最古老的敖包，始建于清雍正十年（1732）。当时清政府为了巩固其在塞北边疆的统治，派遣由鄂温克、巴尔虎、达斡尔、鄂伦春族组成的索伦兵丁三千余人驻防呼伦贝尔，其中鄂温克族兵丁及其眷属在巴彦胡硕山修建敖包，开展祭祀活动。

巴彦胡硕敖包是鄂温克旗最大的官祭敖包，人们相信对敖包的祭拜是为了祈求神灵保佑草原风调雨顺、人畜两旺。自这座敖包建立以来，大的祭祀活动一般由喇嘛择吉日，官方主持举行。祭敖包过程分三部分：清早先请喇嘛集体诵经；诵经完毕，人们在敖包达的引领下顺时针方向绕行敖包三圈。

---

①　关于这两个旗敖包的祭祀情况，笔者（2012）曾在《敖包祭祀：从民间信仰到民间文化》一文中进行分析，本文是对该文观点的补充与修正，并且侧重点亦有所不同。

②　笔者于 2009 年 6 月 18 日对巴彦胡硕敖包祭祀仪式进行了调查；后于 8 月 19 日调研了东旗莫能宝格大山敖包祭祀仪式。

③　清代蒙古族敖包祭祀分大祭、小祭和部落或官祭，在《绥远通志稿》上，曾记载土默特旗有官祭敖包之俗："官鄂博多在本旗边境与他旗分界之山巅或原隰诸处，昔为本旗之最大祀典。"此外，清代的索伦部，即包括今达斡尔、鄂温克和鄂伦春等族，也举行敖包祭祀，以旗为单位的祭祀称为官祭，由官方主办祭祀，一般每年祭祀一次，在农历五月进行，其目的是祈求神灵保佑，风调雨顺，兴旺发达。

绕行中，人们在敖包上放石头或祭品，男性可以登上敖包，在敖包上插柳枝、在柳枝上系哈达或绸条。按照传统，女性是不能登上敖包的。绕行之后，人们面北朝南，虔诚跪拜，祈求敖包的神灵赐福。人们日常途经敖包时也常常下车或下马，以一些简单的祭品，祭拜敖包。也有很多牧民按照传统，在每年农历 5 月 13 日，身着盛装从四面八方赶到敖包山，进行祭祀。

如今，每年 6 月 18 日是鄂温克族的瑟宾节，这一天清晨，旗政府首先组织祭祀巴彦胡硕敖包。2009 年 6 月 18 日（农历 5 月 26 日），笔者于清晨 4 点半赶到巴彦胡硕敖包前，对这一祭祀仪式进行考察。天空下着小雨，已经有零零星星的人开车前来祭祀敖包。这时由旗政府组织的祭祀仪式还没有开始，前来祭祀的人们一般只是在长辈带领下，携带祭品前来祭拜，许下愿望，然后按顺时针方向围着敖包绕行三圈。

由鄂温克旗政府组织的祭祀仪式开始前，数位喇嘛先坐在敖包前，而前来祭祀的百姓则在山脚下，由旗领导带领，一起向敖包走来。祭祀者中也不乏一些新闻媒体、研究者、摄影爱好者等各种身份的人员。祭祀敖包有严格的程序和规则，据笔者观察及访谈中的了解，祭祀过程大致如下：

1. 敖包达宣布祭祀仪式开始。敖包达由一位通晓鄂温克族风俗的长者担任，一般是大家推选一位德高望重的牧民，有时是某大家族的族长。在笔者调查的这次仪式中，敖包达宣布祭祀仪式开始时，首先说明这是一次宗教祭祀，而非封建迷信。

2. 供祭品。祭品非常丰盛，有煮好的手把肉，羊头的摆放非常美观，各种面食、糖果、奶制品和酒等。

3. 喇嘛颂吉祥经。笔者数了一下，与一般记载请九位喇嘛不同，这次共有十位喇嘛参加了仪式，其中两个看起来是孩子。

4. 集体围敖包转三圈祭拜。在敖包达的带领下，参加祭祀的官员走在前面，其他人走在后面，围着敖包以顺时针方向转三圈。这一过程中，敖包达边走边颂祝辞，敖包达每颂一段祝辞，其他人高呼"胡列""胡列"。在祝辞的最后敖包达祝福国泰民安，风调雨顺，并将祝福送给胡锦涛主席。敖包达致祝辞时使用鄂温克语，在最后祝福国家时才用汉语。

5. 跪拜敖包。前来祭祀的人，无论官民，一起向敖包跪拜叩头。

6. 求拜敖包。再次请喇嘛念经，喇嘛念经时参加祭祀的人大部分坐在喇嘛对面的红毯上，其余人站在四周。在喇嘛念经过程中，祭祀者不时拿着祭品随着喇嘛的指示，高举起来并划三圈。笔者了解到，这次喇嘛念经的主要目的是祈雨，因为 2009 年春鄂温克旗草原出现罕见的旱情，因此这一年的祭祀主要是求雨。

上述仪式结束后，祭祀敖包完毕，人们返回那达慕会场，举行大会开幕式，然后进行赛马、摔跤等各项比赛，晚上还有歌舞等演出，庆祝瑟宾节。

图一　巴彦胡硕敖包。摄影：曲枫

## （二）莫能宝格大山敖包祭祀仪式

莫能宝格大山敖包位于新巴尔虎左旗阿木古郎镇西北，甘珠尔庙附近，"宝格大"是蒙语神山的意思。巴尔虎人数百年来游牧为生，1734 年，清政府在这里设立四旗。1932 年，新巴尔虎左翼四旗合并为一旗。2003 年，甘珠尔庙重修时，在阿尔山庙主持席勒图喇嘛伦登扎木苏指点下，在莫能宝格大山修建旗敖包，定于每年农历 6 月 18 日是该敖包的祭祀日。

2009 年 8 月 19 日（农历 6 月 29 日）阿木古郎镇举办吉祥草原人民那达慕大会，清晨祭祀了这座旗敖包。笔者于当日清晨 4 点半左右赶到敖包附近，此时这里已是人头攒动，人们冒雨在敖包前虔诚祭拜祈福。祭祀仪式与巴彦胡硕敖包祭祀类似，可能与当日甘珠尔庙开光有关，到这里祭祀的人比巴彦胡硕敖包祭祀的要多一些。

6 点左右由阿木古郎镇组织的祭祀仪式开始。祭祀程序如下：

1. 喇嘛诵经。据笔者观察，此次共有十六位喇嘛参加诵经，包括黄衣喇嘛和红衣喇嘛，他们中以黄衣为贵。其中有两位喇嘛年纪较小，看上去还不太会背诵经文。喇嘛坐在前面，前排十人，后排六人，两个小喇嘛在后排，还有两个站着的喇嘛。诵经过程中，一位喇嘛不停向天空撒米。诵了一段时间，他们停了一会，接着又继续诵经。左侧一位喇嘛不停敲击插着孔雀羽毛的净水壶，他旁边的四位喇嘛同时击铃，右侧的喇嘛击鼓，每击十次左右便停顿一会。这样进行一段时间后，又有一位喇嘛参与进来，坐在第二排。喇嘛们坐在前两排，其他信徒有的坐在喇嘛后面，有的站在周围。

2. 经过一段时间的诵经后，敖包达宣布开始祭敖包。

3. 敖包达致祝辞，祝辞用蒙语。

4. 旗长带领五个苏木、镇的苏木达、镇长进行达拉拉嘎仪式。"达拉拉嘎"，是蒙语"召唤"的意思，词根"达拉拉"，本意是招手，这个仪式是表达招福和招财之意。"召唤"作为蒙古萨满教祈求礼仪的具体方式之一，一般都伴有"呼瑞，呼瑞"的呼唤，所以又称"呼瑞达拉拉嘎"。这个仪式过程即祭祀者从左到右绕敖包三圈，敖包达念祝词，每念一段祝词，大家一起呼唤"呼瑞、呼瑞"。

5. 分供品。敖包供品被看做是"敖包的福禄"，供品主要分给旗四大班子主要领导。绕敖包走完，喇嘛继续念经，部分领导就座，其余离开。

6. 前任敖包达向现任敖包达献哈达。

7. 敖包祭祀结束，现任敖包达向下轮承办单位转交旗帜，并向"苏勒德"敬献哈达。苏勒德是蒙古族的圣物，据说成吉思汗战争时期，每一场战役都由最英武的勇士举着苏勒德走在队伍前面。这一崇拜由来已久，据《蒙古秘史》记载，早在元朝建立以前，蒙古人已有旗纛"苏勒德（苏勒定）"崇拜。在蒙古族萨满信仰中，"苏勒德"被视为九十九天神中的重要神灵，还被看作蒙古人的旗徽，守护蒙古人民（宝贵贞 2008：211；苏鲁格：2006：39）。

祭祀仪式结束后，人们返回那达慕大会会场，举行大会的开幕式，开始为期三天的赛马、摔跤等比赛。

## 四、从祭祀者的角色看仪式秩序与意义表达

在上述的两个旗敖包祭祀活动中，笔者与祭祀者进行了访谈。[1] 在访谈中笔者发现一个有趣的现象：前来参加祭祀的人们，从信仰角度看，有信仰者，也有非信仰者，还有一部分人对未知世界"将信将疑"。从祭祀目的看，

---

[1]　由于在当地，大部分人把宗教信仰看作迷信，因此很多人对宗教信仰的话题比较敏感，所以笔者选取了一些有代表性的祭祀者进行调查，以看似随意的方式与其接触，以便了解到的情况尽可能真实。由于来祭祀的人数众多，因此访谈只覆盖了其中极少部分人。

信仰者来祭祀出于对神灵的敬畏，求雨、求财、求运的都有，非信仰者和将信将疑者的目的则比较复杂。而作为组织者的当地政府，组织祭祀活动并非只为了祭祀神灵，更是一场展演。因此，仪式所表达的不仅是神人之间的互动，还构筑了有形与无形两个世界，分别体现出这两个世界的秩序。

前来祭祀的有组织者、参与者和喇嘛，在祭祀过程中，这三种身份分别体现出不同的意义。

1. 仪式中的民众。在两个旗的祭祀仪式中，体现出当地浓重的藏传佛教信仰，祭祀莫能宝格大山敖包过程中喇嘛的参与程度高于巴彦胡硕敖包的祭祀，当地民众对喇嘛的信仰以及对敖包的信仰更加突出。参与莫能宝格大山敖包祭祀的民众中，有很多特殊的信众。如一位拄着拐杖的牧民，非常虔诚地绕行敖包，尽管他独立行走非常困难，中间需要休息几次才完成绕行过程，但他仍坚持完成这一过程。之后他对敖包和苏勒德虔诚敬拜，祈求消灾。再如喇嘛念经时，有一位老人拿着一叠钱，在每一位喇嘛面前敬拜布施，请喇嘛为他灌顶。参与者的虔诚更加突出了敖包的神圣性，对于敖包神灵的期望有更多具体的目的，除了传统的求雨，还有求医、求财等等。

还有一些值得注意的现象，莫能宝格大山敖包祭祀者中，有一位女士拿着一条非常特别的黄色哈达，上面印有神像，她说她的哈达是在呼和浩特买的。①蒙古族的传统是以蓝色哈达为贵，这种黄色的哈达体现出接受了藏传佛教的蒙古族传统信仰在现代的演变。也有人拿着五条各色哈达，问她是何用意，她说不知道，看有五种颜色就都买了。与此类似的是巴彦胡硕敖包祭祀中，有的年轻人被问及为什么来祭祀、祭祀什么神等问题时，显得很茫然，他们往往回答对神灵是抱着将信将疑的态度，家里长辈来祭祀，自己就来了，他们说自己祭的是"敖包神"。甚至也有长者表现出对传统仪式中的规矩已经不再那么熟悉，比如有的长者忘记应该从哪个方向绕行。

在仪式中，作为参与者的民众所体现的是对传统的遵从，甚至这种遵从有时是无条件的。现代的祭祀仍在延续着敖包作为氏族凝聚的象征的传统意义：以游牧为生的时代，同一个家族往往一同迁徙，家族不仅是血缘团体，也是地理团体。如今，同一氏族的人可能不居住在同一个地方，失去传统的地理基础后，通过氏族敖包祭祀，同一宗族又团聚到一起，因此，敖包是氏

---

① 现场售卖的哈达有五色：蓝、黄、白、红、绿。这五色哈达是呼伦贝尔一带很多少数民族的共同信仰，其中蓝色代表天神，黄色代表地神，白色象征纯洁，红色代表火神，绿色为植物神。其中蓝色和白色在具体的使用中较多。有时也用粉色代替红色。

族凝聚的象征。作为氏族敖包的延伸，旗敖包也体现出这样的意义：民众通过参与每年一度的旗敖包祭典，表达对旗政府的认同，以及对自己作为当地人的身份认同。

2. 仪式中的喇嘛。为了凸显祭祀的神圣性，组织祭祀的当地政府通过喇嘛营造出一个神圣的空间。喇嘛是祭祀活动中的载体，搭建由人到神的通道。喇嘛平时由政府管理，并且政府向喇嘛提供补助。[①] 喇嘛的在场意味着神祇的在场，也意味着民众不能直接向神祇表达意愿，而是经由喇嘛转达。

在仪式的组织过程中，喇嘛服从政府的安排；然而在仪式的进行中，喇嘛营造了一个无形的神圣空间，在这个空间里，政府组织被神圣殿堂取代。喇嘛通过代表民众向神祇祈愿，而消解了政府在有形世界中的角色和地位。

在仪式中，敖包达的角色比较特别，他有着亦圣亦俗的双重身份。既是有形世界中的普通牧民、德高望重的长者，又有着在无形世界中召唤神祇、向神祇祈愿的神圣身份。

3. 仪式中的政府。政府拥有对敖包祭祀的主办权，民众具有参与权，但是民众仍可以自由祭祀，政府的权力仅在于组织这两个仪式，而这两个仪式作为鄂温克族传统节日的象征以及东旗人民的盛会，在这一天拥有的权力仍具有某种意义，宣告着一种等级、一种话语权。在这个框架下，民众有很大的自由去表达对祭祀的虔诚，如可以添加石块、插柳枝、自行准备祭品等。在少数民族地区的宗教活动中，政府通过组织提供这样一个仪式表达对民众信仰的态度。

据记载，清代巴彦胡硕敖包是由八旗索伦进行官祭，当时哈拉或莫昆制度（家族制度）尚未解体，家庭对于旗官府并无直接的依附。而现代社会家族制度的解体，使旗政府成为一个凝聚当地人的象征，每年一次的政府祭祀，强调了这一点，这是政府祭祀在当代的重要性和必要性。政府通过这种组织行为，宣告秩序和威望。政府的威信需要民众的认同，这种认同需要符号和仪式的运作。在政府组织并提供了一个祭祀的契机后，民众在一个大的框架规矩下自由表达对神灵的敬畏、献祭。因此这里体现出两个层次的仪式，一个是政府表现出来的，另一个是民众表现出来的，这两个仪式在程序上是重合的，在意义上各有侧重，它们以一种整体的方式表现出来。

---

① 鄂温克旗尤其以锡尼河镇喇嘛最多，这里主要聚居着布里亚特蒙古族，他们的主要信仰是喇嘛教。锡尼河镇建有锡尼河庙，经常举办法事。大型的法事旗政府工作人员往往以个人身份参加。

# 结　语

在调研过程中，笔者能够明显感觉到民众对"信仰""宗教"等词语的敏感，作为祭祀的组织者，当地政府也在着意强调这种祭祀活动"并非宗教迷信，而是当地的文化活动"。在这里，祭祀作为一种宗教活动，它的神圣性被弱化，更多是为了实现它的世俗功能，即前面提过的政府组织祭祀的象征性目的。就大多数参与者而言，尽管人们在祭祀当天盛装前来，履行仪式，维护祭祀的尊严，然而很多人并不是真的来祭祀某位神灵，甚至不知道祭祀的是何方神祇，也并不了解祭祀中很多程序的意义，只是为了祭祀而祭祀，也可以说他们在有意或无意中维护了传统，保留了传统。一般来说，祭祀结束后，祭祀的意义便被淡忘，人们仍回到世俗的世界，仍遵守人的规则，而非神的规则。由于政府组织了对神的祭祀，因此政府能够成为规则的制定者和代言人，这种过程通过暗示来实现，由对神圣的服从，到对世俗的服从，人们在无意识中完成了这种认同的转换。

仪式及其意义通过仪式过程所构筑的有形世界和无形世界来表达，在这里，仪式的要素共同构筑了一个符号，这个符号为民众提供心灵的安顿。就组织者的目的而言，也需要这样一个符号，作为当地文化的某种象征。因此，仪式并没有表达出完全独立的神圣与世俗意义的分离，无论对于组织者还是参与者来说，现代敖包祭祀都已不仅是纯粹的宗教仪式，更是文化、习俗、传统的表达。

总之，现代语境下，政府参与祭祀的目的，或者说祭祀活动的意义发生了改变：不是宗教活动，而是文化活动。对于当地政府来说，敖包的意义更在于它作为当地的一张文化名片，作为一种民俗活动，是对传统的保留和延续。

现代的敖包祭祀在草原上广泛存在，然而如今的政治、经济、文化、宗教等方面已发生深刻变化。敖包祭祀中表现出来的由祭祀信仰到文化传统的演变，在当代北方民族的传统重建过程中有非常典型的意义。一方面，传统通过个体记忆传承，另一方面，传统正在被集体创造。邢莉（2009）曾对蒙古族敖包祭祀中的民间组织做过深入研究，她说："敖包祭祀在新时期的重新建构并非只是对一个族群共同记忆的回忆，也并不止于对自己族群归属的认知和感情依附。生存在干旱或半干旱草原的蒙古族牧民，更多地体验到一种更有效、更易于操作的乡规民约的重要功能。虽然有国家的'大传统'在场，虽然经过了新中国成立后的风风雨雨，但民间组织的乡规民约仍旧在非物质文化遗产的传承中起到了重要的作用。"非物质文化遗产的设立体现了对民间传统的尊重和国家政策的宽容。就地方政府而言，通过对敖包祭祀的仪式保留，支持了传统的延续，而又往往通过附加的话语、程序，完成了对传统的重新塑造。这种祭祀仪式既是对传统的回应，又是对传统的传承、创建。

# 参考文献

包海青

　　2009，"蒙古族敖包祭祀仪式渊源探析"，《民族文化研究》，第 20 卷第 1 期，第 101—105 页。

宝贵贞

　　2008，《近现代蒙古族宗教信仰的演变》，北京：中央民族大学出版社。

高丙中

　　2007，"作为非物质文化遗产研究课题的民间信仰"，《江西社会科学》，第 3 期，第 146—154 页。

金泽

　　2002，"民间信仰的聚散现象初探"，《西北民族研究》，第 2 期，第 7—9 页。

刘文锁，王磊

　　2006，"敖包祭祀的起源"，《西域研究》，第 2 期，第 76—82 页。

马昌仪

　　1993，"敖包与玛尼堆之象征比较研究"，《黑龙江民族丛刊》，第 3 期，第 106—112 页。

任洪生

　　1999，"蒙古族敖包习俗的文化渊源考述"，《青海民族研究》，第 3 期，第 43—47 页。

苏鲁格

　　2006，《蒙古族宗教史》，沈阳：辽宁民族出版社。

王其格，塔娜

　　2010，"敖包祭祀与草原文化"，《内蒙古民族大学学报（社会科学版）》，第 3 期，第 27—30 页。

王伟，程恭让

　　2012，"敖包祭祀：从民间信仰到民间文化"《宗教学研究》，第 1 期，第 256—262 页。

乌仁其其格

　　2012，"政府主导下的民间信仰———基于额尔敦敖包祭祀的田野考察"，《西北民族研究》，第 3 期，第 105—110 页。

邢莉

　　2013，"蒙古族敖包祭祀的生态功能及文化价值"，《云南师范大学学报（哲学社会科学版）》，第 2 期，第 122—129 页。

　　——2009，"当代敖包祭祀的民间组织与传统的建构——以东乌珠穆沁旗白音敖包祭祀为个案"，《民族研究》，第 5 期，第 74—82 页。

# The Cultural Expression of Official Worship of *Oboo* Cairns —Based on Field Surveys of Two "Banner *Oboo*"

*Wang Wei*

**Abstract:** This article, based on two field investigations of "Banner Oboo" ceremony, focuses on their organizers, participants, ritual processes and meanings. In addition, the paper discusses how *oboo* official worships, as a tradition, changes its meaning and reconstructs its value at present. Moreover, it will be demonstrated how the ceremony and its significance are expressed by the visible and invisible world established in the process of worship. The official worship of *oboo* cairns, as a symbol, fulfills the transfer from a spiritual order into a secular order by public participation, through which the cultural value of the *oboo* worship is highlighted.

**Keywords:** *Oboo* cairns; belief of the public; symbol; order

# 达斡尔族萨满传承中的两个重要环节

金丽玛

**摘　要：** 达斡尔族的萨满信仰传承历史悠久，在中国北方萨满文化体系中起到了承上启下的重要作用。达斡尔族萨满一直就是依靠自然传承的，也就是所说的神授，其中在选人和梦境传授两个环节上有一定的规律和法则值得探秘。

**关键词：** 达斡尔族　萨满　传承　环节

**作者简介：** 金丽玛，莫力达瓦达斡尔族自治旗人，内蒙古民间文艺家协会会员。研究方向为达斡尔民间文化。

随着社会时代的变迁，中国信仰萨满教的民族大体上可以分为三种类型，第一类是传统型的信仰，即受外界冲击和影响较小的原生态民俗信仰，如鄂伦春族和鄂温克雅库特部落的萨满信仰；第二类是接受了一定汉族农耕文化影响的萨满信仰，达斡尔族正是属于这种状态；第三类是融合了其他宗教的萨满信仰，如受藏传佛教影响比较大的蒙古族，受伊斯兰教影响比较大的哈萨克族等。

达斡尔族的萨满信仰传承历史悠久，在中国北方萨满文化体系中起到了承上启下的重要作用。在古代，萨满不仅是部落的酋长，又是医生和先知，肩负家族的兴亡。但不可否认的是，现代达斡尔族中许多的萨满家族，都在抗拒出萨满，认为若干代人不出萨满后，可能就要斩断这个慧根了，因为萨满是承担所有人的苦痛和灾难，将这些加诸在自己的身上，并在祭祀过程中大量杀生，泄漏天机，都是要有因果报应的。

达斡尔族的萨满传承一直就是依靠自然传承的，也就是所说的神授，其中在选人和梦境传授两个环节上有一定的规律和法则值得探秘。

# 一、选人环节

　　达斡尔族的萨满叫做"雅德根"，分为领家族祖先神灵的"霍卓日·雅德根"（祖宗萨满）和领其他神的"博迪·雅德根"（外面萨满）。达斡尔族各个家族的"霍卓日·雅德根"（祖宗萨满）传承是不限男女的，但一般女萨满都是领娘家的神灵。其中只有郭布罗家族的"霍卓日·雅德根"（祖宗萨满）例外，是可以由儿媳妇领其家族神灵的。根据记载，说该家族的第一代"霍卓日·雅德根"（祖宗萨满）去世后，就是将神灵授予了自己的妻子，使其成为家族历史上的第二代"霍卓日·雅德根"（祖宗萨满）。近年，在内蒙古莫力达瓦达斡尔族自治旗阿尔拉镇，鄂嫩氏家族中上代萨满鄂国勇去世后，其姑爷色不金就领了他的神灵，穿起他的萨满服，成为萨满，但不久也去世了。

　　达斡尔族萨满在自然传承过程中，最重要的一点就是选人。据历代口耳相授，家族的上一代萨满去世后，其尸骨要风葬，将棺材停放在树杈上，三年后才捡骨与萨满服共同埋在石头堆下，便于神灵的复苏，达斡尔语称之为"尚德"。神灵复苏的时间短则几天，长则几代人，复苏后的神灵就要找有慧根的传人，除了具备基本的善良品质外，这个人必须是骨轻血清的人，这两条很重要。骨头重的人会把神灵压下来，带不动，而唯有血液清澈的人，才会完全接受祖先授予的神意。所以，当神灵选定某个人的时候，就会出现很多异象，让这个人产生许多幻觉，并在生活和精神上对其进行折磨，直至其成为萨满为止。

　　达斡尔族民间一直流传着女萨满尼桑的各种传说，尼桑萨满的法力很大，上天入地，无所不能。她死后，被人陷害，没能进行"尚德"，而是将她的尸骨扔进了枯井中，使她的"翁古日"（神灵）一直没有复活，因为她行走的途径是鸿雁，鸿雁无法在原地起飞，只能滑行一段距离后，才能冲天而起。达斡尔族中的历代大萨满都知道尼桑萨满一直在寻找着传人，期盼后人能够拯救其强大的"翁古日"（神灵），使自己的民族得以强大兴盛。

　　内蒙古莫力达瓦达斡尔族自治旗女萨满沃菊芬，是达斡尔族沃德哈拉绰古罗莫昆人。沃菊芬多年来各种疾病缠身，精神异常，被折磨得不成样子，体重不足 40 公斤。在患病的 30 多年时间里，走遍了各地的大小医院，几乎倾家荡产。中间又经历了丧夫、丧女之痛。据说其父亲在世的时候也是这种情况，很多医生都认为其是有家族精神病遗传史。在几乎放弃治疗的时候，想到了自己可能是被神灵选中了的弟子，于是她拜达斡尔族萨满斯琴卦为师，让她指点迷津，找到了萨满道路，于2001年8月出马，成为了沃德哈拉绰古罗莫昆的第九代萨满，领其家族的"龙凤翁古日"。也是80年代后期莫力达瓦达斡尔族自治旗中第一个穿萨满服的萨满。

达斡尔族莫日登哈拉是一个比较大的姓氏，家族人口众多，历史上也出过很多名人，尤其是以武将居多。清朝时期，一位莫日登哈拉的人在京城为官，领回一个小妾，将小妾送回家乡尼尔基安顿后，又领兵出去打仗。小妾在这人生地不熟的地方生活，非常思念家乡和远在京城的亲人，于是每天都要去老山头的断崖上，对着嫩江水哭诉。嫩江的江神可怜她的经历，就提出要送她回到家乡去看一看，小妾非常高兴，就回去整理包裹，却被族人误认为是要与人私奔，就将其按族规进行处罚，将她沉入嫩江江底。在嫩江江神的帮助下，小妾成为了整个莫日登家族的神灵，后人尊称为莫日登奶奶。莫日登奶奶不仅法力强大，而且非常霸道。对于莫日登家族是奖惩分明，她用灵魂来庇佑家族，使其强盛，必然就要得到相应的供奉，而且在家族中还要代代出萨满，成为她的代言人。由于几代人没有出大萨满了，现在莫日登奶奶的要求特别强烈，在萨满家族中提出了严格的挑选条件，必须是男的，而且年龄要在四十岁左右，心地善良，性情敦厚。家族中按其条件推荐的两个人选都被否决，一个是太过轻浮，难做大事。一个是口舌笨拙，难以表达。所以至今莫日登家族仍然没有出现合适的萨满人选。

## 二、梦境环节

梦境在传承过程中起到了重要的作用。是神灵指导的主要途径，达斡尔族的萨满是不用师傅传授的，师傅只是一个领路人，将你领入萨满一路，其他的东西都是靠自悟，也就是神灵授予了你多大的本领，你就可以成为什么级别的萨满。在梦境中，可以获得大量的信息。包括立"巴日肯"（供奉的神灵）、出马的时间、给人看病的方式能力、萨满神服的制作款式等等，其中萨满服必须与上一代萨满服相同，但每个家族又都有细节的差异。

达斡尔族的斯琴卦萨满，就是在反复梦到穿灰色长褂的白胡子老者与他对话后，她清晰地记录了老者容貌，醒来后发现与曾祖父拉萨满的遗像是一模一样的。在立"巴日肯"（供奉的神灵）过程中，梦到了无数条蛇，就知道需要立"鲁珠日·巴日肯"；接着又梦到喇嘛在诵读经文，醒来后，就可以无师自通喇嘛教的经文，后来辗转知道拉萨满与喇嘛斗法的渊源，便在"巴日肯"中供奉了喇嘛。后来的许多细节，都是通过梦境获得的。

　　沃菊芬萨满在精神病发作中，就在梦境中一直听到一个声音在告诉她事情，但她大脑混沌，思维混乱，清醒后很难记得当时的情况。再加上时常发作的病症，无论她说什么，别人都会认为是疯言疯语，很难与人交流。终于有一天，她理清了梦境中的声音，是在告诉她：你的方向在西北，往西北走，就能找到你的出路。那时候她被折磨得不成人样了，骨瘦如柴，仿佛见风就倒一样。她自己想了想，西北方向应该是海拉尔，抱着不一定能回来的心态踏上了去海拉尔求医的路。这时候只要一闭上眼睛，梦就会出现，然后有声音鼓励说，你走的路对了，再继续走下去。就在这种半梦半醒之间，来到斯琴卦萨满的家中，进屋后，已经没有站稳的力气了，只能靠在墙上。心绪却一下子安定下来，脑子也无与伦比的清醒，她明白自己终于找对了地方。后来经斯琴卦萨满点拨后，沃菊芬开始系统地整理梦境中出现的各种信息和提示，很快走上了萨满之路。值得一提的是沃菊芬几次梦到自己在拇指般细的绳子上奔跑，在她的出马仪式上，确实出现了那一幕，她好像有轻功一样，在一人多高的牛皮绳子上飞奔，既没有扶手，也没有吊钢丝。

　　达斡尔族萨满除了穿萨满服的"雅得根"外，还有穿简单布裙的"斡托西"，"斡托西"一般都是女的，平时专门给小孩看病，在大型仪式上，可以充当萨满助手。达斡尔族近代最著名的"斡托西"是住在莫旗登特科镇阿彦浅村的阿彦浅老太太，鄂嫩哈拉人。在当了几十年"斡托西"后，将近80岁的阿彦浅老太太有一天早上突然对所有人说，她做梦了，梦到自己不再是"斡托西"了，跟随她的神灵在梦中告诉她在这里已经完成使命了，要换到居住在东北方向的人跟随。的确，从此以后阿彦浅老太太就不会给小孩看病了。几乎是当天晚上，住在腾克镇东霍日里村的孟忠和他的二儿子做了相同的梦，梦到阿彦浅老太太的神灵要住在他们家，说他们供奉得好。孟忠本身是莫日登哈拉人，但从小随母亲嫁入鄂嫩哈拉家中，由继父抚养成人，进而成家立业。他们受宠若惊地接下了阿彦浅老太太的神灵开始供奉。但家中再也没得到过安宁。据孟忠讲，只要他一闭眼睛，进入梦乡，两个哈拉家族的祖先神灵就开始争吵，闹得孟忠也不知道该怎么办才好。

# 三、小 结

达斡尔族的萨满自然传承过程中，选人和梦境环节最具有神秘性、不可预测性，凡是有慧根的家族，谁都不知道萨满的"翁古日"（神灵）会选中谁，降临到谁的身上，但一旦选中后，如果不继承萨满，就要闹得鸡犬不宁，整个家族都不得安生。而虚幻的梦境，是最好的传授方式，被选中者的梦境都是真实的体验，刚开始的片段和虚幻梦境会逐步演变成有层次和规则的梦境，传人的一切萨满行为方式都是通过梦境获得的。

达斡尔族自古以来就以勤劳智慧、骁勇善战而闻名，在漫长的迁徙和征战过程中，创造了璀璨的民族文化和多彩的萨满文化。萨满自然传承世代延续，经久不衰，传承过程中有很多现象难以用科学语言进行解释，选人和梦境两个环节不过是其中的一部分而已。

# Two Important Links in the Inheritance of the Daur Shaman

*Jin Lima*

**Abstract:** Daur shamanism has a long history and plays an important role in the inheritance of the shaman culture system in northern China. The office of the Daur shaman has been inherited, while there are certain rules for selecting heirs and imparting dreams, which are worth exploring.

**Keywords:** Daur; shaman; inheritance; links

# 仪式与风俗

# 额尔古纳河右岸的升天节*

唐 戈

**摘 要：**升天节是东正教中仅次于复活节的最重要的节日之一。作为额尔古纳河右岸地区混血人特有的节日，升天节除了保有这一节日的基本内核之外，又掺杂有许多疑似非东正教的元素，这些元素可能来源于汉族民间宗教、萨满教和藏传佛教。这是东正教作为一种文明，在其由拜占庭帝国向东传播的过程中，尤其是传播到额尔古纳河右岸地区时，与当地的文明和文化接触，发生变异与本土化的结果。

**关键词：**额尔古纳河右岸地区 混血人 东正教 升天节 疑似非东正教的元素 文明和文化接触 文明的变异与本土化

**作者简介：**唐戈，黑龙江大学俄罗斯语言文学与文化研究中心教授。

## 一、导 论

升天节又称"主升天节""耶稣升天节"，是东正教中仅次于复活节的最重要的节日之一，纪念耶稣复活后升天。《圣经》上记载耶稣复活后第40日升天，升天节的时间是复活节后第40天，这一天一定是星期四。升天节的时间并不固定，因为复活节的时间就不固定，只有确定了复活节的时间，才能确定升天节的时间。复活节的时间是每年春分后月圆后的第一个星期日，以

* 本文为教育部人文社会科学重点研究基地黑龙江大学俄罗斯语言文学与文化研究中心自设项目"中国俄罗斯族文化与东正教关系研究"（2014ZDZS002）的成果。

复活节的时间为基准，向后推 40 天就是升天节。升天节是复活节节期最后一个节日，升天节过后，复活节才算正式结束。

我第一次记录到额尔古纳河右岸地区的升天节是 1998 年 8 月。之后我又数十次抵达该地区观察和记录当地混血人的文化，但关于升天节的记录我始终停留在访谈这种相对比较低级的方法上。2016 年我终于有机会亲眼观察和记录升天节了。2016 年的升天节是 6 月 9 日。6 月 7 日我们驱车抵达内蒙古额尔古纳市恩和俄罗斯民族乡政府所在地恩和村，6 月 8 日—6 月 9 日早晨对该村的升天节进行了较为详尽的观察和记录，6 月 9 日上午驱车返回哈尔滨。

额尔古纳河右岸地区的升天节是当地混血人特有的节日。混血人是汉族与俄罗斯人通婚所形成的一个特殊族群。"混血人"是这个族群的自称，也是他称，俄语中有一个词"米吉斯"（Метис，Метиска）与其相对应，翻译过来就是"混血人"的意思。混血人于 19 世纪中叶最初出现在俄罗斯东外贝加尔地区 ① 的普里—阿尔贡斯克区（ЯнковА. Г. et al 2012），历史上曾广泛分布于中国、俄罗斯、哈萨克斯坦和澳大利亚等国。20 世纪 50 年代中期，混血人被中国政府识别为汉族。80 年代中期，一少部分混血人将民族成分由汉族改为了俄罗斯族，但绝大多数混血人的民族成分仍然是汉族，比如内蒙古额尔古纳市从 1985 年下半年开始至 1990 年第四次全国人口普查时止，7012 名混血人中有 2063 名将民族成分由汉族改为了俄罗斯族。（额尔古纳右旗史志编纂委员会 1993：127）这也就是我在本文中没有使用"俄罗斯族"这个族称的原因。1990 年以后，内蒙古额尔古纳市政府将法定民族成分为汉族的混血人称为"华俄后裔"，但这个族称并不为这个族群所接受，而且这个族称仅限于在额尔古纳市使用，这也就是我在本文中没有使用"华俄后裔"这个族称的原因。

恩和村位于内蒙古额尔古纳市南部，额尔古纳河右岸支流哈乌尔河南岸，俄语名"戈拉湾"，人口 2626 人（2019 年），是中国唯一的俄罗斯民族乡——恩和俄罗斯民族乡政府所在地。恩和是一座混血人聚居的村落，共有混血人 850 人，占该村总人口的 81.03%（2007 年底）（青觉 2010：1），是混血人聚居的最大村落，建于 1937 年。1937 年之前恩和的居民主要居住在额尔古纳河右岸的九卡（俄语名"乌罗布罗伊"），再往前则居住在九卡对岸俄

---

① 外贝加尔地区，亦称"后贝加尔地区"，指贝加尔湖与额尔古纳河之间的区域，包括两个行政区划——布里亚特共和国和外贝加尔边疆区。东外贝加尔地区指外贝加尔东部地区，具体指外贝加尔边疆区。

罗斯境内的乌罗布罗伊。1937 年 5 月,日本人实行"清边并屯"的政策,生活在九卡的混血人沿哈乌尔河上行,在其南岸建立了戈拉湾。(额尔古纳右旗史志编纂委员会 1993:21)

## 二、2016 年的升天节(一):6 月 8 日的准备工作

2016 年 6 月 7 日我们抵达恩和村,住进村民 GPZ 家。GPZ,俄语名"玛鲁夏",女,75 岁,第一代混血人,父亲是汉族,母亲是俄罗斯人,会讲俄、汉双语。GPZ 的丈夫也是第一代混血人,已去世。如今她与长子长孙一家生活在一起,儿媳、孙媳都是汉族。

6 月 9 日是升天节,这一天的前一天,即 6 月 8 日,恩和村的混血人要为升天节做一些准备工作,主要是做一种梯子状的饼干。这种饼干在俄语中没有特别的名称,翻译成汉语就是"梯子"。这种饼干由面粉加少量白砂糖制成,长 30—40 厘米,宽 20 厘米左右,外形状如梯子,由支柱和横撑组成,支柱左右各一根,横撑比支柱短,有 3 根、5 根、7 根、9 根之分,总之必须是单数。

GPZ 在前一天,即 6 月 7 日晚上就和好了面,因此 6 月 8 日上午做梯子时,面略有发酵。除了梯子,GPZ 还打算做一些酸列巴。列巴是俄语"赫列巴"的汉语音译,指一种略带酸味的圆形大面包。哈尔滨一般称这种圆形大面包为大列巴,额尔古纳河右岸地区一般称酸列巴。制作酸列巴要求面粉充分发酵,所以 6 月 8 日刚吃过早饭,GPZ 就把一部分和好的面放在火墙附近,并用棉被蒙上。

额尔古纳河右岸地区的混血人制作面包和饼干使用一种砖砌的大型烤炉,称"列巴炉"。我们这次参与观察恩和村的升天节,除了使用文字记录外,更重要的是使用录像设备进行记录。GPZ 家的列巴炉位于仓房内,她家的仓房不但空间狭小,而且光线也不好,总之不利于拍摄。6 月 8 日上午,额尔古纳河右岸地区晴空万里,正在我们为拍摄一筹莫展时,突然发现 GPZ 家隔壁 YYL 家的列巴炉正好位于室外庭院中。在与 YYL 沟通后,决定到她家烤制和拍摄。YYL,俄语名"达玛拉",女,78 岁,第一代混血人,父亲是汉族,母亲是俄罗斯人,会讲俄、汉双语。YYL 的丈夫也是第一代混血人,已去世,如今一个人独居。

YYL 首先来到 GPZ 家,两位老人在厨房里先后制作了梯子坯子和酸列

巴坯子，做好的梯子坯子和酸列巴坯子分别放置在长方形的铁制烤盘中。之后把梯子坯子拿到 YYL 家，酸列巴坯子则被重新放回火墙附近继续发酵。

在 YYL 家，两位老人首先在列巴炉内放置了一炉膛的桦木柈子，然后将其点燃，待桦木柈子燃尽、炭火彻底熄灭后，把灰烬扒出，并将炉膛清理干净。烤制梯子和酸列巴其实用的是炉膛的余温。

首先烤制梯子，将盛满梯子坯子的烤盘两三个一组用一种长柄木掀竖着放到列巴炉内，然后将炉膛口用一块木板挡住，大概五六分钟后梯子就烤好了。将木板移开，将烤好的梯子连同烤盘取出，再将梯子一只一只剥离出烤盘。烤酸列巴的时间和程序与烤梯子相同。除了圆形酸列巴，两位老人还烤制了圆环型的酸列巴，即"列巴圈"。

图一　烤制的梯子。摄影：唐戈

YYL 家庭院中有一棵白桦树，在烤制梯子和酸列巴的间歇，YYL 折取了部分白桦树枝条，绑了一把扫帚。

## 三、2016 年的升天节（二）：6 月 9 日一早的仪式

6 月 9 日早 5 时，我们驱车到达头道山，沿途碰见三名妇女结伴步行前往头道山。

头道山又名"横道山""卧龙山""龙骨山"等，俄语名称"沃兹涅先斯卡亚山"（Вознесенская）（Кляус В. Л. 2015），位于恩和村北，呈长条形，形似龙，故名"卧龙山""龙骨山"。头道山西端的山顶上并排立有 4 个木制的十字架。

十字架是基督教的标志。东正教除使用普通的拉丁式十字架外，还有一种特殊的十字架，其正面形象是"✝"，是东正教区别于天主教和新教的标识性符号。额尔古纳河右岸地区的混血人把这种立有十字架的山称"圣山"、"博和①山"或"十字架山"。额尔古纳河右岸地区共有 9 座圣山，其中 3 座位于恩和村。恩和村的三座圣山除了头道山外，另两座位于村东面的两座山，各有一个十字架。这些十字架的形状除了✝，还有一种"✙"，算是✝的变体。这些十字架的具体位置是在山尖往下一点的地方，从下往上看，是它们的正面；从上往下看是背面。十字架的结构分三部分，第一部分是它的底座，由若干块直径在 10—20 厘米的石块组成，高在半米左右，呈圆锥状。第二部分是十字架本身，为木制，高在 1.5 米左右，竖着插在底座里。第三部分是系在十字架上的一块块长在 5—10 尺不等的长条形布，具体系在十字架一个竖杠和两个横杠、一个斜杠交叉所形成的十字处，当地人叫"挂"。这些十字架具有多重功能，其中一个功能是用于过某个或某些特定的东正教节日。恩和村头道山上的 4 个十字架主要用于过升天节。

在我们抵达头道山后不久，GPZ 和 YYL 一行 5 人也驱车抵达头道山。除 GPZ 和 YYL 外，其他三人为第二代混血妇女，其中一人为 PEH（卡佳），74 岁，与 GPZ 和 YYL 的年龄相仿，另一人为 ZYH（阿尼亚），63 岁，是 GPZ 的弟媳，第三人为 W（娜佳），54 岁，是 GPZ 的长女。

这 5 名混血妇女抵达头道山后，在将车上的一部分东西取出后，立刻开始了耶稣升天仪式（瞻礼）的"表演"。仪式共分 4 个步骤。第一步是往十字架上挂布，除了长条形布，人们也将哈达系到了十字架上。第二步是摆供，摆放位置为十字架的底部，供品主要包括耶稣像、"古力契"②、复活节彩蛋等，其中最重要的是前一天烤制的梯子。梯子除了摆放在十字架的底部外，另有一部分摆放在自家的圣像台上。第三步是祈祷。人们首先面向十字架的正面一字排开跪下，然后一边在胸前不停地画着十字——当然是东正教特有的画法，一边默默地祈祷，祈祷耶稣踩着梯子升天，同时祈祷上帝降雨。

第四步是掸（撒）圣水。这个步骤又分为 4 个小的步骤。第一步是亲吻耶稣像，人人都要亲吻。第二步是"洗"圣像。每一支祈祷的队伍都要用

---

① 俄语"上帝（Бог）"的音译。

② 一种圆柱状甜面包，是复活节特有的食物。

"魏德罗"① 提一桶水上山。所谓"洗"圣像是用桦树条绑的笤帚蘸"魏德罗"里的水，淋（刷）耶稣像，于是"魏德罗"里的普通水就变成了圣水。第三步是用桦树条绑的笤帚蘸圣水掸（撒）十字架。最后一步是用桦树条绑的笤帚蘸圣水掸（撒）众人，除参加祈祷的人们互掸（撒）外，其他在场的人，包括我们也被掸（撒）了圣水。掸（撒）圣水除祝福众人外，另一个含义还是祈雨。

按着当地人的习俗，祈雨必须在升天节这天进行，其他时间祈雨不会祈到雨（不灵）。与往年一样，2016 年春季，包括额尔古纳河右岸地区在内的整个呼伦贝尔地区（岭西地区）都没有一场有效的降雨，处于严重的干旱中。6 月 8 日，即在额尔古纳河右岸地区的混血人在升天节祈雨的前一天晚上，整个呼伦贝尔地区降下了全年第一场大雨。从 6 月 9 日开始，呼伦贝尔地区阴雨不断。其实在 6 月 9 日一早，在耶稣升天仪式进行的过程中，不断有小阵雨来袭，头道山顶部不时被浓雾笼罩。

图二　掸（撒）圣水仪式。摄影：唐戈

除了上面这四个步骤外，其实还有第五个步骤，就是要在十字架附近进行一次野餐，如果碰巧有其他野餐的队伍，还要相互交换食物并敬酒。

GPZ 一行 5 人在进行完第四个步骤后，即乘车沿哈乌尔河西行，赶往下一站朝阳村。在朝阳村聚集了当地的一批东正教徒，并在当地的十字架前重复举行耶稣升天仪式后，又赶往第三个村庄向阳（伊利尼斯）、第四个村庄

---

① 一种铁皮制梯形小圆水桶，上口宽，底座小。

正阳，最后抵达第五个村庄——位于额尔古纳河右岸的七卡。这时聚集起来的东正教徒已达数十人，待整个活动结束后，大概早晨 7 点半左右，参加活动的全体人员要在七卡吃一顿丰盛的早餐。整个活动都是由国营恩和农牧场场部组织的，上面这五个村庄都是恩和农牧场下辖的一个队。除了耶稣升天仪式外，更重要的内容是祈雨，因为在当地人看来，如果当年不祈雨，不在升天节这天祈雨，额尔古纳河右岸地区就不会有有效的降雨，粮食就会减产，甚至绝产。为此恩和农牧场要给每位参加活动的人 2000 元劳务费。2016 年之前，ZYH 没有被邀请参加这个活动，那时代替她的是俄侨达依霞，她是整个队伍的领队。2016 年春节前 10 天，达依霞去世，ZYH 顶替她成为队伍的一员，GPZ 代替达依霞成为领队。我们本想跟着这支队伍继续观察和拍摄，但考虑到在官方眼里祈雨属封建迷信活动，W 没有让我们参加。其实就在我们拍摄的过程中，W 一再提醒我们："别拍我这小老太太，拍那些老老太太。"

GPZ 一行 5 人走后，我们继续留在头道山观察和拍摄。不久路上碰到的那三个妇女也来到了头道山，其中一人是 PEH 的长女，第三代混血人。第三拨是一对老夫妻，均为第一代混血人，其中老太太长得特别像俄罗斯人。第四拨是三个老年男子，其中二人为兄弟，是 GPZ 的弟弟，另一人是第三拨那个老年男子的内弟。第五拨共有 6 个人，领队是 DGL（丽达），女，79 岁，第二代混血人，会讲俄、汉双语。DGL 的父亲是俄侨，母亲是第一代混血人，具有 3/4 的俄罗斯血统，D 是她义父的姓。DGL 走在队伍的最前面，手捧一幅耶稣圣像。其他 5 人包括 DGL 的女婿、DGL 女婿的嫂子、DGL 女婿的外孙女等。除第四拨那三个老年男子外，其他三拨均举行了耶稣升天仪式，其中最后一拨的仪式比第一拨还要正规一些。

8 时整，我们下山，结束了观察和拍摄。据说，在我们下山后，还有很多人结伴前来头道山举行耶稣升天仪式，直到临近中午时分。

## 四、耶稣升天仪式中疑似非东正教元素

以上我们对 2016 年 8 月 9 日额尔古纳河右岸恩和村混血人升天节的仪式做了比较详细的描述。写到这里，也许会有人提出这样的疑问：这是东正教吗？这是东正教的升天节吗？显然这里面包含了太多的非东正教的元素，这些元素来自不同的文化或文明。由于我对东正教，包括俄罗斯的东正教缺少研究，这里我们只能称之为"疑似非东正教的元素"。

图三　祈祷耶稣升天。摄影：唐戈

　　首先，在山顶上竖立十字架，在十字架前过某些东正教的节日，举行特定的东正教仪式符合东正教的传统，最起码符合东外贝加尔地区俄罗斯民间（农村）东正教的传统。具体到升天节，人们在十字架前一字排开地跪下（也可能站立），然后一边在胸前不停地画十字，一边默默地祈祷耶稣升天，这符合东正教的传统，最起码符合东外贝加尔地区俄罗斯民间（农村）东正教的传统。（Кляус В. Л. 2015）除此之外，其他元素似乎都可看成是"疑似非东正教的元素"。下面让我们根据时间顺序，对这些疑似非东正教的元素一一进行检验。

　　首先，第一个环节，往十字架上挂长条形布和哈达不符合东正教的传统。挂布似乎源于萨满教，而挂哈达大概源于藏传佛教。

图四　往十字架上挂布和哈达。摄影：唐戈

其次，在第二个环节中，摆放耶稣像、"古力契"和复活节彩蛋应该说是符合东正教传统的。但烤制并摆放梯子，包括在家中圣像台和十字架底部摆放，以及在下一个环节中，祈祷耶稣踩着梯子升天，这到底是符合东正教的传统还是背离了东正教的传统呢？就这个问题我曾多次与哈尔滨的东正教徒进行探讨——与额尔古纳河右岸地区一样，哈尔滨的东正教徒也是混血人，他们都认为额尔古纳河右岸地区的东正教徒背离了东正教的传统。他们表示他们在任何时候也不做梯子，他们甚至不无嘲讽地产生了这样的疑问："难道不踩着梯子，耶稣就升不了天吗？"

再次，在第四个大环节中的第一个小环节中，人们用普通的水洗圣像，普通的水就变成了圣水。这一点曾遭到拉布大林镇东正教圣英诺肯提乙教堂的准神职人员 SM（保尔）的质疑。拉布大林镇是内蒙古额尔古纳市市政府所在地，圣英诺肯提乙教堂是目前该市唯一的一座东正教堂。SM 曾在俄罗斯莫斯科圣三一大修道院学习东正教神学多年。有意思的是，SM 的老家就在恩和，上面提到的那三个老年男子中的一个就是他的父亲。SM 告诉我，只有经过祝圣的水才能称为圣水。所谓祝圣是指给普通的水念诵适当的经文，这个过程叫"圣化"。而祝圣必须由神职人员而不能由普通人施行。

最后，在第三和第四个环节中，往人身上掸（撒）圣水，为人祈福，这符合东正教的传统，但祈雨——祈求上帝降雨似乎背离了东正教的传统，似乎是汉族民间宗教的传统，只不过祈求对象由龙王变成了上帝。

## 五、讨论：文明的传播、接触、变异与本土化

人类学以研究文化为己任，很少讨论文明。人类学在其最初的发展阶段中，只有法国的莫斯关注过文明，并呼吁人类学研究文明。近年，中国人类学者王铭铭开始关注文明，出版有《超社会体系——文明与中国》（王铭铭 2015）。

无论我们怎样定义文明，东正教都是一种文明。过去，我们在区别文明和文化时主要强调文字的发明与使用，莫斯和王铭铭在谈到二者的区别时，则更强调文明的传播性。诚然，文化也具有传播性，但文化的传播与文明的传播相比是十分有限的。东正教作为一种文明，起源于古代的拜占庭帝国。作为一种文明，东正教文明似乎称"拜占庭文明"更合适。由于在西方有强大的（西）罗马帝国的存在，东正教文明主要是向东传播，而它的东方主要

是斯拉夫人的居住地。东正教在斯拉夫世界传播的第一站是今天的保加利亚，据说，斯拉夫东正教所使用的斯拉夫语今天仍以口语的形式在保加利亚的一个地区保留着。之后，东正教传播到古代的罗斯。再后来，罗斯分化为俄罗斯、乌克兰和白俄罗斯。

东正教传播到俄罗斯无疑经历了一个本土化的过程，这一过程主要是在两个层面上进行的，一是保留并结合了俄罗斯本土的多神教的元素，二是在节日系统上与俄罗斯本土的节日系统相整合，而俄罗斯本土的节日系统基本是一套季节转换与农作物生长的系统，于是，一种新的地方版本的东正教——俄罗斯东正教诞生了。

从 13 世纪开始，俄罗斯被蒙古统治长达 250 年之久。在俄罗斯被蒙古统治的 250 年中，蒙古文化不可能不渗入到俄罗斯文化中，包括东正教。蒙古文化从精神层面讲，基本可看作是萨满教和藏传佛教的混合物。蒙古帝国在其崛起时就接受了藏文明和藏传佛教，但蒙古人不久就放弃了藏传佛教。在蒙古帝国统治俄罗斯的 250 年中，似乎只有萨满教的存在。美国学者汤普逊研究了这个问题，认为俄罗斯东正教中圣愚的原型就是萨满，并且是从蒙古传入的（汤普逊 1998：185）。

13 世纪，一部分斯拉夫人为逃避蒙古钦察汗国的统治逃往俄罗斯南部地区，16—17 世纪，大批不愿做农奴的俄罗斯人和乌克兰人逃亡至这一地区，他们均被称作"哥萨克"。"哥萨克"是突厥语，意为"自由人"。除了斯拉夫人，哥萨克人还包括蒙古语族和突厥语族等各民族的成分。在哥萨克文化中除了斯拉夫—俄罗斯成分外，还包括蒙古和突厥的成分。17—19 世纪，在沙俄的东扩过程中，哥萨克成为主要的军事力量。1639 年，一部分生活在西伯利亚的哥萨克首次迁到外贝加尔地区。之后不断有哥萨克人移民到这一地区。1851 年，根据《哥萨克管理条例》，成立了"外贝加尔哥萨克军区"（杨素梅 2016：141）。外贝加尔地区传统上是布里亚特人的游牧地，又有埃文基[①]人分布其间，哥萨克人到来后，与布里亚特人和埃文基人多有交往，在文化上受到了这两个族群的影响。

额尔古纳河右岸的混血人主要是俄罗斯外贝加尔地区哥萨克的后裔，在他们的祖先移民中国前，他们的文化中就混合有诸多非俄罗斯的元素。19 世纪 60 年代，生活在俄罗斯外贝加尔地区的哥萨克开始移民至中国额尔古纳河

---

① 即鄂温克。

右岸地区。1917 年俄国革命后他们更大规模地移民到这一地区，并且把东正教传播到这一地区。除此之外，另有一部分混血人出生在俄罗斯，特别是东外贝加尔地区，俄国革命后回到（移民）中国额尔古纳河右岸地区。

生活在中国额尔古纳河右岸地区的俄侨和混血人的文化不可避免地受到了中国本土文化，包括汉文化、蒙古文化和通古斯文化的影响，于是东正教在中国额尔古纳河右岸地区再一次发生变异和本土化。其实混血人的文化本身就是俄、汉两种文化的混合物。额尔古纳河右岸地区是蒙古族的发源地，尽管现在并没有蒙古族生活在当地，但在整个呼伦贝尔地区（岭西地区），除额尔古纳市外，生活在其他四个旗的主要是蒙古族，包括巴尔虎人、布里亚特人和厄鲁特人。上述挂在十字架上的哈达都是从呼伦贝尔地区的中心城市海拉尔买来的。在海拉尔市中心河西三角地一带分布有数十家民族用品商店，这些商店主要出售生活在呼伦贝尔草原包括蒙古族在内的各游牧民族的特需商品，包括藏传佛教用品和哈达。另外，十字架的底座很像蒙古草原上的敖包，过去人们在前往圣山的途中，在抵达山脚时，要捡一块石头放在十字架的底座上，因此十字架的底座有越来越高的趋势。而在蒙古草原上，当人们路过某座敖包时，要提前从马上下来，捡一块石头放到敖包上，而当祭敖包时，人们更要这样做。

今天的内蒙古呼伦贝尔市不仅包括岭西地区，还包括岭东地区。岭东地区传统上是信仰萨满教的通古斯民族（包括鄂温克族和鄂伦春族）的狩猎之地。作为通古斯人的一支，驯鹿鄂温克人 1965 年之前就生活在额尔古纳河右岸地区，并且与生活在该地区的俄侨和混血人有很深的交往。（唐戈 2011：152—186）

自 19 世纪中叶以来，在闯关东的移民潮中，来自山东、直隶各省的汉族人大规模移民额尔古纳河右岸地区。20 世纪五六十年代，1 万余俄侨撤离额尔古纳河右岸地区。为了弥补俄侨撤离后的空虚，国家有计划地从山东等地移来汉族移民。汉族人带来了汉文化，其中一部分人与当地俄侨通婚，产生出新的混血人。

1998 年我在恩和村做东正教专题调查时，据 GPZ 和她的丈夫回忆，1947 年，也就是"土改"那年，恩和村升天节的祈雨活动由当时的村长——一位纯血统的汉族人组织，当地的混血人和汉族人都参加了，还杀了一头猪。在前往头道山的途中，人们抬着这头猪和一尊铜佛，还扭着秧歌。当仪式结束后，这头猪和这尊铜佛就放在了头道山上。

## 六、比较：升天节与斡米南节

就在笔者观察和记录额尔古纳河右岸升天节的前一年，2015年7月22—24日，笔者对在南屯举行的斡米南节进行了观察和记录。"斡米南"是达斡尔语，是萨满教的一个重要节日。南屯是内蒙古鄂温克族自治旗旗政府所在地，北距升天节的发生地恩和200余公里，同属呼伦贝尔地区（岭西地区）。

此次斡米南节的主祭萨满是SQG，女，达斡尔族，60多岁。副祭萨满是WJF，女，达斡尔族，60多岁，SQG的大弟子。陪祭萨满十余人，其中一人为男性，其他均为女性，他们都是SQG的弟子。SQG和WJF各有一个助手[①]，其中SQG的助手就是她的丈夫，布里亚特人，WJF的助手就是她的儿子，达斡尔族人。

此次斡米南节具体的举办地点是位于南屯以南十余公里伊敏河西岸的草原，共有来自呼伦贝尔草原的各个族群的数百人参加了此次斡米南节的活动。我们于7月22日上午10时许到达现场，24日晚上离开，所观察和记录到的仪式和活动很多，其中可用于与升天节进行比较的包括立通天树、祭天以及萨满升级仪式等。

23日4时30分开始，立通天树。通天树为白桦树，高二三十米，取自伊敏河东岸的山上（属大兴安岭）。共立了三棵通天树，其中一棵立于一座大蒙古包前数米处，另两棵并排（距离半米左右）立于这座大蒙古包内，其顶部从大蒙古包的套脑[②]伸出（蒙古包的穹顶象征天）。立通天树之前，人们要在其顶部系上蓝色的哈达（蓝色象征天），在其他部位的树枝上系上五色布条。在系五色布条时，参加此次斡米南节的人都要参与。立完通天树后，人们还要将三角形的五彩小旗、五色线和哈达系在一根牛皮绳上，然后用这根牛皮绳将大蒙古包内、外的通天树连接起来。然后，人们还要在立于大蒙古包内的两棵通天树的根部往上各绑上一条长半米左右的布制蛇神神偶，其中一条为白色，另一条为黑色。最后，人们还要在两棵通天树蛇神神偶上面一点的位置绑上三根横撑，是为天梯。

---

① 即二神。
② 位于蒙古包顶部的天窗。

图五　大蒙古包内的通天树和天梯。摄影：唐戈

图六　往通天树上系布条和哈达。摄影：唐戈

立完通天树后，开始祭天。首先，众萨满面向立于大蒙古包外的那棵通

天树，用牛奶祭天，往天上洒牛奶——每人手持一小袋牛奶，向斜上方，一股一股地挤出。① 然后众萨满分列两排开始正式的祭天，其中 SQG 和 WJF 站在第一排，其他萨满站在第二排。在仪式进行的当中，SQG 的丈夫牵来一只绵羊，SQG 往绵羊身上撒了些大米，之后这只绵羊被牵走并被宰杀，最后被供在这棵通天树前。

24 日晚上，天黑以后，人们齐集大蒙古包内，为 WJF 举行升级仪式。在大蒙古包内所有的照明设备熄灭之后，众萨满和几名普通人列队，围绕两棵通天树按逆时针方向跳三圈，再按顺时针方向跳三圈，此刻 WJF 的灵魂踩着天梯爬上通天树的顶部，升入天空。之后，大蒙古包内的照明设备打开，SQG 坐在椅子上，WJF 坐在她的右侧（未戴神帽）。最后 SQG 戴上神帽，众人上前抢哈达。萨满升级仪式和整个斡米南节的活动到此结束。

升天节与斡米南节疑似部分对照表

|  | 升天节 | 斡米南节 |
|---|---|---|
| 物的比较 | （木制）十字架 | 通天树（白桦树） |
|  | 哈达 | 哈达 |
|  | 长条形布 | 五色布条 |
|  | "梯子"（梯子形状的大饼干） | 天梯 |
| 仪式的比较 | 往十字架上挂（系）长条形布和哈达 | 往通天树（白桦树）上系哈达和五色布条 |
|  | 向十字架上洒"圣水" | 面向通天树（白桦树），往天上洒牛奶 |
|  | 祈求耶稣踩着"梯子"升天 | 萨满的灵魂踩着天梯爬上通天树的顶部，升入天空 |

值得注意的是梯子形状的大饼干要供奉在十字架的底部，而天梯也要设在通天树的底部。

另外，升天节后第十天是东正教另一个重要节日"圣灵降临节"，纪念耶稣升天后再次遣圣灵返回人间。这一天，人们要砍来一棵小的白桦树（通常是白桦树顶部或旁枝），立在自家院中，系上各色布条，再给它穿上花裙子，把它装扮成少女。然后抬着她，列队前往河边。选择一处开满鲜花的草坪，把白桦树立在中间，围绕着她载歌载舞，还要野餐。然后把她放到河里，让

① 正统的用牛奶祭天（白祭）的方式，是用勺子从盛具中舀牛奶，洒向天空。

她顺水漂走。

另外,在东正教徒的葬礼上,在把死者下葬后,还要在坟墓死者脚的一端立一个木制十字架,其形状和尺寸与立在圣山上的十字架别无二致。然后,人们要列队按逆时针方向绕十字架三周,并不停地在胸前画十字和祈祷死者的灵魂升天。斡米南节的不同之处在于逆时针绕通天树三周后,还要顺时针绕三周。

# 参考文献

额尔古纳右旗史志编纂委员会

　　1993,《额尔古纳右旗志》,呼伦贝尔:内蒙古文化出版社。

Кляус В.Л.

　　2015, Русское Трёхречье Маньчжурии: Очерки фольклора и традиционной культуры, Москва: Институт мировой литературы им. А.М. Горького РАН.

青觉

　　2010,《恩和村调查》,北京:中国经济出版社。

唐戈

　　2011,《俄罗斯文化在中国——人类学与历史学的研究》(第二版),哈尔滨:北方文艺出版社。

汤普逊

　　1998,《理解俄国:俄国文化中的圣愚》,北京:生活·读书·新知三联书店。

王铭铭

　　2015,《超社会体系——文明与中国》,北京:生活·读书·新知三联书店。

杨素梅

　　2016,《俄国哥萨克历史解说》,北京:科学出版社。

ЯнковА. Г., Тарасов, А.П.

　　2012, Русские Трёхречья: историяиидентичность, 8, Чита, Экспрессиздательство.

# Ascension Day on the Right Bank of Erguna River

*Tang Ge*

**Abstract:** Ascension Day is one of the most important festivals in the Orthodox Church after Easter. As a unique festival for different ethnic groups on the right bank of the Erguna River, Ascension Day not only retains the basic core of this festival, but also contains many suspected non-orthodox elements, which have possibly been derived from Han folk religion, shamanism and Tibetan Buddhism. This is the result of the variation and localization of the Russian-Orthodox Church, when it spread eastward and came into contact with the local cultures, especially when it arrived at the right bank of the Erguna River.

**Keywords:** the right bank of the Erguna River; Russian-Orthodox Church; Ascension Day; non-orthodox elements; contact of cultures

# 鄂伦春族最后的萨满关扣尼风葬纪实*

关小云

**摘　要**：鄂伦春族的丧葬习俗非常古老，它渊源于人类原始的万物有灵观、图腾崇拜、祖先崇拜。在鄂伦春族中，早已产生灵魂和肉体分离而灵魂不灭的观念。新中国成立前，鄂伦春族的葬式，主要有风葬（也叫树葬），土葬和火葬。1953年，鄂伦春下山定居后，仍有一些人进行风葬，现在鄂伦春族主要是土葬或火化。采取自愿的原则。本文主要是对大兴安岭呼玛县白银纳乡，鄂伦春族最后的萨满关扣尼的风葬及丧事进行较为详细的记述。

**关键词**：鄂伦春族　民俗　萨满　风葬

**作者简介**：关小云，黑龙江省塔河县委统战部退休干部。研究方向为鄂伦春民间文化。

2019年10月3日下午16时32分，鄂伦春族最后的老萨满关扣尼，因病医治无效，不幸在呼玛县白银纳家中仙逝，结束了她84年充满神奇而坎坷的人生之路，留给后人许多遐想和美好的记忆。

## 一、最后的时光

10月1日，老萨满关扣尼从呼玛县医院住院回来的第二天，因病情较重，她自己感觉不好，就让侄女关金芳（关金芳是关扣尼叔伯哥哥关佰宝的

---

\* 本文系国家社科基金项目"东北亚文化圈农耕文明视阈下的中韩萨满教比较研究"（项目批准号18BZJ052）的阶段性成果。

二女儿，这些年她们一直在一起）找村子里几位老人商量她的后事，指定"担沁"（鄂语，意为丧事主持人或白事先生）。电视里正在现场直播建国70周年阅兵式。老萨满躺在床上，这时，传来国家主席习近平的讲话："为了世界和平……"关扣尼马上问："是习近平讲话吗？"侄女回答："姑姑，是习近平主席，今天是国庆节。"老萨满说："是国庆节呀，太好了，那咱们今天就不麻烦人家了，让她们好好过节吧。"她又问侄女："你知道和平用鄂语咋说吗？""我不知道。"老萨满说："和平用鄂语叫各特忍布任"。说完，细心听习近平的国庆讲话，为她商量后事的事情就放下了。

10月2日的晚上，她对侄女关金芳说："家里来了这么多人，屋子里都挤满了人。"关金芳问："姑姑，都谁来了？"她说："我的爸爸妈妈，爷爷奶奶，姐姐和你，还有×××萨满。"说了一大堆已故的人名，都是关金芳不认识的人。关金芳问："他们在哪里？""就在对面，我能看见，他们大概是来接我的。"关金芳问："姑姑，你是否也想把我带走？"老萨满睁大眼睛看着侄女。关金芳又说："你要是想把我带走，为啥把萨满神事传给我？以后谁来做萨满文化？"老萨满不说话。此时，关金芳也有些紧张，老萨满是胃癌晚期，又心衰，随时都有生命危险。老萨满对自己的病情很了解，也知道自己不久于天下，她一会拉屎，一会尿尿，折腾得要命。她自己说："我是在净肠，把自己体内的脏物都排净了，我也该走了"，这一夜她们谁也没有睡好，老萨满的儿子孟举荣耳朵背，什么也没听见，在客厅上睡大觉。

10月3日凌晨1点多钟，老萨满的神灵来了，关扣尼自言自语，唱着神歌曲，与神灵对话。并告诉侄女："神灵都来了，我的母亲神来了，你的父亲神来了，他们都是来接我的"，"小芳你不要怕，神灵保护我，也会保佑你，我既然把萨满神事传给你，我也会一直保佑你，帮助你，鄂伦春人不能没有萨满"。她边唱神歌边说，接着她又告诉侄女，她去世后，如何如何风葬，应该怎么做，注意哪些事，甚至每一个细节都告诉的清清楚楚，她把自己的后事都安排好了，还说："我是萨满，是有神灵的，我不愿意埋在地下，让乱七八糟的东西踩着我，土葬埋汰（脏）。萨满风葬能通天、通地、通万物，我也会保佑家乡的人们，另外，从萨满的角度讲，我想为人们留点印象，让后人了解过去鄂伦春族的风葬习俗，我风葬的地方也可成为一个小景点。"

关扣尼老萨满把关于自己风葬的事，一件一件每一个细节都安排得妥妥的。关金芳认真地听着，都记在心里，"姑姑，您放心吧，我都记在心里了"。

大约在凌晨5点，老萨满哼唱完神歌神调，全身抖了一下，她说"神灵都走了"。她深深地吸了一口气，眼睛也特别明亮，该交待的都说了。最后还有一件事放心不下，她的儿子孟举荣已 54 岁，身体不好，单身，也没有经济来源（老萨满共生育过 4 个儿子，1 个女儿），唯独剩下孟举荣自己，是老人家最牵挂的事。关金芳安慰道："姑姑您放心，我们姐几个都能照顾和帮助他。"老萨满满意地点点头，最后，她又说："明年光景不好，天下要乱，会发生很大的事情，你们可要小心注意啊。""会发生什么事，姑姑您好好看看，为大伙消灾免难呗。"她摇摇头，"我没那么大的能力，你们还是好好保护自己吧。"老萨满和侄女关金芳一夜没睡，困了累了，关扣尼大事已交待完，安稳地睡觉了，这是她最后一次嘱托，最后一次告白。

10 月 3 日上午，不断地有乡亲们来看望，老萨满一直在昏睡，下午，左邻右舍的人们都来看她，人们发现她状态不太好，说话也不清楚了。她儿子孟举荣来到母亲跟前，发现她已没有了气息。16 时 32 分，老萨满永远地闭上了眼睛，离开了人世。

## 二、丧事、守灵、戴孝

关扣尼老萨满咽气后，关金芳与亲友们一起赶紧给她穿上装老衣服。寿衣有线衣线裤，自做的薄棉衣薄棉裤，外穿长袍（民族服饰）及外裤，头戴民族式帽子（双耳额头除有亮扣，即照妖镜，意为鬼神不能靠前），脚穿传统的布鞋（皮底，鞋帮是蓝布，纯手工制作）戴上白手套、穿白袜子，意为干干净净。据说，给去世的人不能穿短裤短袖，对本人不好，如果穿短裤短袖的衣服，意为去西天的路上坎坷多，不顺利，另外对子孙后代也不好，他们会缺衣短粮，日子过得凄凉。

村子里的亲朋好友们都过来帮忙了，大伙在老萨满家旁边暂时搭了个"斜仁柱"。斜仁柱内搭个小木板床，把老萨满的遗体放在小床上，旁边放个小供桌，摆上各种供品，还有一束鲜花，"斜仁柱"成了灵堂。

按着鄂伦春族的丧葬习俗，指定一位异姓的人担任"担沁"（鄂语：葬礼主持或白事先生），由"担沁"主持整个丧事。"担沁"之人，不能让同姓氏、亲属或娘家人担任，必须是外姓或亲属以外的人来担任。大家商量后，选定了由孟淑卿（省级非遗传承人，原白银纳乡副乡长）来担任这个角色。

人们在"担沁"的指挥下，做各种丧事的准备工作。妇女们围坐在一起叠纸钱、叠元宝等。手巧的妇女用白布缝三个布口袋，一个是用来装小铝锅小饭勺，一个是用来装粮食，如小米、九张空心油炸圆饼，一个是用来装针线，这是陪葬用的，意为逝者在阴间继续生活。有几个男人和木匠在做棺材，还有十多个男士去墓地打墓，一切准备工作紧张有序地进行。有几个晚辈专门为大家服务，拿烟倒水，拿糖块，摆瓜子，供人们食用。

前来参加葬礼的人们，首先来到灵堂前，向老萨满灵位磕头，鞠躬行礼，敬烟敬酒表达缅怀之情。把送来的烧纸、烟酒、毛布、布料等物品放在灵堂处，有的也拿现金，交给记礼单的人。逝者的儿女或家人向每一位前来参加葬礼的人行礼鞠躬，表达谢意。再请进屋里，让坐、倒水，非常讲究礼貌和尊敬。

戴孝仪式很庄重，在"担沁"的指挥下进行。首先由"担沁"告诉逝者："儿女和晚辈们开始给你戴孝了，你放心吧，孩子会守好孝道，不忘记你的养育之恩。你在天之灵，多多祝福你的儿孙和家人们，让他们平平安安地生活，没有灾没有难，让他们幸福地生活，什么也不缺，富足美满。晚辈们学习好，工作好、有出息、服务社会。"对逝者说完了，再对她的儿子、侄女、侄子、外甥、外甥女和女婿、外孙、外孙媳妇等一一给他们戴上白色的孝布（五岁以下的孩子不能戴孝，意为会压运）。首先是给老萨满的儿子戴上孝，嘱咐他好好尽孝，不忘母亲的养育和教育之恩，同时，说些嘱咐的话。根据每个人的情况，分别进行嘱咐、教导。这种嘱咐的话语，是代表逝者老萨满的心愿和希望，逐一进行说教，并祝福他们好好尽孝，好好生活，家家事业红红火火，一直兴旺发达。

鄂伦春族守孝规矩：过去守孝三年，现在守孝百天。守孝期间有严格的规定和要求，不理发、不打人、不骂人、有人打你不还手，有人骂你不还嘴；妻子或丈夫，其中一人离世的，不吃动物内脏，意思是吃动物内脏打不着或打不死动物；女人不能随便吃动物内脏，否则会不吉利；不唱歌不跳舞，不参加娱乐活动，不穿红色或鲜艳的衣服。

守灵的人们，在灵堂或屋内，围坐着或站着，有说有笑，刚见面的人相互请安问候，相互聊天，相互介绍各自的生活、家庭和儿女的情况或相互开个玩笑。能说会道的人总会说些各种趣事，活跃气氛，逗大家开心。守灵是不能断人的，"担沁"往往把晚上或夜间守灵的人员安排好，排个班，被安排夜间守灵的人都自愿接受排班，没有怨言，也不会拒绝，愉快地接受任务。"担沁"担心夜间会冷，在灵堂前安置一个大铁桶，代替铁炉子。还让大家多准备木样子，供人们夜间烧火取暖。在夜间守灵的人们围在铁桶边烤火取暖，边唠闲嗑边吃糖果和嗑瓜子。爱喝酒的人喝上几口，解解闷，唱唱歌。午夜家人给守灵的人安排夜宵，守灵是从逝者去世到出殡前，依据逝者去世的时间算起，有的是大三天，有的是小三天。这段时间需亲朋好友们守灵，不能断人，香火不能断，早午晚和午夜由家人们必须烧纸还得上香。守灵时还防止猫和狗接近遗体。

老萨满去世的那两天，天气非常好，风和日丽，光芒四射，没有乌云。守灵的气氛也非常好，热热闹闹的，没有打闹或吵架的事。守灵期间是否和谐，氛围好坏，据说是与逝者的性格、脾气禀性相关。脾气随和的人，守灵的人们也都和气，热闹；如果逝者脾气不好，事多或爱挑礼，守灵的人们总会出现打闹或吵架的事情。

# 三、入殓、出殡、葬礼

10月5日，天气晴朗，万里无云，阳光和煦。上午8时，在"担沁"的指挥下，准备开始入殓，抬遗体的几位男士都已准备好，"担沁"告慰逝者："萨满老人家，老奶奶，你的时辰已到，你的儿孙和亲人们为你做了非常好的新房子。你别难过，你已与家人分离，你轻轻身子，我们把你送到新房子里，你放心地走吧"。4、5个人抬起死者褥子的4个角，连同遗体一起抬走。另有4个人举起大毛毯的4个角，罩在抬遗体的人们上边，意为遮挡尸体，以免见太阳或阳光照射。他们把老萨满的遗体装入棺材里。"担沁"让人们把死者需要带的遗物（生前最喜欢穿的衣服及3个布口袋）等一同随丧。"担沁"说："老人家，我们送你上路，你千万要好好走，把你好的思想和品德都留下，不好的东西都带走。别害怕，也别吓唬我们，你要的一切我们都准备好，金钱、衣服、酒肉、米面、针线，都给你准备好了，连同魔鬼打仗的用品都有……。"随葬品都放好后，把蒙在死者脸上的白布揭开，给死者"开光"，主要是开眼、耳、口、鼻光，并念念有词，儿孙及亲人们最后再看一眼遗容，但不能让眼泪掉进灵柩里，几个人还高举着毛毯，不能让遗体见光。"开光"结束后，灵柩要封盖好，人们把系灵柩的大绳子在吊车上系好。起灵时，随着灵柩慢慢抬起，死者的儿子高举的丧盆（专用烧纸的瓷盆）狠狠摔碎。儿孙、亲人和戴孝的人们跪在地上，磕头、哭泣、叫喊："一路走好"等话语。"担沁"不住地说送别的话，告慰老萨满："轻轻身子，好好走你的路，上西天的路上，千万注意，别让小鬼抢东西，不要惦记家人，不要舍不得离开，你放心大胆地走，一路上不要回头，希望能给儿孙和亲人们留下无价之宝，让他们幸福地生活"。灵柩放在灵车（指当时运灵柩的车）上，几个男士和亲友站在灵柩的两边，护送着老萨满的灵柩到墓地。灵车副驾驶的位置上，有专人扔撒纸钱，即"买路钱"边走边撒，道路拐弯处，还需多扔撒纸钱，意为死者一路畅通。

灵车到达墓地后，一切听从"担沁"的指挥，"担沁"告慰死者："老人家，老奶奶，这里是你的家，你到新家了。这里有你喜欢的樟子松、落叶松、白桦树，这里风水宝地，是个好地方。按着你的遗愿，我们给你风葬，你高高兴兴地在你的新家，新房子里应有尽有，放心吧。"吊车缓缓地启动，在大家的帮助下，老萨满灵柩缓慢移动，安安稳稳地放在事先截好的木桩横木上，人们的心也随之放松。木桩离地面 1.9 米。"9"是鄂伦春人的吉祥数，4 根木桩意为"四平八稳"，"担沁"一直在不停地说："平平安安，顺顺利利地落。"老萨满的灵柩平稳地落在木桩上，也实现了老人家的心意：风的主神把萨满神灵带到天上，上天眷顾鄂伦春人；大自然养育萨满，萨满护佑鄂伦春人。

老萨满关扣尼的墓地，在白银纳乡西侧一处寂静的山林，这墓地是关扣尼自己生前选的，一是离已故的姐姐关扣杰的墓地较近，二是这里风水好，有山有水，有森林，面对着呼玛河，不远处还能遥望白银纳村，能保佑家乡的父老乡亲。

百年后风葬是关扣尼本人的愿望，她没有与前夫孟涛渡并骨，也没有埋在后任丈夫孟玉林的墓地。她认为风葬接地气，以及树神保佑，借风神的力量使自己灵魂升天。尸体虽然腐烂，但灵魂不灭，神灵永存，保佑鄂伦春人。

关于老萨满百年后风葬之事，关金芳多次找到呼玛县有关领导和相关部门请示，领导们很开明：尊重鄂伦春族民风民俗，尊重老萨满的遗愿。

老萨满的灵柩坐落后，悼念仪式开始。在"担沁"的主持下，老萨满的儿孙与亲人及戴孝的晚辈，跪在墓前，摆放各种供品，敬烟敬酒，供狍子肉等（因当时是林区护林防火期间，禁止一切野外用火）。没有给死者烧纸钱，把需要烧的钱都放在墓下，等待百天时再烧，供品狍子肉是在家里煮熟后带来的。"担沁"说："老人家、老奶奶，按照你的愿望，把你风葬在风水宝地，很顺利很圆满，你就放心吧，你已经是阴间的人了，离开了你的家人。从今以后，走你自己的路，过你自己的生活，你是有神灵的人，你还要好好保佑你的儿孙，保佑你的家人们，让他们好好生活"。"担沁"告诉逝者："今天来了很多人，从四面八方赶来，都是送你的，给你送来许多礼品，"——作以介绍。之后，再向所有人介绍逝者的为人，做的好事，夸奖和赞美一番。人们都认真听讲，参加葬礼的有些人席地而坐，有的人站着。在"担沁"的主持下，由关小云（省级非遗传承人，鄂伦春萨满研究人员）致悼词。关小云首先介绍了老萨满关扣尼的生平及所做的工作和成就，表达了对关扣尼的缅怀和敬意，并鼓励大家化悲痛为力量，传承民族文化，弘扬民族精神。

图一　葬礼仪式

"酬谢"是葬礼中不可缺少的主要内容之一。"担沁"指示老萨满的儿孙亲人及戴孝的人员，向前来送葬的人们表示感谢。将他们一一排好队，老萨满的儿子排在最前面。他们双腿跪下，手持桦木杆当拐杖，跪着来到大家面前，给每个人一一行礼，敬酒和敬狍子肉。老萨满的儿子孟举荣对长辈说："你们在百忙中参加我母亲的葬礼，我非常感谢，谢谢你们的关心与帮助"。被致谢的人也说些安慰和祝福的话："你妈妈享福去了，你不要悲伤，你要勇敢面对，照顾好自己，平安快乐的生活，你妈妈只是以不同的方式还与你们在一起，她会保佑我们大家的。"戴孝的晚辈们排着长队跪着给大家一一敬酒、敬肉、表达感激之情。大家相互祝福彼此交流，戴孝者们之所以拄着拐杖跪着致谢，是死者的儿孙们对养育之恩的报答，尽忠尽孝，最后一次履行报恩的义务，也是对参加葬礼的一种尊重和礼貌。

这一程序结束后，墓地周围有三四人（死者的亲属或晚辈）手中拿着烟和酒，分别给送葬的人们敬烟、敬酒或分给糖块和饼干。大家毫不拒绝，欣然地喝上一口或吃上饼干和糖块，因为他们认为这是死者赏给的好酒、好烟，吃上或喝上就会得到死者灵魂的保佑。所以，人人都高兴地接受，希望得到平安和幸福。葬礼进行过程中，还指定专人手中拿着一些白毛巾，给前来送葬的长辈，嘉宾和异姓人的手臂系上毛巾，以表达感激之情，场面非常祥和，有说有笑。

风葬仪式接近尾声，"担沁"说："老萨满的风葬在大家的帮助下，很圆

图二　关扣尼灵柩

满很顺利，风风光光地把她安葬了，了却了她老人家的心愿，谢谢大家。现在，我宣布，老萨满的风葬仪式圆满结束，愿她老人家一路走好，心灵得到安息。我们要化悲痛为力量，继承老人家的好传统，把我们鄂伦春的事业做好。从此，我们不再悲伤，过上阳光灿烂的好日子。"

戴孝的人使用过的拐杖，本应该是当时用完后烧掉，但因防火期没有烧，等到百天脱孝时再烧。戴孝的孝带，系在"枯树"上（没有生命的"死树"）这是意味着死者走向阴间，永离人世。"担沁"另把黑纱给他们戴在手臂上。

风葬仪式结束了，人们纷纷下山回家，但也有个别人磨磨蹭蹭。于是"担沁"拿起小树枝，往他们身上轻轻地打一下，意为赶紧走，与死者彻底分离，除去身上的晦气和不洁之物；不再有痛苦和灾难，走向美好的家园。并告诉人们，"在回家的路上不许哭，不许回头，一直往前走"。这样所有参加葬礼的人都下山坐上车回家。死者的儿孙们在饭店准备了丰盛的答谢宴，大家愉快地就餐喝酒聊天，场面热闹非凡。

# 四、三天圆坟

三天圆坟是在死者风（安）葬后的第三天举行，就是上坟烧纸，上供。据说在第三天，是死者最清醒的时候，心明眼亮，正式脱离人间，回归自然（阴间），灵魂升天。三天圆坟是鄂伦春族丧葬习俗中比较重要的内容之一。所以，死者的儿孙亲朋好友及戴孝的人都很重视，没有特殊的事情都必须参加。鄂伦春人很在意此事，死者的儿孙亲友们准备了各种供品，有烟酒、水果、点心、鱼肉等，一一摆在供桌上。三天圆坟也是在"担沁"的主持下进行，"担沁"首先向死者介绍前来参加的人员，都拿了什么供品等等，然后让家人们上香，摆供品，敬烟敬酒，述说自己的心情，祈求祝福好运和吉祥

（因防火期没有烧纸、烧遗物）。

　　"担沁"对大家说："你们的长辈收到了你们的孝心，她很高兴，她会把自己的福寿、吉祥、幸福赐给你们。你们要好好分享长辈给予的福分，领会她的教诲，与人为善，好好生活。"大家围坐在一起吃着供品，喝着酒，相互祝福，高高兴兴地道谢问候，上坟结束后人们各自回家。

## 五、百天脱孝

　　服孝期的规矩：过去，鄂伦春人戴孝三年，如果长辈人尤其是老年人去世，氏族或家族中五代以内的近亲都要戴孝，现在守孝100天。服孝期满，准备脱孝时，要提前通知亲朋好友和左邻右舍，并准备烧纸，烟酒肉等祭品。

　　2020年1月12日，是老萨满百天祭日，这时白银纳已经是冰天雪地，白雪皑皑，天气寒冷，百天脱孝是鄂伦春人很重要的一事件，家人或守孝的人及亲朋好友们都要参加。家人们准备了各自的供品，参加脱孝的人也自带物品，可根据自己的心意，带什么东西都行。

　　人们来到墓地，在"担沁"的主持下进行，"担沁"吩咐大家清理积雪，捡干柴点火。支锅架，篝火升起来了。人们围在篝火四周，有几个妇女在做"手把肉"、熬肉粥。"担沁"给死者坟前摆供品，上香，敬烟敬酒，告诉亡灵前来的目的及什么人前来参加。"担沁"说："你已经走了一百天了，儿孙们都来看看你，带上供品，应有俱有。大家都来了，都赠送了礼物，还在缅怀你。既然我们已经分别了，你就狠狠心走你的路，别留恋你的家人，你缺少什么，我们都能满足。你见到死去的亲人了吗？你的儿孙只求你不受罪。今天，我们就与你彻底分离，你走你的阴间路，千万别再打扰我们活着的人……"守孝的人们也一一给死者磕头，敬烟敬酒，诉说心里话。之后，大伙用烧纸为死者叠纸钱，做元宝，纸船、纸马、纸鸟、纸衣服等。"担沁"告诉死者："给你送多多的钱，钱多福多，人兴旺。"有人叠好的"得义"（鄂语意为神鸟）边说边烧："愿你像小鸟一样飞走，自由自在，没有疾苦，你可要坐好坐稳，小心被翅膀扇掉。"大家哄堂一笑，做纸船的人说："你坐上船一帆风顺，什么样的河，多么大的风浪都没事，你坐上船好好过河，金条、银条都装好，你钱多，金条多，什么也不怕。"爱开玩笑的人说："这回老太太可成了富婆了。"这时的纸钱、元宝及死者的遗物及三天圆坟的烧纸都烧了。纸烧的非常旺，意为死者收到钱物了，很高兴。

在另一边，一些妇女有说有笑地忙着烀手把肉，熬肉粥。肉烀好了，首先给亡灵坟前端上热乎乎的手把肉和肉粥。然后，由"担沁"告诉亡灵："这是儿孙及晚辈孝敬你的，你要好好品尝鲜美的肉，喝上热乎乎的肉粥。"大伙端酒敬天敬地敬万物。大家席地而坐，边吃边喝，说些祝福和赞美的话语。有唱有跳，围着篝火跳起篝火舞，一人领唱，大家合唱，热闹一番。

酒足饭饱后，"担沁"让戴孝的人来到坟地的一侧，准备脱孝仪式。"担沁"对亡灵说："老人家，老奶奶，你带着白色的'肠子'（孝布）走了百天了。你也感受了亲情，儿孙及晚辈尽孝尽责了，也孝敬你老人家了。这回，把对父母的孝心了结了，孩子们的日子还很长呢，你别想不开，你已经不属于我们了，该让孩子们轻松，愉快地生活了。"说完，"担沁"让戴孝的人们按大小，男女排好队。首先，从老萨满儿子开始，摘下他手臂上的黑纱再用力从后背部使劲推开，让他往前跑。不注意的人容易被推倒，被推开的人迅速往前跑，再跑到人群的地方（这一推意为忘记失去亲人的痛苦，走向美好的新生活）。"担沁"依次推开脱孝的人，被推开的守孝人跑着离开此地，再回到人们的面前。所有脱孝的人脱完黑纱后，将黑纱系在树底下，意为有根，子子孙孙人丁兴旺。"担沁"告慰亡灵："儿孙晚辈们，尽完了孝心了，你要保佑他们平安幸福，没有灾没有难。你放心吧，把你好的品质，好的传统留给下一代，让你的家人，全体鄂伦春人世世代代幸福安康。"

脱孝仪式结束后，"担沁"在树中挑选细长光滑的柳树条拿在手中，让脱孝者一一排好队，一个一个地抽打脱孝的人，被抽了一鞭的人直接离开墓地往家走。不允许人们再回头看墓地，这意味着与死者亡灵彻底分离。活着的人要化悲痛为力量，愉快地走向光明世界，而死者则走向阴间，再不允许打扰活着的人，并保佑他们平安幸福。鄂伦春人认为：死者亡灵百天以后，就属于阴间了，已彻底离开人世间。

这是关扣尼老萨满去世后举行的风葬、三天圆坟百天脱孝的全过程，按照鄂伦春族丧葬习俗，在她周年、三周年时还要举行周年祭，以为纪念。

## 关扣尼简介

关扣尼，女，鄂伦春族，1935年出生在大兴安岭溪尔根河流域，曾生活在十八站。1950年突然生病，经关乌力彦、关佰宝、赵立本等多位萨满请神治病，开始萨满传习。1952年送走神灵，并结婚。1957年任十八站团支部宣传委员。1974 年与丈夫孟涛渡离婚后投奔姐姐去白银纳，后与孟玉林组成家庭。改革开放后，协助文化工作采风团介绍鄂伦春民歌、神歌、神曲，讲民间故事、神话传说等，会制作各种兽皮制品、桦皮制品，会剪纸刺绣。2007 年被中国民协、中国文联授予"中国民间文化杰出传承人"称号。2009 年和 2011 年被批准为黑龙江省第二批和第三批非物质文化遗产代表性传承人（鄂伦春族萨满舞、鄂伦春族萨满祭祀传承人）。

# An On-the-spot Record of the Tree Burial of the Last Oroqen Shaman

*Guan Xiaoyun*

**Abstract:** The Oroqen funeral customs, which originated from the animism, totemism and ancestral worship, have a long history. The Oroqens have the belief that when the soul and the body are separated, the soul will be immortal. Before the founding of the People's Republic of China, the burial methods of Oroqen people mainly included tree burial( literarily "wind burial"), sepulture and cremation. After the Oroqens moved away from the mountains and settled down in 1953, there were still some people carrying out tree burials. Nowadays most Oroqen people are buried or cremated according to their free will. This paper mainly explains the details of the tree burial of Guan Kouni, the last shaman of Oroqen, in Baiyinna Township, Huma County, Daxing'anling Region.

**Keywords:** Oroqen; folk custom; Shaman; wind burial

# 满族萨满教艺术中宗教元素的表达与生成<sup>*</sup>

宋小飞

**摘　要：**宗教艺术是宗教内涵与艺术形象的创造性统一，其刻画出的带有宗教元素的艺术形象，建立起了宗教意义与世俗民众之间的审美联结。满族萨满教艺术成为满族民众宗教信仰观念之下的创作之物，其有强大的再生力及持久的生命力，从其萨满教艺术中能窥见包含的宗教元素。

**关键词：**宗教元素　审美构成　满族萨满教艺术

**作者简介：**宋小飞，中国社会科学院民族学与人类学研究所副研究员，博士。

回顾人类文明发展史，我们会发现艺术和宗教彼此分不开，艺术史中很多传世名作均与宗教相关，可以说宗教和艺术是彼此渗透和融合的。宗教艺术是以表现宗教观念、宣扬宗教教理，与宗教仪式结合在一起或者以宗教崇拜为目的的艺术（蒋述卓 1998：56）。宗教借助艺术表现宗教教义，艺术借助宗教表达艺术形式、内容的创新。宗教艺术不断发生变化，也逐步在走向世俗化和本土化。满族萨满教艺术<sup>①</sup>，其艺术特色本身和民族文化有最为直接的

---

\* 本文系国家社会科学基金项目《当代中国经济社会发展中的少数民族萨满信仰研究》（项目批号：18BMZ044）阶段性成果。

① 参见宋小飞（2014）《满族萨满教美术的民俗学解析》。满族萨满教艺术是满族萨满教信仰观念的外化形态，它是萨满教观念的产物，服务于萨满教观念。我们从其载体划分，可将其分为石刻、岩画、木刻、剪纸、裁革、刺绣等；从仪式功能划分，可分为服饰、神帽、神鼓、神偶、面具等；从表现内容划分，可分为祖先像、自然神像和抽象符号等。本文的萨满教艺术是指以审美为主的萨满教造型艺术，其含义是指满族民众在实际生活中把实用与审美结合起来的一种艺术组合形式的表达，其内涵比纯粹意义上的艺术形态内容更加宽泛。

关系，萨满教中的艺术作品不仅是仪式之中的重要物件，从艺术角度看这些艺术作品也有自己的主题，要想深入了解其艺术主题，就需要深入了解满族萨满教文化。本文试对满族萨满教艺术进行剖析，看其中包含的宗教元素及这种艺术的生成原理，以帮助我们更好地理解满族萨满教艺术。

## 一、满族萨满教艺术源于萨满教信仰观念

满族萨满教艺术是在萨满教信仰基础上产生的，萨满教艺术是萨满教信仰观念的产物，由此逐步衍生出一些物品包括生活中的一些器物、服饰等。有学者指出，人类原始的文化史、文明史，特别是审美艺术史虽早已成为"过去"，但它具有极强的再生与循环功能，必将在人类历史长河中不断演化、复现，并且经过人的审美性创造与再造，无限次地放大、生长（王一川1988：140）。从满族萨满教艺术作品中我们能够感受到满族民众的审美心理、审美观念及艺术特征。满族民众的一些文化活动中，特别是在一些宗教祭祀仪式活动中，满族民众在那种氛围中会产生复杂的心理诸如恐惧、惊恐、敬畏、服从等，因为在宗教祭祀仪式中所有这些心理会显得更加的神奇和贴切，而在仪式之中使用的艺术作品其审美特点正是依靠这种神巫仪式或原始宗教才能解读。虽然说神巫仪式和原始宗教有些微差别，但也有类似地方，均有一种神秘因素在其中。

萨满教在祭祀活动中，利用人神沟通的方式使人参与进来，人们参与的宗教祭祀活动其实就是实践性的审美活动，这种实践活动会从萨满教观念中衍生出萨满教艺术且能够体现满族萨满教艺术特色展现满族民众艺术审美思维的艺术作品。"宗教艺术是宗教传播的前锋，最先抵达文化交流的前端，冲击着世俗文化结构。"（包艳，汪小洋2017）原始时期，环境恶劣时，原始先民比较容易产生焦虑与恐惧，当时先民们为了求生存，希望能够得到神灵的护佑，他们认为自然界有神的力量，于是巫术和神话便应运而生。他们为了求得山神的保护便会在节日里祭祀山神，类似于祭祀山神这种活动，满族民众原本是有恐惧或敬畏心理的，有了巫术和神话便导致祭祀仪式具有浓厚的神秘性。艺术审美可以通过宗教神秘性进行解读。宗教意识是民族文化心理意识之一，宗教意识不仅是宗教文化的核心，对于艺术审美也有一定影响。满族审美文化中，满族萨满教艺术是满族文化中的重要组成部分，满族萨满教艺术在满族审美文化中占有重要地位。从满族萨满教艺术中，我们能够看

到满族民众的审美心理及审美观念。

从具有满族萨满教信仰观念的萨满教艺术中能够窥探出满族民众的审美特点。萨满教原本具有巫术的特点，在一些祭祀仪式活动中，有些是巫术性的活动，但是它实际上并非只有一种功能。"它是一种多职能的混融性结构，是一种若干社会需要借以同时见诸实现的形式。除了满足用幻想来弥补原始人在实践中的缺陷的需要（这种需要由于相信仪式具有超自然的巫术力量而见诸实现），仪式还满足他们在求知、教育、抒情和审美等方面的需要。"（乌格里诺维奇 1987：52）在祭祀仪式之中的宗教艺术的表达，诸如面具、服饰、神偶等诸多造型艺术，这些造型艺术本身就说明萨满教艺术具有混融性，包括民众的审美与精神双重需求。虽然说现实中很多的萨满教绘画、神话雕像、面具等已经和原始宗教中的先民思维相距甚远，但是它依然有着自己的宗教功能。这些宗教艺术并非是独立的艺术形式，而是与宗教结合而成的宗教艺术。比如萨满教绘画，它在宗教祭祀活动中承载的载体多种，其中的祖先神画像在祭祀活动中有着重要作用。一般情况下，祖先神画像是满族民众在祭祀祖先神时需要祭拜的对象，而画像里的人物也是祖先的真实写照，具有很强的写实性，形象真切。这种艺术画像算是绘画作品中比较写实的一类作品，满族后人根据前人描述祖先的事迹、故事等在布、帛、纸上绘画而成的一种艺术。这种宗教艺术平时不能示人，只有在满族家族祭祀祖先神时才能从西屋的祖宗匣子里拿出来。

目前藏于吉林省四平市伊通满族博物馆中满族瓜尔佳氏祖先神画像便是一幅写实意味很强的画像。整幅画面比较饱满，从画像中可以看出分为三个层次，祖先是一个层次，远处的云是一个层次，最下面的人及马匹是一个层次，中间的四位人像是瓜尔佳氏家族的祖先。图中祖先两男两女，因为性别不同，服饰自然有些变化，人物面部表情刻画相对简单。笔者在吉林省吉林市乌拉街韩屯村做田野调查时了解到，这幅祖先神画像是瓜尔佳氏家族的祖先。祖先神画像是按照前人描述所画，画像中萨满教信仰的祖先崇拜观念深渗其中。萨满教在满族民间已经成为一种民众的惯性思维，在个体意识中被内化成一种民族文化心理和思维定式，它显示了萨满教观念的凝聚力，这种凝聚力或许会随着时代的向前发展而日益增强或变弱。但是，满族萨满教观念是以人生切实需求为目的的，祭祀活动反映着家族凝聚力及家族生存繁衍发展的需要（曲枫 2018）。

披肩是萨满教神服中的组成部分之一。披肩代表着财富、能力及富贵。

披肩在萨满教信仰中不仅有震慑鬼魔之用，在实际使用中还有美观、装饰神服之用。笔者在调查时看到过一个由贝壳和骨质制作的披肩，其呈现的造型为几何棱形，领口处为圆形，下端垂落下来的呈几何形状。几何棱形的造型给人理性、明快之感，让人看起来有简洁的秩序美。整个披肩下端由统一规则的形状构成，造型规整统一。从整体视觉上看此披肩构图比较充实，整齐划一，几何图形有萨满教信仰的动物神灵造型，或是飞翔的雄鹰，或是站立的猛虎，造型使用了点线面结合的方式，叠加堪称完美，视觉上能感受到披肩的秩序感、稳重感。

萨满教是满族民众的主体信仰，它会影响萨满教艺术造型，具体表现在萨满教器物造型的多方面。当然，萨满教造型艺术与萨满教信仰观念相互依存并相互界定，依存导致萨满教物化形式的表现。在满族民众生活中的枕头顶刺绣，有一个枕头顶刺绣表现的是萨满降神的场景，它用刺绣的艺术形式表现，里面有很深的宗教信仰内涵。虽然载体不同，但是其呈现出来的图像所表达的故事情节，用民众能看懂的视觉形象呈现了一种事情的过程。有学者指出，情节的真实是一个非常重要的叙事特征（汪小洋和姚义斌 2008：23）。此幅刺绣中，应用在萨满教艺术中的叙述形式应该是渗透在民众生活中的无意识叙事，人们在无意识状态下的叙事是向后人诉说民众的生活。萨满教的产生和自然之间有紧密联系，先民们对自然界有敬畏感，认为万物有灵，这就使得萨满教艺术的产生最初人们无法分辨是否为了纯粹的审美还是为了信仰。"在艺术的最低发展阶段上，巫术的艺术就成为最早的文化模式之一。"（朱狄 2007：110）此幅刺绣中，能够看出满族民众的萨满祭祀过程，以刺绣的艺术形式叙述野祭或家祭事件，或展现满族民众的信仰习俗。

还有一副枕头顶刺绣，整幅画面呈正方形，边长为 16 厘米[①]。画面左右对称，左右图案一致，只是方向不同而已。顶端图像是蓝白相间的蛇，下面为黑白相间和黑黄相间的蟒蛇，再下方为两盏灯笼。画面中的动物是满族萨满教信仰的动物神灵，因为满族民众认为蛇是太阳和光明的化身，它有驱邪、祈福、消灾等作用，所以满族民众对其非常崇拜，在很多萨满教器物上诸如萨满神服、神鼓等上面均有蛇的图像。

以上的例子是满族民众以各种动植物作为参照对象进行创作的艺术形象，这些艺术形象是以萨满教信仰观念为主，由满族人或萨满创作者创作的艺术

---

① 转引自《萨满绘画研究》（王纪，王纯信 2003：139）。

作品，这些艺术作品是满族民众审美思维与审美观念的表达，它们表达了满族民众的审美情感与审美向往。旧石器时代的艺术创作者们创作的艺术形象，从艺术功能分析可能当时并不会全然抱有审美情感，但是因为当时生活环境极其恶劣，这些形象却可以给予民众心理上的宗教慰藉，会使他们对其充满幻想从而积极地去获取生活生产资料。这时期民众的信仰观念占据主要地位，虽然艺术创作者们所刻绘的形象并不具备观赏功能，但是它们是依附于宗教信仰观念存在的象征物。随着时代与物质文明的发展，人类对生活生产资料的获取已不像之前那么难以达到，这些艺术形象便也和物质生活没有那么多直接必然的联系，而更多地具有实际功用与审美功能，其中实际功用便是宗教功能，除去其宗教功能，展现给我们的便是一种艺术审美。由此，我们可以估测以满族萨满教创作出来的各种艺术形象前一时期属于艺术为宗教而存在，后期是艺术为艺术而存在的艺术。艺术为宗教而存在具有神奇的巫幻色彩，后期的艺术审美内涵中都蕴含着一定审美意识。

原始宗教盛行时期，当时艺术创作者们所创作的艺术形象并不一定单纯的是为艺术而创作的艺术，可能主要功能是为宗教服务，这一时期的艺术应该是附属于宗教而存在的。虽然它也有宗教信仰观念、艺术审美观念，但在当时的生态环境下信仰观念应该是大于艺术审美的。客观地看，它是功能性和艺术性兼有的。后期的艺术表达肯定是为艺术而表现，这些艺术形象有独立的审美内涵，可以表达民众的审美观念与审美思想。历时来看，萨满教艺术在后来的发展过程中其艺术表现是在前期艺术基础上形成的。人类在漫长历史发展过程中，通过实践和积淀最后达到一种审美精神的独立性。"随着生产力的发展，生产实践中必要的表象因素越来越削弱，即它作为生产实践的一部分的地位越来越显得没有必要，图画的功能和作用便开始转移，如转移到'记事'等方面。人'是按照美的规律来塑造物体的'。在'记事'的过程中，人的审美精神也不断积淀于记录下来的图画里。这样的图画除了记事的中心作用外，同时蕴含着使人愉悦的审美成分。但它还不是纯粹的艺术品。等到生产力进一步发展了，绘画的生产实践功能——如作为宗教仪式上的表象几乎消解殆尽了，绘画的应用性功能如作为记事的表象弱化到可以被忽略不计，那时候，它作为审美对象的地位就明显地突显出来了。"（陈伟 2004：2—3）满族萨满教艺术中，萨满教在其中的作用不可忽视。祭祀活动中的舞蹈、神偶、面具等这些艺术形式的表达也均是在萨满教观念下生成的艺术形式。这些艺术形式的表达有着萨满教印记。人类的审美需要从原始先民开始在生产生活中或信仰仪式中产生和发展起来。"不妨假设，原始人的已经萌生的审美需要是在两个基本方面发展起来的。一方面，审美需要直接见于劳动活动，首先是见于制造劳动工具和生活用品的活动。在这里艺术活动同古老宗教没有联系。另一方面，审美需要见于原始仪式。其中，艺术胚芽同原始宗教信仰无疑具有联系。"（乌格里诺维奇 1987：62—63）当然，满族民众的审美表达很多是从生活生产中生发出来的艺术表达，并不全然是萨满教信仰生发的宗教艺术。这些艺术表达有的和宗教相关，有的并无关联。但是因为原始社会时期，萨满教就在满族社会中一直发挥着重要作用，这对满族民众的审美有一定影响。满族萨满教艺术是民族文化、宗教文化、审美文化彼此关联影响的。在满族民众的观念里，萨满教信仰观念与审美表达彼此相关。满族先民生活环境险峻，这种情况下满族民众信仰萨满教，形成了他们的信仰观念，宗教行为、祭祀仪式成为他们信仰观念表达的核心，而宗教与艺术两者之间无具体界限。黑格尔说："艺术却已实在不再能达到过去时代和过去民族在艺术中寻找的而且只有在艺术中才能寻找的那种精神需要的满足，至少是宗教和艺术联系得最密切的那种精神需要的满足。"（黑格尔 1979：14）虽然古希腊中世纪和满族生活年代不同，但是观念在满族民众心中是根深蒂固的，他们对世界的看法和认知主要来自对物质世界的认知及对物质世界变化发展的认知。这其中就包含审美。满族民众审美观念首先有对这个世界的认知，然后衍生出其他方面的认知。在对世界认知的过程中，事物之间有自己的构成原则，从哲学上看，这种构成事物要素是在事物生成过程中相互制约，这个过程本身就是认识世界的辩证过程。无论事物彼此之间是相互依赖还是相互排斥，都揭示了世界万物存在的方式。这种认识世界的朴素方法，是满族民众认识世界的方法。

综上，满族民众的艺术形式有些是源于他们的信仰文化，宗教的世界观存在于很多宗教祭祀仪式活动中，上述的萨满教艺术作品有着宗教元素的表达，这也是满族民众精神信仰的表现、日常生活的表现，这种彼此依托精神信仰创作的艺术作品本身就表现了民众对萨满教的信仰和依赖。

## 二、满族萨满教艺术的构成表现

满族萨满教艺术形态的审美过程复杂，它包含很多因素，比如情感、文化积淀、民族性格等审美认知因素，还包括审美的客观因素，比如审美需要、审美欲望等。满族萨满教艺术如果说从形态上划分，它属于综合性艺术，它始终有潜在的构成艺术审美法则蕴含其中。满族萨满教艺术，符合构成艺术法则。它作为一种组合形式，是一种造型艺术。我们可以从它涉及的形态、色彩、材料等概括其中规律。

首先，从审美主体看满族萨满教构成艺术特征。构成艺术的审美主体体现了满族民众的审美追求。满族萨满教艺术造型服务于满族民众，满族民众作为审美主体有一定特殊性。审美主体是共性和个性的集中统一，既包括主流社会的文化，也包括个体感觉，这样就会使艺术审美有多姿多样的不同个性。满族文化有自己民族的民族文化性，它在艺术审美方面和其他民族有些许差异。而从欣赏的角度看，满族民众希望艺术作品有鲜明的艺术个性，会让艺术创作者在进行艺术创作时考虑各种因素。

艺术形态在艺术作品构成中占据重要位置，艺术形态表现的美各不相同。任何艺术形态均是人类经过加工之后创作出来的，有人工成分。满族民众在艺术创作中所创作的艺术是从简单到实用的形态，这种艺术形态成为满族民众艺术审美活动中的基础形态。艺术作品中，满族艺术创作者可能多半是本民族人，他们会把从本民族中看到美的形态融入艺术作品中。有些艺术作品的造型体现的是民众的日常生活，生活中的真实情景通过艺术形式表现出来，这里面包含艺术形态的美，也包含创作者们对其的态度和修养。比如满族生活中的枕头顶刺绣，他们会把他们生活中的萨满祭祀场景放置在刺绣中，这既用艺术表现了真实生活，也用真实生活创造了美。民众们会在刺绣中表现得更细致，包括祭祀之中使用的物品，信仰观念中的泛鸟崇拜观念，均会被放置在刺绣中。

满族萨满教构成艺术是内容和形式的统一，除却内容，形式也是其中表现的重要元素之一，艺术审美过程中，要想保证美感，对其中的点线面颜色要求均有一定的审美。不同构成形式的艺术有自己的特殊美，但是其形式也并非一成不变，它会伴随艺术内容发生变化。满族艺术的创作者们深入生活，比较了解本民族的生活习俗，把生活中的真实在艺术作品中表现出来，从而发展了艺术的形式美。

第二，艺术构成通过形态表现。这种形态无论是具象还是抽象，其艺术形式均表达了作者的内心情感与审美。艺术形态包括点线面元素，这些元素的任意组合均可创作出新的艺术形象，艺术创作者利用一些艺术表现形式诸如绘画、雕塑、建筑等创作出各种艺术主体的作品。从艺术作品中能够看出艺术内容和形式。观赏者看到艺术作品首先映入眼帘的是艺术作品的外在形态，然后是内容，内容和形态是吸引观赏者审美要求的主要因素。

满族萨满教艺术是一种构成艺术。这种艺术通过鲜明的艺术形象表达思想，这种思想包含着满族民众的审美思想、审美情感、民族文化象征。满族萨满教艺术中宗教是主题，它体现了艺术生发的思想情感和满族文化的内涵，也包含创作者对宗教的理解以及体验，表达了他们独特的审美情感。满族萨满教艺术构成中，主题性和艺术形式表达相互交融。

# 三、结　语

满族萨满教艺术是按照满族民众的审美而创造的艺术，是萨满教观念的产物，里面的宗教元素是满族民众按照自己理解的萨满教观念的艺术表达，这种艺术生成的宗教元素的表达，也因此生成了独特的艺术作品。这些艺术作品是满族民众的审美观念下的产物，这些艺术作品反映了满族民众内心的审美情感与审美表达。要想深刻理解满族萨满教艺术的构成符号，我们不能仅仅从艺术作品本身的造型特点入手，还要看其背后作为一个少数民族自身的民族文化内涵，这种民族文化观念下产生的艺术作品，是满族文化中的重要组成部分之一。"任何文化的发展总是基于一定的民族心理载体。"（徐建融 1991：63）"艺术活动作为文化系统中的一个子系统，文化系统制约和决定着它的构成和功能，它又对文化系统发挥反馈作用，以自己特有的方式和手段体现着全人类价值，促进大系统的形成、丰富和发展。"（潘泽宏 1992：39）只有充分理解和把握满族的民族文化本质，才能全面而深刻地理解满族萨满教艺术中宗教元素的表达与生成。

# 参考文献

包艳，汪小洋
　　2017，"宗教艺术的文化增殖及内在逻辑"，《甘肃社会科学》，第4期，第192—196页。
陈伟
　　2004，《中国艺术形象发展史纲》，上海：学林出版社。

［德］黑格尔

　　1979，《美学》，第一卷，朱光潜译，北京：商务印书馆。

蒋述卓

　　1998，《宗教艺术论》，广州：暨南大学出版社。

潘泽宏

　　1992，《艺术文化学》，长沙：湖南文艺出版社。

宋小飞

　　2014，《满族萨满教美术的民俗学解析》，北京：社会科学文献出版社。

曲枫

　　2018，"两种语境中的萨满概念分析与萨满概念重建"，《世界宗教文化》，
　　第 06 期，第 146—150 页。

王纪，王纯信

　　2003，《萨满绘画研究》，长春：时代文艺出版社。

汪小洋，姚义斌

　　2008，《美术考古与宗教美术》，上海：上海大学出版社。

王一川

　　1988，《意义的瞬间生成》，济南：山东文艺出版社。

［苏联］乌格里诺维奇

　　1987，《艺术与宗教》，王先睿、李鹏增译，北京：三联书店。

徐建融

　　1991，《佛教与民族绘画精神》，上海：上海书画出版社。

朱狄

　　2007，《艺术的起源》，湖北：武汉大学出版社。

# The Expression and Formation of Religious Elements in Manchu Shamanism Art

*Song Xiaofei*

**Abstract:** Religious art is a unity of creativity that merges religious connotation and artistic imagery. Its artistic form with religious elements establishes the aesthetic connection between common people and religious significance. The art of Manchu shamanism, created from the religious beliefs of the Manchu people, has strong regeneration capacity and lasting vitality.

**Keywords:** religious elements; aesthetic composition; art of Manchu shamanism

# 韩国巫堂股什中孤魂慰藉的普遍性及特征*

## ——与水陆斋、甘露帧和厉祭进行比较

［韩］李京烨

（耿瑞芹　译）

**摘　要：**孤魂或冤魂慰藉是韩国巫俗由来已久的传统，相关的礼仪活动在全国范围内以多样化的形态广泛传承。但是，孤魂慰藉不仅是巫俗，也同样是佛教水陆斋的主题，同时孤魂还出现在甘露帧画中，而且还是朝鲜时期国家祭祀-厉祭的主要祭祀对象。本文考察巫堂股什、水陆祭、甘露帧和厉祭之中出现的冤魂的相似性，并分析归纳巫堂股什中孤魂形象刻画方式的特征。

巫堂股什、水陆祭、甘露帧和厉祭虽然是不同的宗教传统，但在整体上相似的部分较多，从这一点来看，冤魂慰藉的传统可以说不是某一种特定宗教或信仰的专属，而是东方宗教所具有的一种普遍性。由于各自履行的社会职能不同，孤魂的种类也不尽相同。厉祭中的孤魂相对来说具有一定的局限性，巫堂股什和水陆祭、甘露帧相同的种类较多，特别是厉祭中未出现的"日常、生计方式"这一类的孤魂具有明显的相似性。此外，水陆祭和甘露帧中出现王和文武官僚，这与所使用的分析资料是朝鲜时期的密切相关，还可以解释为水陆斋"不分贵贱贫富的无遮平等会"的目标理念被映射出来的一种结果。

巫堂股什、水陆祭、甘露帧和厉祭中孤魂的刻画方式和慰藉方式是不同的。水陆祭中作为无遮平等会的孤魂被召请而来，甘露帧

---

\* 本文系国家社科基金项目"东北亚文化圈农耕文明视阈下的中韩萨满教比较研究"（项目批准号18BZJ052）的阶段性成果。本文译自《南道民信仰研究》第40辑，2020年6月。

中孤魂的形形色色以绘画的方式具体描绘出来，厉祭中被称为统治者的抚恤对象。巫堂股什中以罗列名字和演戏化的方式再现孤魂，尤其后者是其突出特征。巫堂股什中孤魂以各种逸闻趣事的主人公角色登场，在巫堂再现的表演中，杂鬼杂神直接诉说自身不幸的遭遇，经历了一个较为客观的过程。在此出现的"自我诉说"与最近探讨的艺术治愈方式十分相似，这一点甚是引人关注。如此这般，巫堂股什中以演戏的形式再现孤魂的处境，使其形象刻画更具立体感，而这正是巫堂股什中孤魂慰藉方式的独特之处。

**关键词：** 巫堂股什　重泉游戏　水陆斋　甘露帧　厉祭　佛教礼仪

**作者简介：** 李京烨，韩国国立木浦大学国语国文系教授。研究方向为巫俗信仰和岛屿海洋民俗。

**译者简介：** 耿瑞芹，聊城大学历史文化与旅游学院讲师，研究方向为民间信仰和民俗旅游。

# 一、引　言

韩国的巫俗 ① 中对于孤魂或冤魂慰藉的认识较为特别，通过考察巫俗礼仪活动可以发现，以杂鬼杂神为对象进行孤魂或冤魂慰藉的事例特别多。这属于一种悠久的一般性传统，虽然不同地区存在些许差异，但在基本的观念或方式上并无差别，而通过韩国湖南地区 ② 的重泉股什 ③ 可以明确地发现这种普遍性意义。所谓的重泉，是指人死后灵魂所停留的冥界，可以说是与黄泉、九泉等类似的概念。在巫俗中，重泉代指那些无法顺利到达阴间而到处游荡的冤魂。顾名思义，重泉股什可以说是招待这些冤魂，慰藉他们并恭送他们离去的一个过程。重泉股什是慰灵祭、别神祭、送灵祭等大型巫俗礼仪活动中不可或缺的一个步骤，但在不同地区其名称也有所不同。在韩国湖南地区

---

① 译者注：韩国的巫俗和萨满教是相似的概念，英语都译为 Shamanism。在韩国，巫俗概念的使用更为常见，因此为了突出韩国特色，本文在翻译时使用"巫俗"这一术语。

② 译者注：湖南地区是韩国全罗南道和全罗北道的统称。

③ 译者注：股什，是依据于原始宗教的观念下，由巫堂（相当于中国的巫婆或者巫师）主管进行、祭拜神灵的巫俗仪式的总称，使用一定的道具，伴随歌唱和舞蹈等形式。股什的目的有治病、招福、招魂、安宅、祈雨、镇灵、除灾、驱鬼等。

称之为重泉游戏、重泉解除、重泉或者设禊股什，在首尔和京畿道地区称之为末位，在岭南地区称之为路祭。总之，在重泉股什中，安慰、招待、恭送那些被泛称为杂神杂鬼的孤魂极其重要。

另一方面，不仅在巫俗中，甚至在佛教礼仪和儒教式祭祀中孤魂也同样重要。巫堂股什的冤魂和水陆斋的冤魂具有相通的意义。重泉股什中出现的杂鬼杂神与水陆斋仪式集的下位疏中提到的孤魂非常相似。而且，还和与水陆斋密切相关的甘露帧下段描写的孤魂有着某种相似性。朝鲜时期国家祭祀之一的厉祭中也出现过孤魂。厉祭虽然是以儒教理念为基础进行的祭祀，但因与水陆斋和民间信仰有一定的相关性，所以也有必要分析一下与之有关的冤魂观念的普遍性。对于巫堂股什和水陆斋、甘露帧的冤魂形象之间的关系，现有研究对于其中的一部分进行过比较分析（李京烨 2010a；洪泰汉 2012），但是还没出现全面比较的先例。因此，本文对巫堂股什和水陆斋、甘露帧、厉祭中出现的冤魂形象的相似性进行全面探讨，并整理出巫堂股什中冤魂刻画方式的特点，进而分析归纳得出巫堂股什中冤魂慰藉的普遍性与特征。

## 二、巫堂股什、水陆斋、甘露帧画中出现的孤魂的相似性

巫堂股什中冤魂慰藉集中出现在重泉股什之中。巫堂股什通常由十个以上的程序构成，而重泉股什是巫堂股什中不可或缺的一个。根据股什规模的不同，程序可以自由增减，并不是固定不变的。但无论何种情况，在股什的最后都会出现慰藉冤魂这一环节。慰灵祭的重泉游戏、治病股什的三设禊、别神祭中的路祭、送灵祭中的末位等都属于此类，统称为重泉类股什。

重泉类股什中出现各种各样的冤魂，有因各种事故而死的，有病死的，有饿死的，还有身患残疾而死的。除此以外，还出现走路的行人、卖酒的妇女、从事农活的农夫、流浪四方的演戏团等等。在股什过程中，聆听他们哀怨的处境和故事，并解除他们的怨恨，经一番招待以后恭送他们离去。本文以湖南地区的资料为中心进行分析，但分析过程中也会参考其他地区的事例。全罗南道法圣浦的重泉游戏、全罗南道顺天和宝城的三设禊、庆尚北道郁津的路祭、首尔的末位中出现的孤魂如下表所示（李京烨 2010a：199）。

表 1　重泉股什中出现的孤魂

| | 孤　魂 |
|---|---|
| 法圣浦的<br>重泉游戏 | 盲人重泉、产子重泉、男寺党牌<sup>①</sup>重泉、农夫重泉、瘸子重泉、驼背重泉、民间艺人重泉、行人重泉、卖酒妇女重泉等 |
| 顺天的<br>三设褙 | 纨绔子弟鬼魂、小伙子鬼魂、姑娘鬼魂、驼背鬼魂、中枪而死者的鬼魂、小同牌<sup>②</sup>鬼魂、哑巴鬼魂、上吊而死者鬼魂、水死者鬼魂、孕妇鬼魂、盲人鬼魂等 |
| 宝城的<br>三设褙 | 纨绔子弟鬼魂、书生鬼魂、长工鬼魂、疯子鬼魂、孕妇鬼魂、小伙子鬼魂、姑娘鬼魂、老人鬼魂、小孩鬼魂、盲人鬼魂 |
| 郁津的<br>路祭 | 盲人、潜水员、渔夫、军人、海女、采摘海带而死的鬼魂、服药而死的鬼魂、刀刺而死的鬼魂、上吊而死的鬼魂、交通事故而死的鬼魂、难产而死的鬼魂 |
| 首尔的<br>末位 | 大监、土地大监、地神、盲人、城隍、守卫等 |

　　重泉股什中出现的孤魂虽然不同地区有所差异，但是每个孤魂都拥有着哀怨悲伤的故事。东海岸（郁津）中出现了军人和交通事故死亡者等新兴的死亡事例，以及在海事中死去的鬼魂，这是其鲜明的特征。在湖南地区，除了一般的冤魂以外，还有农夫、卖酒的妇女、行人、男寺党牌、小同牌、民间艺人等演戏者，极具特色。

　　另一方面，重泉股什中出现的冤魂与水陆斋仪式集的下位疏中提到的孤魂相同，与甘露帧画下段刻画的孤魂形象也相同。鉴于此，有必要对上面提到的重泉股什中的冤魂和水陆祭下位疏以及甘露帧画的孤魂进行对比分析。

　　水陆斋通常历经数天进行数十个流程。由于仪式和事例不同，进行的流程也会有所不同（李庸爱 2014），但是用图示化简单整理的话，通常是"侍辇仪→对灵仪→灌浴仪→神众作法→上坛劝供→中坛劝供→施食→尊施食→奉送仪"这样的顺序。在每一个阶段的仪式中有各种偈文和真言，把这些用梵呗表示，进行与之对应的法事。在这个过程中出现的上坛劝供、中坛劝供、下坛劝供（施食及尊施食）与水陆斋特色之一的三坛设置也密切相关（沈晓燮 2004）。特别是在水陆斋的下坛劝供中邀请了 15 个以上的孤魂，以法食招待他们，使他们摆脱饥饿，并进行追荐实现荐渡。

　　由于甘露帧与水陆斋密切相关，有必要将两者结合起来考察分析。甘露帧画是在包括水陆斋在内的为荐渡死者灵魂举行的仪式中使用的佛画。甘露是能消除一切烦恼使其从痛苦中解脱出来的一种天界灵药，可以说是把如来

---

　　①　译者注：男寺党牌朝鲜半岛传统男性流浪歌舞戏团。
　　②　译者注：小同牌是 16—20 岁的青年劳力组成的互助小组。

的教法比喻成了甘露。甘露就是给恶鬼和灵驾施舍法食，使他们从六道轮回的痛苦中挣脱出来并引导去往极乐的神奇佛法（弥灯 2004：352）。甘露帧画中使用三段描写了孤魂救济的意义和过程，这三段的构成中，每一个阶段都有设定的主题，表现出从下段开始、经过中段、上升到上段的构图思想。在画面的上段，刻画着与灵魂救济相关的佛陀和菩萨及与佛国净土相关的世界；中段是仪式场面、斋坛、丧主和上供的人们；下段是荐渡对象——冤魂、孤魂和人间世界以及包括地狱众生在内的六道轮回像。这种佛画也是代表水陆斋的一种图画。正如高丽大学博物馆收藏的甘露帧画（18～19 世纪）和佛岩寺甘露帧画（1890 年）画面中显示的一样，图画中描写的斋会场面中挂着"水陆大会设斋""无遮平等会"、"今次水陆设斋者等伏为法界含灵愿往生"等幡，通过这一点可以窥探出两者的关系（弥灯 2004：347）。而且，在甘露帧画下段出现的患难场面在《妙法莲花经》的《观世音菩萨普门品》中也有出现，体现出两者之间非同寻常的密切关系。

　　有的研究关注于这一点，对《水陆无遮平等斋仪撮要》（长兴宝林寺收藏，1574）下位疏条目和甘露帧画下段场面进行过比较研究（李庆禾 1998）。在这里稍作修改加以使用（李庆禾 1998：83—84），由此期待可以将论点得以进一步具体化阐释。

表 2　水陆斋仪式集下位疏和甘露帧画下段的患难及孤魂

| 区分 | 号码 | 出　处 | 旁题及内容 | |
| --- | --- | --- | --- | --- |
| | | 《观世音菩萨普门品》 | 甘露帧画画面旁题 | 甘露帧画内容 |
| 1.患难 | ① | 假使兴害意　推落大火坑……（火难） | 野火焚身 | 家中着火或者野火焚身 |
| | ② | （水难） | 山水没溺 | 乘船前行中落入水中或溪谷 |
| | ③ | （坠落难） | 落井而死 | 从高处坠落或落井 |
| | ④ | （怨贼难） | 寇贼横财 | 遇盗贼被持刀威胁 |
| | ⑤ | （刑难） | 牢狱坚囚 | 被困监狱受罚 |
| | ⑥ | （毒药难） | 暗施毒药 | 服毒呕吐 |
| | ⑦ | （诸鬼难） | 山风障气 | 山中被迷惑 |
| | ⑧ | （恶兽难） | 兽噬失命 | 被虎咬 |
| | ⑨ | （巳难） | 虮伤身亡 | 被蛇咬 |
| | ⑩ | （霹雳难） | 霹雳而死 | 遭雷劈而死 |

（续表）

| 区分 | 号码 | 出　处 | 旁题及内容 | |
|---|---|---|---|---|
| | | "水陆无遮平等斋仪撮要"下位疏 | 甘露帧画画面旁题 | 甘露帧画的登场人物及内容 |
| 2.孤魂 | ① | 古今世主文武官僚灵魂等众 | 帝王明君、后妃、大臣辅相 | 王、王妃、文武官僚 |
| | ② | 列国诸侯忠义将帅孤魂等众 | 忠义将帅 | 将帅 |
| | ③ | 守疆护界官僚兵卒孤魂等众 | 两阵相交戈战去来 | 战争 |
| | ④ | 朝野差除外赴任孤魂等众 | —— | 使臣 |
| | ⑤ | 从军将帅特节使臣孤魂等众 | | 将帅、使臣 |
| | ⑥ | 山间林下图仙学道孤魂等众 | 道士女官 | 道教人物 |
| | ⑦ | 游方僧尼道士女冠孤魂等众 | 比丘、比丘尼、优婆塞、优婆夷 | 僧侣、居士、优婆塞、优婆夷 |
| | ⑧ | 道儒二流佩篆赴举孤魂等众 | 饱学书生 | 儒教人物、学堂 |
| | ⑨ | 师巫神女散乐伶官孤魂等众 | 师巫神女、散乐伶官、解愁乐士、双盲扶杖占士 | 巫女、流浪剧团、民间艺人、盲人算命者 |
| | ⑩ | 经营求利客死他乡孤魂等众 | 士农工商一切辟分、经营求利、半路遭疾 | 商人、农夫、客死 |
| | ⑪ | 非命恶死无怙无依孤魂等众 | 自刺而亡、他乡饿死、妇负乳儿乞行、老年无护 | 死于非命、自杀、游离乞食、流民、孤儿、孤寡老人等 |
| | ⑫ | 尊卑男女万类群分孤魂等众 | 为色相酬、夫妇不谐 | 通奸罪人、夫妇吵架、富人之死等 |

　　如表 2 所示，在进行水陆斋时会召请很多孤魂，并向他们施以食物和法食，消除他们的饥饿感而引导他们从六道轮回的痛苦中解脱出来前往极乐。在水陆仪文中作为荐渡对象召请的孤魂、冤魂、饿鬼、地狱众生等都被反映在甘露帧画中，在甘露帧画的下段被刻画成相应的人物（弥灯 2004：352）。下位疏中被统称为孤魂等众的人物均以具体的形象一一出现在甘露帧画中，由此可见，两者雷同，只是表现形式有所差异而已。这样看来，水陆斋下段召请的孤魂与甘露帧中描写的孤魂形象是相互吻合的。

　　表 2 中出现的孤魂有相当一部分与重泉股什的人物重叠。从数量和种类来看，水陆斋和甘露帧中出现的孤魂更多一些。重泉股什以代表性的孤魂为中心对孤魂进行形象刻画，但水陆斋和甘露帧中却网罗了多种多样的孤魂，这一点表现出明显的差异。除此以外，还有其他不同之处，比如水陆斋和甘

露帧中出现的王、将帅、使臣、道教人物、僧侣、刑法场面等（2-①～⑦）在巫堂股什中均未出现，这可能与民间股什中并不认为和国家、制度层面相关的群体是特别的孤魂有关。与此相比，巫堂股什中出现的小伙子鬼魂、姑娘鬼魂、瘸子鬼魂、驼背鬼魂、哑巴鬼魂、海女鬼魂等在水陆斋和甘露帧中都未出现。可见，未婚和身体残疾等引发的民众哀怨和苦痛在巫堂股什中尤其受到重视，这可以说是由于社会功能不同而产生的差异。但从整体来看，重泉股什中的孤魂与在水陆斋中被召请、在甘露帧中被形象化的孤魂存在着惊人的相似之处。由此可以发现，民俗信仰中极为重视的"孤魂的恭送观念"与水陆斋不无关系，这种相似性可以说是显示出民俗信仰与水陆斋具有相关性的有力佐证。

## 三、巫堂股什中孤魂慰藉方式的普遍性和特征

### （1）孤魂慰藉的宗教传统所具有的普遍性

在韩国的民间信仰中，分为阴阳两个不同的空间，并维持着以此为基础的生死观。人们认为，出生是今生的生活，死亡则是阴间的生活，当今生的死亡属于非自然死亡的横死时，会成为怨鬼游荡在阴曹地府（罗景洙 1998：409）。而且，不存在像佛教的中阴一样的空间，伦理性的价值观也没有介入。但是，无法去往阴间的怨鬼会对现世造成灾难，因而就把关注焦点集中在解决此类问题上。巫堂股什中的大部分程序都是洗刷今生怨恨、把灵魂引导至阴间的死灵祭，通过这一点也可以看出上面所说的这类问题。

在巫俗中慰劳、抚慰冤魂的事例很多，这也表明巫俗非常重视解冤。在传统的生死观里，所谓的冤魂与经受不幸的人生然后遭遇横祸而死的灵魂有关。夭折或未婚等未能正常经历一生礼仪的死亡以及客死、战死、水死、意外身亡等死亡、未能接受子孙祭祀的无主死亡等都会成为冤魂（崔吉成 1983：336—337）。这种客死鬼、自杀鬼、他杀鬼、水死鬼、未婚鬼（童子鬼）、无后鬼（无子鬼）等未能经历正常的死亡和处理过程成为祖先，所以通常被称为杂鬼（崔吉成 1983：338—339）。从传统观念来看，杂鬼积压的怨恨相当强烈，因而无法安心地前往阴间，被认为是会对现世人类造成伤害、并使人感到恐惧的危险存在。为此，通常将其驱赶送走，但根据实际情况还可能会招待并慰藉他们。

在民俗信仰中，招待慰藉孤魂是因为人们认为这种行为与现世的生活相

关。家中发生忧患或出现变故时，常常会联想到冤魂加以解释，认为是冤魂介入了现世生活才引发了灾祸，因此为解除这种现象进行殿什和献食等解冤活动。这种解冤活动出现在各种礼仪行为之中，说明虽然是杂鬼，但也不容忽视，需要慎重对待。不仅在个人行为中，在共同体礼仪中也广泛分布，都是源于这种理由而进行的。

共同体信仰中将招待杂鬼称为路祭，大部分村落信仰中在祭祀完村落神以后，最后阶段会在村子入口或者海边举行路祭。路祭是为了恭送前来参加殿什的杂鬼而进行的过程，而杂鬼被认为是无主孤魂，会涌向殿什现场或者宴会进行乞讨，所以在恭送环节中要为他们进行献食。一般来说，恭送杂鬼的过程比较盛大，大部分的事例中都会摆上为杂鬼准备的祭桌，并演奏农乐，形成一派热闹的游戏场面。特别在渔村，每家每户都会端出祭桌，摆在海边，农乐队演奏农乐，巫堂进行完龙王祭以后，便把稻草人装载到船上漂送到大海中去，将逐厄的一系列过程演绎得精彩纷呈。

但是，慰劳孤魂的礼仪不仅出现在民俗信仰中，在其他宗教传统中也能看到。前面提到的水陆仪文的下位疏中召请孤魂这一例子中就可以看出这一点。而且，在貌似毫无关联的儒教式祭祀中也能够看到相似的冤魂观念，厉祭就是最为典型的例子。厉祭是朝鲜太宗（1400～1418）时期接受了中国明朝的法治开始进行的，属于国家祭祀中的一种，首都自不必说，各个郡、县也全都建造厉祭坛进行厉祭（罗景洙 2010）。除了定期的祭享以外，传染病肆虐或者干旱严重之时也会为了饥穰举行"别厉祭"。汉城府和地方郡县在祭享日的前三天会向各地的城隍神举行发告祭，祭享日当天在各地的厉祭坛供奉城隍神和厉鬼神位总共 15 位，进行祭享（李煜 2010：623）。

在厉祭中供奉的 15 位厉鬼，皆属于无主孤魂范畴的鬼魂（李煜 2010：623），包括：

① 遭兵刃而死者
② 遇水火盗贼而死者
③ 被人取财物遭逼迫而死者
④ 被人抢夺妻妾而死者
⑤ 遭刑祸负屈而死者
⑥ 因天灾疾病而死者
⑦ 为猛兽毒虫所害而死者
⑧ 冻饿死者

⑨ 战死者

⑩ 因危急自缢者

⑪ 被墙压死者

⑫ 难产而死者

⑬ 遭雷击死者

⑭ 坠落而死者

⑮ 亡而无后者

厉鬼是横死或冤死的鬼、经历各种灾难而死的鬼或者背负凄楚遭遇的冤魂。他们和被召请到水陆斋下位疏中的冤魂没有太多差别，也与巫堂进行的重泉股什中出现的人物类似。由此可见，慰藉冤魂的传统不是特定宗教或信仰的专属，而是东方宗教传统共有的一种普遍性，而这可以说是以东方共有的生死观为基础而形成的宗教传统的相似性。

此外，虽然说存在如上所说的孤魂慰藉的普遍性，但是这种现象是否是均质的还是个疑团。而且，还有必要区分一下这种普遍性是从初始保持下来的，还是在阴间这个特殊的文化环境中演化或者被强化而成的，这一点从厉祭中可以找到与之相关的线索。朝鲜时期的厉祭与中国的厉祭不同，通过记录厉祭设行来历的《厉祭誊录》可以梳理出这种变化的轨迹。《厉祭誊录》显示，模仿明朝制度制定的形式主义厉祭在朝鲜后期经历了战争和灾难变成了一种主要的土著祭享。这可以解释为"对于厉鬼的儒教理念、国家的抚恤政策、对于冤魂的民间信仰型样貌"三者结合而成的一种共同体信仰（李煜2010：624）。与刚传入时不同，厉祭在朝鲜后期的社会环境中呈现出逐渐土著化和扩大化的趋势。从这一点来看，研究视角不能只停留在确认它的普遍性上，发掘其他的个性和特点才是更重要的，这也是进行比较研究的重要理由。

### （2）巫堂股什、水陆斋和甘露帧、厉祭中的孤魂形象比较

在论述巫堂股什的特点之前，有必要先比较一下巫堂股什、水陆斋和甘露帧、厉祭中出现的孤魂形象。首先，水陆斋和甘露帧不单独区分，而是作为一个整体来探讨，因为两者具有密切的关系，而且在水陆仪文下位疏中有孤魂等众这一说法，个别事例通过甘露帧画可得以确认。其次，也要考虑到在比较中不能充分反映出历时变化的特点这一局限性。巫堂股什中，以现在传承的资料为对象进行分析，但是水陆斋和厉祭却只能反映出 20 世纪之前的状况。对反映时代面貌的孤魂来说，不能单纯把"有或者无"看作是一种差

异，更重要的是应该关注它们的一般性面貌。而且，甘露帧以数十部作品为对象，而巫堂股什只以五个地区的资料为对象，所以在孤魂数字方面赋予太多意义是没有必要的。在有关甘露帧的先行研究中，有的以 27 幅作品为对象将下段的人物进行分类，本文参考此论文中出现的分类表（李庆禾 1998：105），从五个大条目进行比较。

表 3　巫堂股什、水陆斋和甘露帧、厉祭中的孤魂形象比较

| | 巫堂股什 | 水陆斋和甘露帧 | 厉祭 |
|---|---|---|---|
| ① 患难之死 | 难产而死者、上吊而死者、水死者、服毒而死者、中刀而死者、交通事故死亡者、疯子等 | 落马、溺死、被石头压死、房屋倒塌、灾祸、遭虎咬、落井、病死、树折之死、上吊自杀、路上强盗、马车压死、富人之死、雷击而死、误针、服毒自杀、母子俱丧、山林瘴气等 | 遭遇水火或盗贼而死者、被抢夺财物或受到逼迫而死者、妻妾被抢夺而死者、遭遇天灾疫疾而死者、被猛兽或毒虫所害而死者、冻死或饿死者、上吊而死者、墙倒被压死者、难产而死者、遭雷击而死者、坠落而死者等 |
| ② 障碍不遇 | 盲人重泉、瘸子重泉、驼背重泉、小伙子鬼魂、姑娘鬼魂、哑巴鬼魂、老人鬼魂、小孩鬼魂等 | 残疾人、孤寡老人、孤儿、他乡游离乞食等 | 死后无子嗣者 |
| ③ 日常、生计方式 | 男寺党牌重泉、农夫重泉、民间艺人重泉、小同牌重泉、纨绔子弟重泉、行人重泉、卖酒妇女重泉、书生重泉、长工重泉、潜水员、渔夫、军人、海女、采裙带菜而死者等 | 杂耍爬竿、寺党牌、男寺党牌、巫女、算命人、风水先生、商人、集市、婴儿吃奶、下棋、治病、夫妇不和、农耕、书堂、猎人、妓生·纨绔子弟、两班·小妾等 | —— |
| ④ 官衙刑罚 | —— | 主杀其奴、奴犯其主、戴枷罪犯、小腿刑罚、杖刑、乱伦刑罚、斩首刑、罪犯争吵、宫阙等 | 遭刑祸冤屈而死者 |
| ⑤ 战争格斗 | 中枪而死的鬼魂 | 忠义将帅、战争、刀枪相向 | 遇见士兵被刀刺死者、战斗中战死者 |
| ⑥ 其他 | 村落神奶奶等 | 王、王妃、文武官僚、使臣、僧侣等 | —— |

　　孤魂中也有较为模糊而不知该归为哪一类的，但大体上都包括在上面六大类中。对 ① 患难之死（灾难和横死等各种死亡）和 ② 障碍不遇（身体缺陷和可怜的处境）等六个条目的冤魂形象进行比较的话，某种程度上可以发

现其相似点和差异性，可以看出既存在前面提到的孤魂形象的普遍性，也存在一定的差异性。

① 患难之死是指遭到天灾、传染病、灾难和事故等死去和由于横死而冤屈的冤魂。不幸的死亡产生冤魂的都被网罗于此，可能是因为这个原因，在三种分类中这个类型的孤魂最多，而且具有相同名字的冤魂也为数不少，显示出较为相似的一面。

② 障碍不遇是指有各种缺陷或者悲惨处境的冤魂。三个分类中虽然都出现了这种冤魂，但是巫堂股什中带有身体缺陷的冤魂更为具体化和形象化，出现了具有身体缺陷的瞎子、瘸子、哑巴和未婚死去的姑娘、小伙子鬼魂等，表现出直接被吸纳到民俗信仰中的孤魂的实态。

③ 属于日常、生计方式的冤魂表现出众生万象。在这个类型中巫堂股什和甘露帧画体现出一致性，而这种一致性可以成为线索，可以消除在解释出现在甘露帧中的爬竿牌、寺党牌、巫堂等各种演戏牌 [1] 和农耕、市场等场面时所产生的异议。这期间对于刻画着这些众生万象的场面到底在诉说什么一直存在争议，特别是演戏牌，不仅仅是荐渡的对象，也被解读为具有反映市井风俗、慰藉孤魂和死神的功能（金孝贞 2010）。甘露帧的演戏牌、巫堂、生计方式场面中虽然也包含着当时的世间风景和风俗化要素，但从根源来看，可以说他们也是包含在孤魂范畴之内的一种存在（弥灯 2004：364—365）。而且，中国明代水陆画中贴着写有"一切巫师神女散乐伶族横亡魂诸鬼众"的旁题，水陆仪文的下位疏中写着"师巫神女散乐伶官孤魂等众"，由此可以知道他们是被包括在荐渡对象里的一种存在（田耕旭 2010）。并且，同一种存在也出现在巫堂股什中，说明他们分明就是荐渡对象。从重泉股什中男寺党牌重泉、民间艺人重泉、小同牌重泉、农夫重泉、卖酒妇女重泉等以冤魂的形象出现这一点也可以发现他们是荐渡对象这一事实。这种类似的一致性表现出了巫堂股什和水陆斋的亲缘性。演戏牌孤魂在其他地区并不存在，只出现在湖南地区的资料中，这一点较为特别，不妨推测这是否与水陆股什（李京烨 2010b） [2] 集中在湖南地区存在一定的相关性。

④ 官衙刑罚 ⑤ 战争格斗 ⑥ 其他这三种类型存在着差异。巫堂股什中相

---

[1] 译者注：演戏牌是为了表演而组成的戏团，通常指男寺党牌或者民间艺人牌等进行传统表演或者民俗剧的团体。

[2] 在大海、江边和水库等地发生罹难或溺死事故时进行的股什，也叫水陆祭，主要传承于湖南。

关的孤魂出现较少，之所以出现在水陆斋和甘露帧、厉祭中可能与各自的社会功能相关。水陆斋和厉祭拥有着国行水陆斋和国家祭祀相关的传统，因此与官衙或战争相关的孤魂被当成了主要对象。

以上对巫堂殿什、水陆斋和甘露帧、厉祭中出现的孤魂形象进行了比较分析，可以发现整体上相似点还是比较多的。但同时，由于各自履行的社会职能不同，所以孤魂的种类也互不相同。

厉祭中固定了15位孤魂，但是孤魂的范畴相对来说具有一定的局限性。巫堂殿什和水陆斋甘露帧一致的种类较多，特别是厉祭中没有出现的日常、生计方式这一类孤魂比较相似。另外，水陆斋和甘露帧中出现了王和文武官僚，这与使用的资料是朝鲜时期的有关，还可以解释为水陆斋"不分贵贱贫富的无遮平等会"的目标理念被反映出来的一种结果。

### （3）巫堂殿什中孤魂的刻画方式和特征

巫堂殿什、水陆斋和甘露帧、厉祭虽然是互不相同的宗教传统，但整体上相似的部分较多。因为进行背景和功能有或多或少的差异，所以不可能连内容上的特征方面也是相同的，特别是慰藉冤魂的方式凸显出这种差异。所以，通过比较冤魂的刻画方式就可以发现巫堂殿什的独有特征。

厉祭是国家直接主管的祭享，具有相当程度的权威认证层级。朝鲜时期，厉祭成为国家祭祀意味着冤魂的力量或者灵验性在社会上未被否定，反而获得了正式性。从这一点来看，可以说厉祭是为可怜的鬼神举行祭祀、解除冤魂的郁结、阻止冤魂给国家和郡县带去灾难的一种抚恤性饥穰礼仪（李煜2001）。20世纪以后厉祭虽然正式断绝，但是一部分被接受为民间信仰（罗景洙1987，2015；田耕旭1999）。因此，厉祭是一个虽然政治功能已经丧失，但宗教传统的权威和凝聚力仍被民间所接受的典型事例。另一方面，厉祭是按照所谓的儒教式来进行礼仪的，所以冤魂以牌位的形态供奉，而没有形成其他方式的形象刻画。没有被排除而是写在牌位上，这种事情本身对于冤魂来说虽然已经很特别了，但也只是被当成一种被抚恤的对象。这可以说是一种源于厉祭是政治者抚恤性饥穰礼仪这一特征的形象刻画方式。

水陆斋在朝鲜前期作为国行水陆斋来进行，担当着与厉祭相似的政治宗教性功能，各种灾难和传染病的原因都被认为是冤魂所为，通过水陆斋来解除冤魂的委屈，从而实现国家和地方的安宁。传染病泛滥和干旱严重时，进行水陆斋的例子很多，从中可以读出这种政治性涵义。另一方面，水陆斋与厉祭不同，不仅仅作为国家行使礼仪，在多层次的范畴之内都曾经举行过。因此，冤魂的范畴并不固定，反而具有总括性。被评价为通过绘画来体现水陆斋的宗教性意味的甘露帧画中，可以看出孤魂形象的各种面貌。甘露帧画中的孤魂被一一刻画成具体的形象，画面里孤魂以处于患难中的模样、横死的模样、面临各种不幸和死亡的模样出现。最突出的特征是，它们不只是用名字来称呼，而且还从视觉上进行形象化。这是通过清晰地体现孤魂的存在，从而达到解除孤魂郁结的效果。甘露帧画虽然是为使信徒更容易地理解佛教的荐渡原理为目的而绘制的，但是设置的场所是进行荐渡斋的祭坛，这可以确定视觉性的形象刻画中所包含的宗教化功能。

巫堂股什的冤魂礼仪有两种，一种是逐一罗列处于不幸中的冤魂并称呼他们的名字，另一种是以演戏的方式再现每一个孤魂。如果说前者是一种一般性恭送方式的话，那后者则是在大股什的末尾出现的戏剧性恭送方式。前面提到的重泉股什即重泉游戏、三设褐、路祭等都属于后者。重泉股什中冤魂按照顺序一一登场，巫堂扮演孤魂的角色进行演戏，以一人多角的方式进行孤魂形象化表演，即把每一种不同处境的孤魂以演戏的形式再现。这种冤魂的形象刻画方式与前面的厉祭、水陆斋和甘露帧画是不同的。

为使视觉上能够更加一目了然，把上面所论述的巫堂股什、水陆斋和甘露帧、厉祭的形象刻画方式以图表形式整理如下。以此比较为基础，对巫堂股什中出现的孤魂形象刻画方式的特征进行更为具体的说明。

表4　巫堂股什、水陆斋和甘露帧、厉祭中孤魂的形象刻画方式比较

| | 形象刻画方式 | 特　　征 |
|---|---|---|
| 巫堂股什 | 股什中呼唤孤魂的名字或者通过演戏的形式再现其形象 | 孤魂诉说自己的处境，以演戏形式表达立体化的形象 |
| 水陆斋 | 斋会中召请孤魂的名字 | 召请，"无遮平等会"式的孤魂范畴 |
| 甘露帧 | 在画面中表现各种孤魂的处境 | 绘画式的形象刻画，孤魂形象的具体化、视觉化 |
| 厉祭 | 祭祀中以牌位形式供奉15位孤魂 | 被称呼为统治者的抚恤对象 |

巫堂股什的重泉游戏中，巫堂化妆成孤魂的样子出场，和乐师一边对话一边再现孤魂所处的状况。乐师和助巫为对应人物提供必需的处方并为之解决问题以后，冤魂就会退场，接着其他人物陆续登场。就这样重泉游戏中杂鬼杂神的形象被以演戏的形式再现出来，巫堂或拿着适合冤魂形象的小道具，

图 1　法圣浦水陆股什中表演重泉游戏的全金顺巫堂（2008）。巫堂使用小道具把孤魂的形象以演戏的形式表现出来。从上往下依次是以拄着拐杖的盲人模样行走的盲人重泉（上），在裙子底下放上瓢，表演孩子出生场面的产子重泉（中），头上顶着瓢模仿卖酒的卖酒妇女重泉（下）。

或经过简单的化妆后出来诉说自己的故事，表演一番以后退场。如果是瞎子鬼魂，就模仿瞎子闭着眼睛拄着拐杖小心翼翼地行走；如果是孕妇鬼魂，就放一个瓢在裙子里塑造一个大肚子的形象；如果是小伙子鬼魂，就在腰间挂一个用稻草做的很夸张的男根，模仿表演性行为的场面；如果处女鬼魂，就假装羞于见人，用手绢遮挡面部若隐若现，缓缓出场。

**图 2**　顺天三设褐股什中进行表演的朴庆子巫堂（2011）。装扮成孕妇的巫堂拄着拐杖托着肚子登场，进行表演，向乐师们诉说自身处境，并进行一番对话，然后产子并逗弄婴儿。

重泉游戏由多个分开的表演项目连接起来而成，一个孤魂形成一个表演项目，多个联合起来就形成了重泉游戏。而且，各个孤魂会成为每个表演的主人公。比如难产而死的孕妇，巫堂在裙子底下放一个瓢，制造一个像孕妇一样的肚子进行表演。在与乐师进行完对话表演以后孩子出生，这时会唱起真正产子时祈祷平安的"三神经"等歌曲。然后，把瓢用手绢包住，打扮成孩子的样子演唱"哄孩子"歌曲，说唱一些称赞孩子外貌的美言，随后会拿着瓢和包袱欢快地进行舞蹈，边舞边退场。由此可以看出重泉游戏这种与孤魂的性格相符合的戏剧性再现特征。

如上所述，巫堂股什的孤魂形象刻画方式的特征就是戏剧性再现。股什中孤魂以故事主人公的身份登场，在巫堂再现的表演中，杂鬼杂神独自诉说不幸的遭遇，经历着客观化的过程。而且在收到相应的补偿以后，随之变得欢快，进而得到满足后退场。在不幸和不遇的处境中蜷缩着的冤魂们在股什中得到满足，伴以欢快的舞蹈之后退场。巫堂股什过程中出现的"自我诉说"与最近探讨的艺术治愈方式相似，这一点特别值得关注。巫堂股什中以演戏的形式再现孤魂的处境，使其形象刻画更具立体感，是因为以这样的方式解除孤魂所带有的怨恨的效果更强。而这也正是巫堂股什中孤魂慰藉方式的独特之处。

# 四、结　语

孤魂或者冤魂慰藉虽然是巫俗由来已久的传统，但也是水陆斋的主题，同时甘露帧画中也出现孤魂形象，而且还是朝鲜时期国家祭祀——厉祭的主要祭祀对象。考虑到这一点，本文对巫堂股什、水陆斋、甘露帧和厉祭中出现的冤魂形象的相似性进行探讨研究，并分析归纳了巫堂股什中孤魂形象刻画的特征。简单整理如下。

在重泉类股什中出现因为各种事故而死、病死、饿死、身体残疾而死的冤魂，虽然根据资料不同会有所增减，但无一例外都是具有悲情故事的存在。另一方面，他们与水陆斋的下位疏中提到的孤魂相同，与甘露帧画下段刻画的孤魂形象也相同，并与厉祭的厉鬼也没有差异。从这点来看，可以说慰藉、抚慰冤魂的传统不是特定信仰或者宗教的专属，而是东方宗教传统所具有的一种普遍性。但是，由于各自所履行的社会功能不同，在孤魂的范畴和种类上出现很多差异。厉祭的孤魂范畴相对来说受到限制，而巫堂股什、水陆斋、甘露帧一致的条目更多，特别是厉祭中未出现的日常和职业这类孤魂较为相似，值得引起关注。水陆斋、甘露帧中出现王或者文武官僚，这与所使用的资料是朝鲜时期的有关，还可以解释为是水陆斋"不分贵贱贫富的无遮平等会"的目标理念被投射出来的一种结果。

巫堂股什、水陆斋、甘露帧和厉祭虽然是互不相同的宗教传统，但是整体上相似的部分较多，但由于进行背景和功能不同，所以内容方面的特征是不可能相同的。不能仅仅停留在确认这种普遍性上，注重于发现相互不同的个性和特征是更为重要的，通过冤魂慰藉的方式可以发现这种差异。水陆祭中作为无遮平等会的孤魂被召请而来，甘露帧中以绘画的方式具体描写不同孤魂的形形色色，厉祭中被称呼为统治者的抚恤对象。巫堂股什与它们不同，具有罗列名字和以演戏方式再现的特点，特别是后者是其典型特征。巫堂股什中孤魂成为各种逸闻趣事的主人公，在巫堂再现的表演中，杂鬼杂神自己直接诉说不幸的遭遇，经历了一个较为客观的过程。在这里出现的"自我诉说"与最近探讨的艺术治愈方式相似，这一点特别值得关注。巫堂股什中以演戏的形式再现孤魂的处境，使其形象刻画更具立体感，而这也正是巫堂股什中孤魂慰藉方式的独特之处。

# 参考文献

崔吉成

1983，"巫俗中的恨、冤魂、镇魂"，《民俗语文论丛》，大邱：启明大学出版部，第 336—339 页。

洪泰汉

2012，"水陆斋下段死亡形象的普遍性"，《南道民俗研究》，第 24 辑。

金孝贞

2010，"18 世纪甘露帧演戏牌出现的多面性意义"，韩国艺术综合大学硕士论文，第 89 页。

李京烨

2010，"湖南地区巫堂股什游戏的演行样貌和意义"，《韩国巫俗学》，第 21 辑。

——2010，"西海岸巫俗水陆斋的性格与演行"，《韩国民俗学》，第 51 辑，第 273 页。

李庆禾

1998，"朝鲜时代甘露帧画下段画的风俗场面考察"，《美术史学考察》，第 220 卷，第 83—105 页。

李庸爱

2014，"津宽寺、三和寺国行水陆斋比较"，《禅文化研究》，第 16 卷，第 538 页。

李煜

2001，"朝鲜前期冤魂祭祀的变化及意义——以水陆斋和厉祭为中心"，《宗教文化研究》，第 3 卷，第 170—185 页。

——2010，"厉祭誊录"，《韩国民俗信仰词典——村落信仰 2》，首尔：国立民俗博物馆，第 623—624 页。

罗景洙

2015，"儒教神格与巫俗神格的共生现场"，《南道民俗研究》，第 30 辑。

——2010，"厉祭"，《韩国民俗信仰词典——村落信仰 2》，首尔：国立民俗博物馆，第 621 页。

——1998，《光州·全南的民俗研究》，首尔：民俗苑。

——1987，"珍岛的厉祭"，《湖南文化研究》，第 17 辑。

弥灯

2004，"甘露帧画的意义考察——以追荐对象为中心"，《历史民俗学》，第 19 辑，第 347—352 页。

沈晓燮

2004，"朝鲜前期水陆斋的进行和仪式"，《东国史学》，第 40 卷，第 234—235 页。

田耕旭

2010，"甘露帧中描写的传统演戏和流浪艺人集团"，《公演文化研究》，第 20 辑，第 173—174 页。

——1999，《咸镜道的民俗》，首尔：高丽大学出版部。

# The Universality and Characteristics of Pacifying Lonely Spirits in Mudang Gut
## —Centering on the Comparison with Suryukjae, Gamrodo, and Yeoje

*Lee, Kyungyup*

**Abstract:** The pacification of the lonely spirit or revengeful spirit is an old tradition of shamanism. There are related rituals that are transmitted in various manners nationwide. The pacification of lonely spirits is not only a shamanistic act but also the subject of Suryukjae. In addition, in "nectar ritual paintings", there is a form of lonely spirits which were the main subject of Yeoje which was the national ancestral rite in the time of Joseon dynasty. In consideration of such circumstances, the similarity in the form of lonely spirits in Mudang gut, Suryukjae, "nectar ritual paintings", and Yeoje has been reviewed and their characteristics have been examined through the method of formalizing lonely spirits in Mudang gut. From this, it is expected that the universality and the characteristics of pacifying lonely spirits in Mudang gut will be understood.

Mudang gut, Suryukjae, "nectar ritual paintings", and Yeoje are different religious traditions which have a lot in common. From this, the tradition of soothing lonely spirits is not from a specific religion or faith, but it is a universality of the Eastern religious traditions. However, the social function each perform is different so the categories and the types of lonely spirits they objectify differ. In the case of Yeoje, the category of lonely spirits is relatively restricted. Mudang gut, Suryukjae, and "nectar religious paintings" have a lot in common. In particular, they share "everyday life / occupation" of lonely spirits, which is not included in Yeoje. The fact that kings as well as civil and military officials appear in Suryukjae and "nectar religious painting" is related to the Joseon dynasty and is the result of reflecting the faith of Suryukjae which aspires the egalitarianism that accepts high and low and the rich and poor alike.

According to the religious tradition, there is a difference in the formalization of lonely spirits and the soothing. In Suryukjae lonely spirits of egalitarianism are summoned, in "nectar religious paintings", we find pictorially depiction, while in Yeoje, they are called upon as aid objects of the ruler. In Mudang gut, we find a kind of calling style and the reenacting style, of which the latter is of particular interest. In Mudang gut, lonely spirits appear as the main character of each episode. In the drama reenacted by a shaman, the spirits talk about their misfortune and they undergo the process of objectification. The 'self-uttering' is similar to the contemporary art therapy, which calls for interest. As such, in Mudang gut, the position of lonely spirits are historically reenacted and multidimensionally formalized.

**Keywords:** Mudang gut; Jungcheonmekki; Suryukjae; Buddhist rituals; "nectar religious painting"; Yeoje, popular belief

前沿观察

# 洞中意识：当考古学遇上萨满教*

［美］安德烈·兹纳姆斯基（Andrei A. Znamenski）

（徐　峰　郭　卉　译）

**摘　要**：本文考察了古代和现代岩画（岩刻画）的"萨满教重读"。通过分析有关非洲南部和美洲土著岩画艺术的著作，笔者展示了周围的思想潮流如何影响了古代和现代岩画的学术解释。最初，学者和作家们从唯物主义的视角将岩画艺术视为狩猎巫术的表现。然而，自20世纪八、九十年代以来，人们越来越多地从精神层面对岩画进行重新解读。笔者认为，这种视角的转变源于：人文社会科学实证主义的式微、后现代主义的兴起以及20世纪70至90年代新时代大型思想集体和平面媒体的出现。为了更好地在历史中寻根，这一后起的视角广泛地将考古学用于他们的精神实践（如吹口哨的瓶子、各种石器时代的雕像），将"古代智慧"融入一般文化而为大多数人所接受。许多考古学家开始将岩画"打造"成为萨满教实践和相关精神体验的表现。特别是，本文分析了那些率先将岩画精神化，提出所谓"内视"解释的学者们（戴维·刘易斯－威廉姆斯、让·克洛特和戴维·惠特利）的学术。最后，笔者展示了这种学术性重估是如何渗透到大众媒体和旅游景点解说中去的。

**关键词**：岩画　岩刻画　内视理论　萨满教　灵性信仰　新时代　科索山脉考古　玛雅　口哨瓶　戴维·刘易斯－威廉姆斯　让·克洛特　戴维·惠特利

**作者简介**：安德烈·兹纳姆斯基，孟菲斯大学历史系教授。研究方向为历史、人类学和文化史。

**译者简介**：徐峰，历史学博士，南京师范大学文博系教授，研究方向为认知考古学。郭卉，哲学博士，南京师范大学文博系讲师，研究方向为社会人类学、艺术。

---

\* 本文是基于未被收入拙著《原始之美》（*The Beauty of the Primitive*，2007）中的一章写就的。本译文是国家社会科学基金重点项目"爱斯基摩史前史与考古学研究"（18AKCT001）的阶段性成果。

# Mind in the Cave: Archeology Meets Shamanism *

Andrei A. Znamenski

**Absrtract:** The essay examines the "shamanic rereading" of ancient and modern rock art ( petroglyphs ). Analyzing writings that deal with rock art of Southern Africa and Native America, the author shows how surrounding intellectual fashions affected scholarly approaches to the interpretation of ancient and modern petroglyphs. Originally scholars and writers viewed rock art from a materialistic viewpoint as a manifestation of hunting magic. Yet, since the 1980s—1990s, the petroglyphs have been increasingly reinterpreted in spiritual terms. The author argues that such change of perspective was informed by the decline of positivism in humanities and social sciences, the ascent of post-modernism, and the emergence of the large New Age thought collective and print media in the 1970s—1990s. To better root themselves in history, the latter widely appropriated archeology for their spiritual practices ( e.g. whistling bottles, various stone age figurines ), mainstreaming the "ancient wisdom" into the general culture. Many archeologists began to cast rock art as a manifestation of shamanic practices and related spiritual experiences. Particularly, the essay analyzes the scholarship of the scholars who spearheaded so-called *entoptic* interpretation ( David Lewis-Williams, Jean Clottes, and David Whitely ) that spiritualized rock art. Lastly, the author shows how such scholarly reassessment trickled down into popular media and interpretive tourist sites.

**Keywords:** rock art, petroglyphs, *entoptic* theory, shamanism, spirituality, New Age, Coso Range archaeology, Maya, Whistling Bottles, David Lewis-Williams, Jean Clottes, David Whitely.

**Author Profile:** Andrei Znamenski is a professor in the History department at University of Memphis. Studies History, Anthropology, and Cultural History.

---

\* This paper is based on the text of a chapter that was not included into my book *The Beauty of the Primitive* ( 2007 ).

阿尔塔米拉（Altamira）、拉斯科（Lascaux）、肖维（Chauvet）、巴
里峡谷（Barrier Canyon）中有什么样的故事？我们不清楚。问题远比答
案多。但是要我说，情况就应该是这个样子的。这些问题极富创造性，
人们的想象力由此被激发。在这个神秘的领域里，让我们把握这些能够
激发想象力的奇迹。不要固执于只会降低我们好奇心的答案，那样只会
扼杀我们提问的本能。

N. 斯科特·莫马迪（N. Scott Momaday），摘自《神圣形象》一文
（Momaday 1997：131）

2004 年，我作为一名国外访问学者在日本工作，我听说在离我居住的
札幌市不远的小樽市里有一座手宫洞窟（Temiya cave），窟内有属于"续绳
纹"（ぞくじょうもん）传统的岩石雕刻。该文化是大约 1600 年前的狩猎和
采集文化。由于日本只有两处古代岩画遗址，政府不仅宣布手宫洞窟为国家
文化地标，还在其地建设洞窟保存馆。在进入洞窟之前，柜台旁的导览人员
微笑着递给你一张印有窟内图画简要介绍的宣传单。尽管当时我对"萨满学"
（shamanology）的各个方面有所了解，但有关岩画研究中持续的争论，我还
无从知晓。我也不知道手宫洞窟墙壁上画的是谁，有什么样的内容。

浏览柜台上取的宣传单可知，学者们对描绘的头上戴角的人像和动物的
那些古代雕刻提出了各种解释。在所有的这些假设中，正如宣传单的制作者
们所坚持的，"戴角的人"雕刻表现的是在东北亚地区广泛可见的萨满形象
（被称为"萨满"的人跳起舞来非常激动，会狂热地祈祷，具有预言或占卜之
术）是很有说服力的观点①。这是我第一次接触有关岩画起源的流行精神理论。
后来，当我开始阅读更多有关岩画的考古学研究时，我注意到，类似的"萨
满教"（shamanic）解释被用于非洲、北美和全球其他地区包含岩画的遗址上。

本文旨在探讨，在 20 世纪七八十年代，萨满教这一流行的概念是怎样进
入考古学领域的，以及作为一种令人印象深刻的解释工具它又如何被一些学
者用来解释古代遗存。这种趋势在岩画研究和中美洲考古学中尤为明显。在
这些"认知考古学家"的解释中，某些颇有说服力，而其他的则给人留下一
个印象：他们仓促地要努力赶上这股迷人的萨满教解释风潮。在本文的第二
部分，我考察了这一"认知考古学"与当前萨满教实践者之间的联系，后者
利用这一学术解释来提升和宣传自己的精神技能。

---

① 见特米娅洞穴保护博物馆宣传页第 2 页（Temiya Cave Preservation Museum Flyer, Otaru,
Hokkaido, p. 2）。

What are the stories of Altamira, of Lascaux, of Chauvet, of Barrier Canyon? We do not know. There are many more questions than there are answers. But let me suggest that this is as it should be. The questions are deeply creative, and they inspire the imagination. In this great field of mystery, let us hold on to the wonder that excites the imagination. Let us not insist upon answers that will diminish our curiosity, that will kill our instinct for questions.

N. Scott Momaday, from the essay "Sacred Images." (Momaday 1997: 131)

In 2004, when I worked in Japan as a foreign visiting professor, I heard that not far from Sapporo, the city where I lived, in a small town of Otaru there was the Temiya cave that contained rock engravings belonging to Zoku-Joumon tradition. The latter is a hunting and gathering culture that existed about 1600 years ago. Since there are only two sites with ancient rock art in Japan, government not only declared Temiya a national cultural landmark but also turned it into a small museum. Before entering the cave, one goes through a counter, where a smiling guide hands you a flyer with a brief description of the drawings. Although at that time I already was aware of various aspects of "shamanology," I was still quite ignorant about the ongoing debates in rock art studies. Neither did I know who and what was depicted on Temiya walls.

The flyer I picked up at the counter informed me that scholars offered various interpretations of the ancient engravings, which depicted human figures and animals with horns on their heads. However, among all these hypotheses, as the authors of the flyer insisted, "the theory that 'horned men' engravings represent the figure of shaman (the person who dances enthusiastically or prays fanatically, and divines or makes oracles of the yield) who was often seen in Northeast Asia, is very cogent." [1] This was my first introduction to the popular spiritual theory on the origin of ancient rock art. Afterwards, when I began reading more about archeology of rock art, I noted that the similar "shamanic" interpretation was offered for many sites containing rock art in Africa, North America and in other parts of the globe.

This essay brings to light how in the 1970s and the 1980s the popular shamanism concept entered archaeology and served some scholars as an impressionistic explanatory tool to interpret ancient remains. This trend became especially visible in rock arts studies and Mesoamerican archaeology. Some of the interpretations of these "cognitive archeologists" are convincing, whereas others produce an impression of hasty efforts to jump on a bandwagon of the attractive shamanism fad. In the second part of this essay, I examine links between this "cognitive archeology" and current shamanism practitioners, who use this academic interpretation to enhance and publicize their spiritual techniques.

---

[1]   Temiya Cave Preservation Museum Flyer, Otaru, Hokkaido, p. 2.

# 我被绘以锯齿线：萨满教与岩画

人们可以在欧亚大陆、北美、非洲和澳大利亚全球各个角落的悬崖、岩石和洞穴中发现神秘的岩绘画和岩刻图像。这些图像的年代远至公元前30000年，近抵现代。例如，单是北美就有超过7500处岩石遗址。在非专业人士的眼中，这些图像不过是在做某件事的过程中捕捉的点、锯齿线、直线、动物和人的形状。它们反映的是古人的世俗或精神关怀吗？抑或兼而有之？为什么古代的画师把他们的艺术深藏在难以企及，甚至连爬行亦难入的狭窄洞穴中？

现今许多学者认为，岩画的作者是古代的萨满或萨满的学徒。不过，直到20世纪80年代，主流观点依旧认为，这些图像描绘的是世俗场景，有着实际的目标需求。由于大量的岩画场景中描绘了动物，其中一些被箭刺穿，一些考古学家认为这些图像表现的是所谓"狩猎巫术"（hunting magic）。学者们认为，如果古人在岩石上绘制或刻凿动物和人的图像，说明他们想对人和动物采取行动。例如，一头野牛或一群野牛被箭刺伤的图像可能意味着人们希望以一种仪式的手段来确保狩猎成功。在另一些情形中，倘若图像中描绘的是食肉动物，如狮子和熊，学者们则猜测这是要毁灭这些动物的巫术企图——黑巫术（the destruction magic）。20世纪初，现代人类学之父之一的詹姆斯·弗雷泽（James Frazer）爵士很好地阐述了这一观点。在反思欧洲旧石器时代洞穴岩画的意义时，他写道，这些图画代表了古代猎人为了让他们将要获得的猎物数量翻倍而做出的象征性努力（Dickson 1990：127）。

在此前后的一段时间里，确实还有很多其他的解释。例如，在同一时期，美国人类学家弗朗西斯·登斯莫尔（Frances Densmore）将奥吉布瓦（Ojibwa）部落（阿尼什纳比人）的印第安人岩画分为两组。第一组图像是只有作者才能理解的深奥图像。她推测，这些图画可能是奥吉布瓦神圣萨满社会大药师（Midewiwin）的记录。第二组她认为是世俗的图像，包括了"图腾标记"、行旅者绘制的简单地图、时间记录、图画故事，最后是象形人名。同时，直到20世纪70年代，狩猎巫术理论仍然是对岩画艺术最流行的解释。

诸如此类的解释当然反映了当时考古学研究的主导姿态，考古学研究比任何其他人文科学都更倾向于实证主义和唯物主义。为了更好地了解唯物主

# "With Zigzag Lines I'm Painted": Shamanism and Rock Art

Enigmatic painted (petrograph) and carved (petroglyph) images on cliffs, rocks, and inside caves one can find in various corners of the globe in Eurasia, North America, Africa, and Australia. These pictures are dated from 30000 BC to modern times. For example, North America alone has more than 7500 rock sites. To the eye of the non-expert, these images are just dots, zigzags, lines, shapes of animals and people caught in the moment of doing something. Do they reflect mundane or spiritual concerns of the ancient one? Or may be both? Why did the ancient painters hide their art so deeply in narrow caves that are hard to penetrate or even crawl?

Now many scholars assume that the authors of drawings on rocks were ancient shamans or shamans' apprentices. However, until the 1980s, the dominant view was that the pictures portrayed mundane scenes and served practical goals. Since many rock art scenes depict animals, some of whom being pierced with arrows, some archaeologist believed that these images represented so-called hunting magic. The scholars assumed that if ancient ones drew or pecked pictures of animals and people on rocks they wanted somehow to act upon these people and animals. For example, a picture of a bison or a group of bison pierced by an arrow could mean that people wanted to ensure in a ritual form a successful hunt. In other cases, if drawings portrayed such predators as lions and bears, scholars surmised that these were magical attempts to destroy these animals — the destruction magic. In the early twentieth century, Sir James Frazer, one of the fathers of modern anthropology, articulated well this view. Reflecting on the meaning of the rock art from European Paleolithic caves, he wrote that the drawings represented symbolic efforts of ancient hunters to multiply the number of game animals they were going to procure (Dickson 1990: 127).

There were certainly many other interpretations at that time and later. For example, during the same years, American anthropologist Frances Densmore, divided Ojibwa (Anishnabwe) Indian rock images into to two groups. Into the first group, she included esoteric images understandable only to their authors. She speculated that the drawings could also be records of Midewiwin, the Ojibwa sacred shamanic society. The second group included the images she considered secular: "totem marks," elementary maps produced by passing travelers, records of time, pictures to illustrate a story, and finally pictographic names of individuals. At the same time, until the 1970s, the hunting magic theory remained the most popular interpretations of rock art.

This and similar interpretations certainly reflected the then dominant stance of archeology scholarship that at that time was saturated with positivism and materialism. To see better a materialist-archeologist's interpretation of the rock art, let me show how the

义考古学家关于岩画的解释，让我来介绍下已故的俄罗斯杰出考古学家奥克拉德尼科夫（A. P. Okladnikov）于 20 世纪 60 至 80 年代期间是如何看待蒙古西部科布多（Hovd）省岑格里赫（Khoit-Tsenker）洞穴内旧石器时代岩画的。在共产主义时期，唯物主义的解释是必须的，俄罗斯的学术最能体现这种方法取向。考古工作者对科布多岩穴里的图像进行了采样，包括公羊和公牛的图像，以及会让人联想到蛇的线条。尽管奥克拉德尼科夫发现一些图画可能与北亚萨满教"线蛇"（lines-snakes）有关，但是他淡化了这种普遍性解释。相反，他得出的结论是，大多数描绘了动物的图画证明了洞穴是狩猎巫术的"神庙"。此外，他还强调狩猎巫术是"中亚旧石器时代艺术家世界观的基础"。与从事旧石器时代研究的西欧同行一样，这位学者坚持认为，蒙古的古代艺术家"绘出整个周围动物世界的唯一目标是——神奇地确保动物的丰饶，从而让生命充盈"（Okladnikov 1972：46）。

无论我们多么努力，都无法精确地知道岩画究竟对古人意味着什么。它们的含义因地点、时间和具体的文化而异。在这种情况下，单一的解释注定是有缺陷的。鉴于此，考古学家该当如何？这是一个学术想象力和"考古超现实主义"可以介入并填补缺环的领域。长话短说，这个领域对于各式各样印象派的解释是广为开放的，自然也就映射出同时代的思想观点。

例如，在 20 世纪 50 年代，当精神分析仍然风行之时，一些考古学家用弗洛伊德式的眼光检视了勒迪克多杜贝尔特（Le Tuc-d'Audoubert）洞穴中发现的旧石器时代"遗存"。这个洞穴里有古代儿童的脚后跟印与黏土卷。当代的一种理论认为后跟印是成丁礼（initiation）仪式的证据。状似男性生殖器的黏土卷成为那些可能曾经进到洞穴中来接受仪式之人的阳具或阳具套。考古学家们反复使用了这一理论，直到有一位雕刻师向他们指出，这些"阳具"看起来更像是一位建模师为了检查材料的可塑性而在处理黏土之前制作的黏土样品。考虑到附近发现有泥塑的野牛，雕刻师的解释听起来颇为可信。

20 世纪五六十年代，结构主义思潮盛行，法国著名考古学家雷诺埃·古尔汉（André Leroi-Gouran）加入了精神分析的解释，试着将岩画形象分成有序的配对。他认为欧洲洞穴绘画涉及性的象征，可以分为"雄性"和"雌性"形象，这两种形象既对立又互补。出于某种原因，雷诺埃·古尔汉还推测，对于远古的人而言，野牛是雌性的象征，而马则被视为阳性的。对他而言，很难归类的笔直的几何线象征着阳具，而卵形和长方形则代表了外阴（Clottes and Lewis-Williams 1998：63，74—75）。

late A. P. Okladnikov, the leading Russian archeologist in the 1960s—1980s, assessed Paleolithic drawings at the Khoit-Tsenker ( Hovd ) cave in Western Mongolia. Russian scholarship, where materialist interpretations were obligatory during communism, is the best example of such approaches. The Hovd cave samples the images of animals such as rams and bulls, and lines that might remind of snakes. Although Okladnikov found that some drawings might be linked to northern Asian shamanism ( "lines-snakes" ), he downplayed this generalization. Instead, he concluded that the very fact that most drawings depicted animals was the proof that the cave was the "temple" of hunting magic. Moreover, he stressed that the hunting magic lay at the "foundation of the worldview of Central Asian Paleolithic artists." As their counterparts in Paleolithic Western Europe, insisted the scholar, the ancient artists of Mongolia "drew the entire surrounding animal world with the sole goal — to magically secure the abundance of animals and therefore replete life." ( Okladnikov 1972: 46 )

There is certainly no way to find out exactly what rock art meant to the ancient ones no matter how hard we try. It could mean many things depending on a place, time, and a specific culture. In this case, a single explanation will always be doomed to remain flawed. What should archaeologists do in this case? That is the realm where scholarly imagination and "archaeological surrealism" step in and fill missing links. To make a long story short, the field is wide open for various impressionistic interpretations, which certainly mirror contemporary intellectual sentiments.

For example, in the 1950s, when psychoanalysis was still in a great vogue, some archaeologists screened the Paleolithic "relics" found in Le Tuc-d'Audoubert cave through Freudian eyes. This cave samples heel prints of the ancient youngsters and rolls of clay. One of contemporary theories read the heel prints as the evidence of an initiation ceremony. The rolls of clay, which in their shape resemble phalluses, became penises or penis-covers for those who might have come to the cave to be initiated. Archeologists recycled this theory until at some point a sculptor pointed to them that the "penises" looked more like clay samples a modeler usually made before working the clay to check the plasticity of the material. The sculptor explanation sounded more credible considering clay statues of bison that were found nearby.

In the 1950s and 1960s, when structuralism was coming into fashion, the famous French archeologist André Leroi-Gouran added to the psychoanalytic interpretation trying to sort rock art imagery into orderly pairs. He concluded that the European cave drawings, which as he assumed involved sexual symbolism, could be grouped in "male" and "female" images, which simultaneously opposed and complemented each other. For some reason, Leroi-Gouran also surmised that to the ancient ones the bison was the feminine symbol, while the horse was considered masculine. The straight geometric lines that were hard to pigeonhole became for him penises, while ovals and rectangles stood for vulvas ( Clottes and Lewis-Williams 1998: 63, 74—75 ).

　　20 世纪 70 年代，基于对人文社会科学的一种女权主义研究，加州大学洛杉矶分校已故考古学家马丽加·金芭塔丝（Marija Gimbutas）因在人文和形而上学界率先提出"母神"（the Mother Goddess）概念而知名。她将石器时代的一些抽象图形（如螺旋和圆点）评断为女性生殖器官：子宫、输卵管和羊水的隐喻（Allen 2001：22）。此外，作为一名铁杆怀疑论者，人类学家爱丽丝·凯霍（Alice Kehoe）坚决要与那些想在岩画中看到萨满教证据的人掰饬。令人啼笑皆非的是，爱丽丝认为，其中一些图像可能只是"原始的"（primal）孩子们玩耍时的涂鸦，比方说，当时他们的母亲正在忙于收集浆果。最早的一批岩画探索者实际上也提出过类似的解释，他们认为"原始的"人们是出于愉悦而创作艺术。

　　关于岩画和萨满教之间可能存在联系的争论，实质上牵涉一个问题。学者们能否对"原始的"人们的宗教进行有根据地猜测，或者如戴维·惠特利（David Whitley）——那些在彩绘洞穴和岩绘中看到萨满教的人之一——所言，将考古工作约束在陶器残片、箭头和食物残渣这些"史前时代的垃圾"上一定就好吗（Harmon 1997：02C）？确实，既然我们永远不会知道岩画的意义和目的，我们能玩猜谜游戏，并提出它的宗教起源吗？毕竟，现代的部落和犹太–基督教艺术深受宗教观念的影响。那么我们为什么就要否认石器时代和部落作品（tribal *oeuvre*）中存在类似的内容呢？

　　此外，岩画与神圣世界的关联似乎是那些见过岩画之人的一种自然的瞬间反应。最早的西伯利亚探索者面对这些凿刻或绘制在岩石上的古代图像就经常有这样的反应。18 世纪初，流放西伯利亚的瑞典战俘菲利普·约翰·冯·斯特拉伦伯格（Philipp Johann von Strahlenberg）在汤姆河（Tom River）地区邂逅了古西伯利亚人凿刻在石头上的麋鹿、马和人像。他称这些图像为"角色"，随即认为它们具有"奥秘"，可能曾在"魔法和其他迷信仪式"中被使用（Strahlenberg 1736：346—347）。自 20 世纪 80 年代以来，许多考古学家认为，岩画起源于古代萨满受致幻剂、精神创伤、禁食或冥想诱发的意识状态改变期间所体验到的幻象。在将岩画与萨满教联系起来这一问题上，20 世纪 60 年代的德国学者安德烈斯·劳梅尔（Andreas Lommel）首发其端。随后在 80 年代，南非的戴维·刘易斯–威廉姆斯（David Lewis Williams）——一位富有人类学背景的考古学家——将其发展成为一套融贯的理论。两位学者都对早期深以经验主义和实证主义为基础的岩画观点提出了挑战。

　　受伊利亚德（Eliade）《古老的入迷术》一书的启发，劳梅尔发行了自己的书，是一本图录——《萨满教：艺术的开始》（Lommel 1967）。他在书中强调，史前和现代部落艺术脱胎于萨满教的实践。劳梅尔复制了伊利亚德研究

In the 1970s, reflecting a feminist revision of humanities and social sciences, the late UCLA archaeologist Marija Gimbutas, who is famous for spearheading the Mother Goddess concept in humanities and metaphysical circles, assessed some Stone Age abstractions such as spirals and dots as metaphors for female reproductive organs: wombs, Fallopian tubes, and amniotic fluid ( Allen 2001: 22 ). Furthermore, the anthropologist Alice Kehoe, a die-hard skeptic who passionately takes on those who want to see an evidence of shamanism in rock art, ironically suggests that some of these images could be simply pictures created by "primal" children who scribbled them just for pure pleasure, when their mothers, let us say, were busy collecting berries. In fact, some of the first explorers of rock art came up with a similar explanation arguing that the "primal" people did their art for pleasure.

The debates about possible links between the rock art and shamanism essentially lead to one question. Can scholars make educated guesses about the religion of "primal" people, or will it be better to restrict archaeological efforts to uncovering pot shards, arrowheads and food remains, "the trash of the prehistoric past," as David Whitley, one of those who sees shamanism in painted caves and on painted rocks, put it ( Harmon 1997: 02C ). Indeed, since we will never find out about the meaning and purpose of rock art anyway, can we play a guessing game and suggest its religious origin? After all, much of modern tribal and Judeo-Christian art was and still is heavily informed by religious ideas. Why should we deny a similar content for the stone age and tribal *oeuvre*?

Besides, the association of rock art with the sacred world seems to be a natural instant reaction of people who experience it. Thus, first explorers of Siberia frequently reacted in this manner to ancient images pecked or drawn on rocks. In the early eighteenth century, Philipp Johann von Strahlenberg, a Swedish prisoner of war relegated to Siberia, ran across figures of the elk, horses and people ancient Siberian carved on stones in the Tom River area. Calling these images "characters," he immediately assumed that they have had "secret signification" and might have been used in "magick and other superstitious ceremonies." ( Strahlenberg 1736: 346—347 ) Since the 1980s onward, many archaeologists began to argue that rock art had originated from visions ancient shamans experienced during altered states of consciousness triggered by hallucinogens, trauma, fasting or meditation. The "shamanic" revision of rock art was sparked by German writer, Andreas Lommel in the 1960s, and then, in the 1980s, was shaped into a consistent theory by David Lewis-Williams, a South African anthropologist-turned archeologist. Both authors challenged earlier views of rock art, which were deeply grounded in empiricism and positivism.

Inspired by the Eliadean book about the "archaic techniques of ecstasy," Lommel ( 1967 ) released his own book, an illustrated album, *Shamanism: The Beginning of Art*, in which he stressed that prehistoric and modern tribal art grew out of shamanic practices.

萨满教的方法，确认古代和现代部落人群艺术中普遍存在的萨满教特点。尤其是，他拣选出四个主题：人与动物的形象、杂交生物、人或兽搏斗的形象，以及所谓"X 射线"风格绘画。从而，劳梅尔指出，在他们的降神仪式中，西伯利亚萨满经常将自己变成动物，他认为，在欧洲旧石器时代的绘画中，伪装成动物的人是萨满。劳梅尔用来自法国的"三兄弟洞窟"（Cave of Les Trois Freres）中著名的人—兽混合形象"巫师"（the Sorcerer）来说明。

20 世纪 70 年代，除了劳梅尔之外，韦斯顿·拉巴尔（Weston La Barre）、托马斯·布莱克本（Thomas Blackburn）和 K·赫吉斯（K. Hedges）等学者也认为萨满可能是美国印第安岩画艺术的创造者。伊利亚德的书再一次为他们提供了一个方法论蓝图。在加利福尼亚岩画中发现有萨满教证据的考古学家 K·赫吉斯强调说："米尔恰·伊利亚德的经典研究为任何有关萨满教的调查提供了基础。"不过，这位学者在下结论时还是很谨慎，并没有坚持认为这种现象可以解释所有的岩石艺术。即使在那些我们可能只是略微察觉到有萨满教因素存在的例子中，也肯定可以因此得出一个完整的解释，他补充道（Bahn 2001：68）。

考古学对科学和量化方法的执着一直持续到 20 世纪 70 年代末，这可能与考古学的学科性质有关，考古学是一门根据古代人类遗留下来的稀少的物质遗存以研究古代历史的学科。在这种情况下，没有太多的空间可供我们泛论人类的宗教或精神状态。总的来说，与人类学相比，考古学在"打破"实证主义和唯物主义方面是滞后的。例如，虽然人类学家在 20 世纪六七十年代对伊利亚德的学术就很有兴趣，但在考古学方面，它的影响仍是微不足道。

那些年里，许多考古学家依附"文化生态学"派，这一派对过去的全球性社会变化进行推测，并将它与人们对环境的技术适应联系起来。戴维·惠特利（David Whitely）——那些将想象力灌输到考古学研究中去的学者之一——解释道："从根本上说，考古学是一门具体的科学。大多数考古学家对于能够从概念的层面获知史前史相当陌生。确实，他们被教导那是不可能的。然而那是错的。就我个人而言，我认为了解史前文化的信仰比了解他们吃什么重要得多。食乃大事，人每天都要吃饭。但当你知道他们吃什么之后，又怎么样呢？"①

----

① "'Prehistoric Graffiti'：Scientist Searches Meaning Behind Pecos Rock Painting," *Avalanche Journal*（Lubbock，TX），December 27（1997），http://www.lubbockonline.com/stories/122797/LD0651.shtml.

Replicating Eliade's approach to shamanism, Lommel identified universal shamanic traits in the art of ancient and modern tribal people. Particularly, the writer singled out four motifs: man-animal images, hybrid creatures, images portraying people or animals fighting animals, and drawings made in so-called X-ray style. Thus, pointing that during their séances Siberian shamans routinely transformed themselves into animals, Lommel argued that people depicted on European Paleolithic drawings in animal disguise were shamans. As an illustration, Lommel uses "the Sorcerer," the famous image of the man-animal from the Les Trois Freres cave in France.

In addition to Lommel, in the 1970s, such scholars as Weston La Barre, Thomas Blackburn and K. Hedges suggested that shamans might have been the people who produced American Indian rock art. Again, the Eliade book provided them a methodological blueprint. Archeologist K. Hedges, who found evidence of shamanism in California rock art, stressed, "Mircea Eliade's classic study provides the basis for any examination of shamanism." Still, the scholar was cautious in his conclusions and did not insist that this phenomenon could explain all rock art. Even in those cases, where we might sense that shamanism is involved, he added, one can be certain to arrive to a complete interpretation ( Bahn 2001: 68 ).

The persistence of scientific and quantification methodologies in archaeology until the very end of the 1970s might has something to do with the nature of archeology as a discipline, which deals with scarce material remains of the human past. Under these circumstances, there is not much room for generalizations about such things as religion or mental states of people. Overall, in contrast to anthropology, archaeology lagged anthropology in "busting" positivism and materialism in its ranks. For example, while anthropologists became very interested in the Eliade scholarship in the 1960s and the 1970s, in archaeology it still had only a marginal influence.

During those years, many archeologists clung to the school of "cultural ecology" that speculated about global social changes in the past and linked them to people's technological adaptation to environment. David Whitely, one of those who instilled imagination into archaeological research, explains, "Fundamentally, archaeology is a science of the concrete. The idea that we can get at the conceptual side of prehistory is something quite foreign to most archaeologists. Literally, they are taught it's an impossibility. But that's wrong. Personally, I think it's a heck of a lot more important to understand prehistoric cultural beliefs than what they ate. Eating was important. They did it every day. But after you know what they ate, so what?" [1]

---

[1]  "'Prehistoric Graffiti': Scientist Searches Meaning Behind Pecos Rock Painting," *Avalanche Journal* ( Lubbock, TX ), December 27 ( 1997 ), http://www.lubbockonline.com/stories/122797/LD0651.html.

　　最终，人文社会科学中大体偏离实证和行为主义方法论的这一趋势有了呼应，许多考古学家跟随了他们人类学同僚的脚步。在20世纪70年代，尤其是80年代，他们开始较少关注经济、技术和人类对环境的适应，而把精力转移到个体、象征和宗教的作用上来，格外像旧时代的浪漫主义作家，他们想"复活"逝者，用精神灌输过去。理解古人精神状态的渴望是这种思考的自然结果。这些被称为认知考古学家的学者坚持认为，研究者不应束缚在对陶器和石器的挖掘与分类上，而应更为积极地信赖自己的想象力。他们认为，如果得到民族志类比的支持，这种方法将更加有助于我们理解我们的祖先是如何行动的。

　　20世纪六七十年代以来，西方知识文化圈热衷于探索幻觉、毒品、迷幻药、恍惚体验和想象。自然而然，学者们开始重新审视作为萨满幻觉经验产物的岩画，同时淡化甚至拒斥唯物主义的世俗解释。加利福尼亚考古学家克莱门特·梅根（Clement Meighan）在谈到岩画研究中的这种转向时写道："近年来，将岩画与各种药物诱发的幻觉联系起来的出版物数量陡增，实非偶然（Bahn 2001：77）。换句话说，哪里有早期的探索者看到狩猎巫术，哪里就有新一代的研究人员发现处于转变状态中的萨满。美国林业局的考古学家詹姆斯·凯瑟（James D. Keyser）很好地总结了这种对于岩画的新学术态度："这与饱腹无关，与让你的精神饱满有关"（Jones 2002：D1）。

　　将萨满教带入岩画解释的引领性人物是约翰内斯堡威特沃特斯兰（Witwatersrand）大学的南非认知考古学教授戴维·刘易斯-威廉姆斯（David Lewis-Williams），他的专长是非洲西南部桑人部落（the San tribes）的古代和现代岩石艺术（Lewis-Williams 2002）。桑人在早期殖民资料和人类学作品中被贬损性地称为"布须曼人"（Bushmen）。在刘易斯-威廉姆斯对桑人古代和当代岩画的解读中，他首先借用民族志类比，寻求现代桑人灵性信仰和岩画之间的共同文化基础。例如，这位学者看到了现代桑人集体性恍惚舞蹈和可能描述了同样现象的古老图像之间的关联。

　　举个例子，让我们看看他是如何解释有着世界上最美丽岩画的德拉肯斯堡山脉图像的。在一幅场景中，一群人从狮子身旁逃跑，另一群人则悬于奔跑者的上方。早期的学者将这些悬挂之人解释为奔跑者的灵魂，奔跑者即将死去：灵魂已经准备好接纳这些在劫难逃之人。在刘易斯-威廉姆斯的解释中，这一场景描绘了人们在恍惚中变成了非洲羚羊。狮子就是在一场糟糕的萨满之旅中备受折磨的萨满。

Eventually, responding to the general drift away from the positive and behaviorist methodologies in humanities and social sciences, many archaeologists followed their anthropology colleagues. In the 1970s and more so in the 1980s, they began to pay less attention to economy, technology and human adaptation to environment and more to the role of the individual, symbolism, and religion and Very much like Romantic writers of old, they wanted to "resurrect" the dead and to instill the past with spirit. A desire to grasp mental states of the ancient ones was a natural outcome of this thinking. Such scholars, who became known as cognitive archaeologists, maintained that rather than limiting themselves to digging and sorting potsherds and stone tools researchers should more actively rely on their imagination. They assumed that, if backed up by ethnographic analogy, this approach would help us better understand how our ancestors acted.

In the wake of the 1960s and the 1970s, when Western intellectual culture was keener to explore hallucinations, drugs, ecstasy, trance experiences, and imagination, it was natural that scholars began to revisit rock art as the product of shamans' visionary experiences simultaneously downplaying or rejecting materialistic mundane interpretations. Referring to this shift in rock arts studies, California archaeologist Clement Meighan wrote, "It is no accident that recent years have seen a vast increase in the amount of publication relating rock art to various kinds of drug-induced visions. It is our culture that has been intensely interested and preoccupied with the drug culture during the past 20 years, and it is out of our own minds that the thought comes about prehistoric man's use of drugs and the possible relationship this may have had to rock art." ( Bahn 2001: 77 ) In other words, where earlier explorers saw hunting magic, the new generation of researchers found shamans in altered states. James D. Keyser, an archeologist with US Forest Service, summarized well this new scholarly attitude to rock art: "It has nothing to do with keeping your belly full. It's keeping your spirit full." ( Jones 2002: D1 )

The person who led the way in the shamanic revision of rock art was David Lewis-Williams, a South African professor of cognitive archaeology from the University of Witwatersrand in Johannesburg. His specialty is ancient and modern rock art of the San tribes in southwestern Africa; [①] the San are the people whom earlier colonial sources and anthropological works derogatory call the Bushmen. In his interpretation of their ancient and modern rock drawing, Lewis-Williams first turned to an ethnographic analogy seeking for a common cultural foundation between modern San spirituality and the rock drawings. For example, the scholar saw a similarity between the modern San collective trance dance and old images that might have described the same phenomenon.

As an example, let us see how he interprets images from the Drakensberg Mountains, the area that contains samples of the most beautiful rock art in the world. One scene portrays a group of men running away from a lion with another group hanging

---

① The most expanded and detailed version of the "shamanic" interpretation of African and North American rock art and European Paleolithic cave drawings, one can find in ( Lewis-Williams 2002 ).

使用民族志类比的方法，考古学家将这幅特殊的图画、周围的岩石图像与萨满教以及现代桑人部落的迷狂（trance）联系起来。像许多其他部落的人群一样，桑人相信在他们迷狂期间，萨满可以转变成动物。桑人部落中的萨满也会在一群男人围着火堆跳舞、女人拍掌吟唱的队伍中通宵表演他们的仪式。当这些萨满感受到内在"沸腾"的精神能量的压力时，他们就进入了神灵的世界，通常会痛苦地俯身，有时还会流鼻血。刘易斯-威廉姆斯将这一特殊现象与德拉肯斯堡的绘画联系起来，其中许多画中人的鼻子上都有线条。一些其他图像描绘了人和人靠在一起，这也提醒了学者们，桑人是如何在迷狂中相互扶持的（Lewis-Williams 2001：118；Layton 2000：171，174）。基于这些发现，刘易斯-威廉姆斯总结说，制作这种岩画的人是萨满，他们是在体验到意识变型状态后，甚至就是在迷狂状态下绘制了这些画。这位学者想象道：通过画这些图像，他们想说，"这就是我在神灵世界中的模样。"（Lewis-Williams 2001）

除了民族志类比，刘易斯-威廉姆斯还借力人类神经学以支持他的结论。人类神经学最终占据了他对岩画萨满教解释的核心位置。这就解释了为什么有时刘易斯-威廉姆斯的论文也被称为"神经心理学假说"。基于人类的神经系统不受时间和地点影响这一事实，他将古代和现代的桑人岩画和普通人与萨满在进入意识变型状态后所体验到的图像进行了比较。他发现，在这两种情况下，幻视中的"几何图案"惊人的相似：各种各样的点、锯齿形线条、平行线和其他图形。人类学家解释说，比如，当你服用迷幻药或长时间坐在黑暗的偏僻之地冥思时，你可能首先看到上述几何图案。随着迷幻程度加深，线条和圆点会变成螺旋形，圆圈会朝不同方向移动、相互重叠或改变形状。有时，人们可以看到各种有意义的物体，如蛇形物（snake-like figures）。在最后第三个阶段，真正的幻觉出现了，人们看到了像怪物、人和动物的生命形象（Clottes and Lewis-Williams 1998：16—19）。

刘易斯-威廉姆斯之所以想到用神经学来解释岩画，缘于他阅读了哥伦比亚人类学家吉拉多·瑞歇尔-多尔马托夫（Gerardo Reichel-Dolmatoff）的著作。瑞歇尔-多尔马托夫曾于20世纪60年代在哥伦比亚的德萨纳（Desana）印第安人中工作，探索能令意识状态变型的草药和精神技巧。应瑞歇尔-多尔马托夫之请，一些德萨纳人画出了他们在意识变型状态下幻视之旅中所看到的东西。瑞歇尔-多尔马托夫发现这些图像中的许多部分复制了德萨纳住居墙壁上的图案。在这些几何图案中有椭圆、菱形、一排排的圆、一排排的小点、

above the running people. Earlier scholars interpreted these hanging men as the spirits of the running people, who are about to die: the spirits were ready to accommodate the doomed people. In Lewis-Williams' interpretation the scene portrays people in trance who are turning into eland, the African antelope. The lion is a shaman who suffers a bad shamanic trip.

Using the ethnographic analogy method, the archaeologist linked this specific drawing and surrounding rock images to shamanism and trances of modern San tribes. Like many other tribal people, the San believe that during their trances, shamans can transform into animals. San shamans also perform their all-night ceremonies in companies of men who dance around the fire and women who clap and sing. When these shamans feel the pressure of spiritual energy that "boils" inside them, they enter the world of spirits usually bending over in pain and sometimes bleeding from the nose. Lewis-Williams connected this phenomenon to the Drakensberg drawings, many of which show people with lines coming from their noses. Some other images portray people are by other people, which also reminded the scholars the way the San support each other during their trances ( Lewis Williams 2001; Layton 2000: 171, 174 ). Based on his findings, Lewis-Williams concluded that people who produced this rock art were shamans, who painted those drawings after they experienced their altered states or even during the trances. The scholar imagined that by drawing these images they wanted to say, "This is what I looked like in the spirit world." ( Lewis-Williams 2001 )

In addition to the ethnographic analogy, Lewis-Williams heavily bolstered his conclusion by turning to human neurology, which eventually came to occupy the central place in his shamanic interpretation of rock art. This explains why sometimes Lewis-Williams' thesis is also called a neuropsychological hypothesis. Drawing on the fact that human neurological system is the same irrespective of time and place, he compared ancient and modern San rock drawings with the imagery ordinary people and shamans experienced when they entered altered states. He found out that in both cases the visionary "geometry" was strikingly similar: various dots, zigzags, parallel lines, and other figures. The anthropologist explained that when one, for example, took hallucinogens or sat in a dark isolated place with closed eyes for a long time, this person at first could see the abovementioned geometry. As the trance proceeded, lines and dots turned into spirals, and circles that moved in different directions, overlapped, or changed their shape. Sometimes one could see various meaningful objects such as snake-like figures. At the last third stage, true hallucinations came, and the person saw life-like images of monsters, people, and animals. ( Clottes and Lewis-Williams 1998: 16—19 )

The idea to use neurology for the interpretation of rock art came to Lewis-Williams from reading the writings of the Colombian anthropologist Gerardo Reichel-Dolmatoff, who in the 1960s worked among the Desana Indians in Colombia exploring their mind-altering herbs and spiritual techniques. When at his request some Desana drew what they saw in their visionary journeys when in altered states, Reichel- Dolmatoff found out that many of these images replicated designs on the walls of Desana dwellings. Among these geometrical patterns were ellipses, diamonds, rows of circles, vertical rows of small dots, parallel curves, and spirals. Most important, the Indians informed the

平行曲线和螺旋形。最重要的是，印第安人告诉人类学家，他们通常在幻觉的初始阶段就设想出所有这些几何图案，在后来的阶段，他们观察到不同的神话场景、动物和人。瑞歇尔-多尔马托夫认为，这些几何图案可能与印第安人用来触发幻觉改变大脑的草药的生化效应有关。此外，他还指出，这种几何图案与西方受试者想象的图像一致，这些受试者服用了迷幻药，在迷幻药（LSD）、麦斯卡林（mescaline）、培约特（peyote）（即仙人掌）或其他药物的影响下进入了恍惚状态（Reichel-Dolmatoff 1978：289—304）。尽管研究人员过去也提到，德萨纳人和西方人在意识变型状态中所想象的幻视几何图案可能有一个普遍的起源："可以说，我们正在处理这样的基本主题，它们可以在任何地方和任何时代独立发展，因为它们只是圆、菱形、圆点和螺旋形而已"（Reichel-Dolmatoff 1972：111）。

同时，作为一名沉溺于精神分析的欧洲人，瑞歇尔-多尔马托夫并没有发展出这一论点，因此也没有充分认识到德萨纳岩画和意识变型状态的精神意义。相反，他更喜欢翻来覆去地使用弗洛伊德的习语。尤其是，这位学者将德萨纳的迷幻经历与性交的象征意义，以及将虚幻的几何图案与生殖器官的符号联系在一起。于是，平行的弧形变成了阴道，同心的长方形获得了子宫的特征，一排排的圆点和圆圈是精液滴，最后锯齿线指向了人类世代的延续（Reichel-Dolmatoff 1972：108—109）。

将他的精神分析搁置一旁，刘易斯-威廉姆斯和他的学生托马斯·道森（Thomas Dowson）在瑞歇尔-多尔马托夫的作品中提取了他们认为的真理种子（the grains of truth），并发展了他们关于岩画萨满教起源的论文。刘易斯-威廉姆斯与道森在一篇开创性的论文《永恒的符号》中阐述了他们的重要假定，即在意识变型状态下，人们可能会体验到上述不以时间和地点而转移的几何图案。换句话说，不管是布须曼人、欧洲人、美洲土著人，或者生活在30000年前的石器时代的猎人，在他们迷狂状态的第一阶段，图像是一样的：网格、锯齿线、圆点、螺旋和平行弧（Lewis-Williams and Dowson 1988）。《美国印第安岩画通报》的编辑史蒂夫·弗里斯（Steve Freers）曾就这一主题发表过很多演讲，他解释说："众所周知，在意识变型状态下，世界各地的人们，无论种族或年龄，都有某些图像可以在没有任何视觉刺激的情况下闪现在他们的大脑中。其中一些图像在岩画中反复出现（Patterson 2001）。在他看来，岩画与萨满教的联系是非常明显的，因为进入意识变型状态是萨满职业的本质，重复的几何图案说明萨满正是制作岩画的人。

anthropologist that they usually envisioned all that geometry during an initial stage of a hallucination, and that at later stages they observed different mythic scenes, animals, and people. Reichel-Dolmatoff suggested that these geometrical patterns might have something to do with the biochemical effects of mind-altering herbs the Indians took to trigger their visions. Moreover, he also pointed out that this geometry coincided with the imagery envisioned by Western subjects who took hallucinogens and went into trances under the influence of LSD, mescaline, peyote or other drugs ( Reichel-Dolmatoff 1978: 289—304 ). Though in passing, the researcher also mentioned that the visionary geometry both the Desana and Westerners envisioned while in altered states might have had a universal origin: "It could be argued that we are dealing with such elementary motifs that they could have evolved independently in any place and any era, for they are simply circles, diamonds, dots, and spirals, and nothing more." ( Reichel-Dolmatoff 1972: 111 )

At the same time, being a European heavily steeped in psychoanalysis, Reichel-Dolmatoff did not develop this argument and therefore did not fully appreciate the spiritual significance of Desana rock art and altered states. Instead, he preferred to toss around Freudian idioms. Particularly, the scholar linked Desana's trance experiences to the symbolism of the coitus and the visionary geometry to the symbols of reproductive organs. Thus, parallel arcs became vaginas, concentric rectangles acquired uterine features, rows of dots and circles were drops of semen, and finally zigzag lines pointed to the succession of human generations. ( Reichel-Dolmatoff 1972: 108—109 )

Casting aside his psychoanalysis, Lewis-Williams and his student Thomas Dowson picked up what they considered the grains of truth in Reichel-Dolmatoff's writings and developed their thesis about the shamanic origin of rock art. Their major premise, which Lewis-Williams and Dowson ( 1988 ) articulated in a seminal paper "The Signs of All Times", is that in their altered states people might experience much of the abovementioned geometry irrespective of time and place. In other words, one can be a Bushman, European, Native American, or a Stone Age hunter living 30000 years ago, still during the first stage of their trances images would be the same: grids, zigzags, dots, spirals, and parallel arcs. Rendering Lewis-Williams' thesis into a popular language, Steve Freers, the editor of the *American Indian Rock Art Bulletin*, who lectured much on the subject, explains, "It has been well established that in altered states of consciousness people around the world, regardless of ethnicity or age, have certain images that can pop up in their brain without any visual stimuli. Some of these images we see repeated in rock art." ( Patterson 2001 ) To stress the spiritual significance of the common patterns found on rock drawings or envisioned by people during the first stage of their altered state, Lewis-Williams named them *entoptics*. From his viewpoint, the linkage to shamanism in rock art is obvious: since entering altered states is the essence of the shamanic vocation, the repeated geometrical patterns suggest that shamans were the people who produced rock drawings.

随着时间的推移，这位学者指出，人们在当地文化特征中普遍存在的几何图案上涂色，并开始把这些特征培养成幻觉体验的必备条件。最后，在进入迷狂体验之前，萨满可能会期望看到这些文化环境下的图像。刘易斯-威廉姆斯补充道，这或许可以解释为什么特定的地点会采集到相同的图像，例如，桑人岩画中的非洲羚羊。刘易斯-威廉姆斯详细阐述了他的神经心理学假设，他解释说处于意识变型状态下的人和萨满的幻觉体验通常经历三个阶段。在第一阶段，人们只看到几何图案，这些图案代表了基础图像。在第二阶段，人类大脑试图根据个人和文化经验调整这种几何图案。然后，在最后一个阶段，人们看到了真实的图像。此外，这些图像可能与第一阶段的几何图案混合或重叠。

举例来说，作为一幅掺杂了少量文化特点的基本普遍图像，刘易斯-威廉姆斯引用了一幅由平行弧线和蜜蜂组成的桑人岩画。这位研究者提醒说，在野外自然环境中，蜂巢可能是嵌套的平行弧线的样式。这位学者认为，绘制这幅图像的萨满可能经历过蜂巢的景象。他还注意到，现代的桑人把蜜蜂视为巫师用于进入迷幻状态的神圣力量的象征，这是一个民族志的类比。同时，刘易斯-威廉姆斯指出，"蜜蜂"意象可能起源于人们在意识状态改变时有时会听到嗡嗡声的一种常见的神经反应（Lewis-Williams and Dowson 1988：210）。

最终，人类学家与其追随者们将他们从桑人岩画中得出的结论推广至北美古代岩画和西欧洞穴艺术中。对这些学者来说，古代的图像不仅仅是萨满在另一个世界所看到的记录。刘易斯-威廉姆斯把它们看作是赋予精神力量的图画。因此，刘易斯-威廉姆斯和他的法国同事让·克洛特（Jean Clottes）——一位接受"内视"（entoptic）理论的法国学者——在撰写旧石器时代的欧洲洞穴艺术时，认为古代萨满在他们的仪式操作中以某种方式使用了这种岩画，比方说，为了重复进入隐藏在岩石墙后面的"另一种真实"（separate reality）。他们还推测了这可能是怎么发生的。在他们看来，石器时代的灵修者可以面对和触摸神圣的图画跳舞，并用精神力量来充实自己，帮助他们进入神灵的世界（Clottes and Lewis-Williams 1998：33）。

从灵性信仰的角度重新思考岩画，他们还建议不仅仅是图像，就是承载这些图像的岩石表面也可以被视为神圣的领域。刘易斯-威廉姆斯和克洛特指出，穴壁或岩石不一定是绘画的画布。它们可能是将物质世界和精神世界分隔开来的一层幔帐或薄膜。古老的萨满通过图像蔓布的岩石面板进行仪式操作，可以直接与其他世界的生灵互动。考古学家认为，在洞穴墙壁的裂缝中

In the course of time, notes the scholar, people colored the universal geometrical patterns in local cultural traits and began to cultivate these traits as mandatory for their hallucinogenic experiences. Eventually, before going in trace experiences, shamans might have expected to see these culturally conditioned images. This might explain, adds Lewis-Williams, why particular localities sample same images, as for example, the African antelope eland in the San rock art. Detailing his neuropsychological hypothesis Lewis-Williams explains that the visionary experiences of shamans and people in altered states in general usually go through three stages. At the first stage, people see only geometrical patterns, which represent the base imagery. During the second stage, the human brain tries to adjust this geometry to individual and cultural experiences. Then, at the last stage, people see actual images. Furthermore, these images might blend or overlap with the geometry of the first stage.

As an example of a base universal image with cultural drops, Lewis-Williams cites a San rock drawing showing parallel arcs with bees. In the wild, reminds the researcher, honeycombs might acquire the form of nested parallel arcs. The scholar suggests that a shaman who drew this image might have experienced the vision of a honeycomb. It is also notable to him that the modern San view bees as symbols of sacred power that shamans use to enter their trances — an ethnographic analogy. At the same time, Lewis-Williams notes that the "bee" imagery might have originated from a common neurological reaction of people who sometimes hear buzzing noises while entering altered states. ( Lewis-Williams and Dowson 1988: 210 )

Eventually, the anthropologist and his followers extended the conclusions they drew about the San rock art to North American ancient rock drawings and Western European cave art. To these scholars, the ancient images were not simply recordings of what shamans saw in the other world. Lewis-Williams came to consider them the pictures endowed with spiritual potency. Thus, writing about the Paleolithic European cave art, Lewis-Williams and his French colleague Jean Clottes, who embraced his *entoptic* theory, argue that ancient shamans somehow used this rock art in their ritual manipulations, let us say, for repeated access to the "separate reality" hidden behind rock walls. They also speculated how it might have happened. In their view, the stone age spiritual practitioners could dance facing and touching the sacred drawings, and charging themselves with spiritual power, which helped them to enter the world of spirits. ( Clottes and Lewis-Williams 1998: 33 )

Rethinking rock art in terms of spirituality, they also suggest that not only the images but also the very surface they were depicted on could be the realm of the sacred. The cave wall or rock was not necessarily a canvas for drawing, points out Lewis-Williams and Clottes. This might have been a veil or a thin membrane that separated material and spirit worlds. Doing their ritual manipulations by rock panels filled with images, ancient shamans could directly interact with other worldly beings. The archaeologists think that animal teeth and bones frequently found in the cracks in cave

经常发现的兽齿和骨头以及这些墙壁上的手印表明，萨满不仅借助岩石表面的绘画，还试图直接与他们交谈。看来，神灵也不是一味被动，他们同样欲从墙的另一边"破壁"来会一会这些灵修者。至少，刘易斯-威廉姆斯和克洛特就是这么解释古代的画家何以将自然曲线融入他们的绘画。例如，在著名的阿尔塔米拉洞穴最深的部分之一，一位原始艺术家在墙上涂绘脸面时将这些自然曲线巧变为眼睛。考古学家推测，对于古代萨满而言，这可能是一个从墙后显现的神灵（Carey 2002；Clottes and Lewis-Williams 1998：84—86，91）。

顺便提及，这两位学者都强调，一般很难抵达的旧石器时代洞穴和岩棚有着高度聚集的绘画，这是很好的辅助性证据可以支持神经心理学的解释与萨满教。事实上，洞穴应该是触发意识变型的理想地点。早在1965年，在法国，一位研究人员甚至为一篇医学论文辩护，他分析了穴居人在不同时期经历的各种声音和视觉幻觉。黑暗或半黑暗的环境、壁龛、狭窄的通道、钟乳石、寒冷和寂静是萨满诱导幻觉的完美的天然工具。实际上，一些岩石图像位于如此狭窄和逼仄之地，人们必须匍匐着过去才能看到它们。例如，在拉斯科洞穴中，一处汇集猫类动物、马、鹿和其他动物样本的点紧贴地面，人们必须躺下翻身才能看到这些图像（Clottes and Lewis-Williams 1998：108）。

克洛特试图说服那些拒绝接受"萨满假说"的人，他谈到一个人在没有手电筒的情况下冒险进入洞穴时通常会体验的情绪。为了理解这种经历对"原始"人意味着什么，克洛特和刘易斯-威廉姆斯只提了个灯油罐就进入了法国南部的肖维洞穴（Chauvet cave）。从一间穴室到另一间穴室，他们注意到岩石和墙壁在闪烁的灯火中摇曳。两人的情绪体验，如克洛特所言"是令人惊叹的，墙壁变得有生气起来。"没有理由怀疑洞穴画家可能也有着同样的感受，克洛特补充道。尽管这位考古学家承认我们永远无法明确地弄清洞穴画家的信仰和仪式，他依然热情地坚持说："在那样的社会，特别是在洞穴深处，图像的力量是不可等闲视之的。"（O'Brien 1998）

随着萨满教解释在岩画研究中的流行，更多的学者加入"认知考古学家"的阵营。具有普遍意义的神经心理学模型加强了伊利亚德的萨满教幻像学说，并促使学者们在不同时代和文化背景中的岩画艺术中进行广泛的跨文化比较。因此，研究人员最终重访欧洲洞穴艺术、加利福尼亚美洲土著和澳大利亚土著岩石艺术，甚至英国铁器时代的货币。事实上，正如我前面提到的，刘易斯-威廉姆斯自己也邀请学者们在世界各地的岩画中直接进行跨文化的类比。例如，他与法国考古学家克洛特合著了《史前萨满教》，这是一本画册，用萨

walls as well as handprints on these walls show that the shamans tried to engage spirits not only by drawing on rock surface but also to speak with them in a direct way. It seems that the spirits did not remain passive either and similarly "tried" to reach out to the spiritual practitioners by "poking" walls from the other side. At least, that is how Lewis-Williams and Clottes interpret natural curves ancient painters integrated into their drawings. For example, in one of the deepest sections of the famous Altamira cave a primal artist turned such curves into eyes on painted faces. The archeologists surmise that for the ancient shaman this could be a spirit coming out from behind the wall. (Carey 2002; Clottes and Lewis-Williams 1998: 84—86, 91)

Incidentally, both scholars stress that the high concentration of drawings in Paleolithic caves and in rock shelters, which are usually hard to reach, stands as good additional evidence in favor of the neuropsychological interpretation and shamanism. Indeed, the cave should represent an ideal location to trigger altered state of consciousness. As early as the 1965, in France a researcher even defended a medical thesis, where he analyzed various sound and visual hallucinations, which cavers experienced at various times. Dark or half-dark environment, alcoves, narrow passages, stalactites, cold and silence are perfect natural tools shamans could use to induce hallucinations. In fact, some rock images are located in such narrow and cramped places that one literally must crawl to look at them. For example, in the Lascaux cave, one spot that samples cat-like creatures, horses, deer and other animals is so close to the ground that one has to lie down and turn over to see these images. (Clottes and Lewis-Williams 1998: p.108)

Trying to convince those who refused to subscribe to the "shamanic hypothesis," Clottes points to the emotions a person usually experiences when venturing into a cave without a flashlight. To comprehend what this experience might have meant for "primal" people, Clottes and Lewis-Williams entered the Chauvet cave in southern France with only grease pots for lamps. Moving chamber to chamber they noticed that the flickering lights made the rocks and walls glimmer with shapes and movement. Conveying the emotions they experienced, Clottes stresses, "The effect is spectacular, because the walls become alive." There is no reason not to believe that cave painters might have felt the same way, adds Clottes. Although the archeologist does admit that we will never find out for sure about the creeds and the ceremonies of cave painters, he passionately insists, "The power of the images is not something casual in that society, especially deep in the caves." (O'Brien 1998)

As the popularity of the shamanism interpretation in rock studies grew, more scholars joined the ranks of "cognitive archaeologists." The neuropsychological model with universal implications bolstered the Eliadean vision of shamanism and prompted scholars to draw wide cross-cultural parallels among rock arts of various times and cultures. Thus, researchers eventually revisited the European cave art, Californian Native American and Australian aboriginal rock art, and even British Iron Age coinage. In fact, as I mentioned above, Lewis-Williams himself invited scholars to draw direct cross-cultural analogies among rock drawings from various parts of the globe. For example,

满教的视野重新审视法国和西班牙著名的旧石器时代洞穴，如拉斯科和阿尔塔米拉。

20世纪90年代，刘易斯-威廉姆斯在北美的追随者以类似的方式重新观察美国本土岩画。美国的认知学者使用同样的工具：民族志类比和神经学。我在一本流行的学术杂志《考古学与公共教育》上的一篇文章中看到了这个地区岩画的萨满教解释的最佳隐喻。考古学家拉里·洛恩多夫（Larry Loendorf）支持将刘易斯-威廉姆斯的"萨满教几何图形"（shamanic geometry）应用于美洲原住民的岩画，他根据1935年皮马（Pima）印第安人的一首仪式歌曲直接进行民族志类比。这首歌是这样的：

> 吾偕日而出。
> 吾逐日而升。
> 锯齿线绘于吾身！
> 追随着太阳，
> 锯齿线绘于吾身！（Loendorf and Douglas 1997：6）

从萨满教视野重访北美岩画最重要的推动力来自加州考古学家戴维·惠特利，他曾在南非与刘易斯-威廉姆斯密切合作。这位考古学家的职业生涯是在加州中东部的科索山脉（Coso Range）研究岩画。由所谓"努米克语族"（Numic）印第安人，也即今天的肖肖尼（Shoshone）印第安人的祖先在科索山脉雕刻的图像，既有大约一万年前的最早的图画，也有几百年前的凿刻。这些图画中的大部分，数量约在十万幅左右是在不到1500年前制作的。其中一半画的是正被杀或者已经被杀的山区大角羊。也有表现的是一些男性正搭箭射向羊群。岩石面板上还有其他的图画：动物、爬行动物、搏斗场景，还有一些难以解读的"线条艺术"。再有，刘易斯-威廉姆斯利用惠特利提供的科索山脉的材料发展了他最初的神经心理学理论，这是他继桑人岩画外，利用北美的材料作为第二个案例。惠特利复制了他同事的理论，认为科索山脉和其他大盆地地区的历史和史前岩画大多是萨满在向神灵祈求力量，处于恍惚状态中与神对话期间产生的。惠特利强调，古代的修行者需要在现场记录他们的梦幻意象。否则，他们就有丧失体验和失去药力的风险。

在惠特利提出他的重审意见之前，遵循当代标准解释的研究人员确信，例如，科索山脉中丰富的大角羊图像与狩猎巫术有关——被戮之羊的灵魂必

he paired with French archaeologist Clottes to produce *The Shamans of Prehistory*, an illustrated album that contains the "shamanic" revision of the drawings from famous French and Spanish Paleolithic caves such as Lascaux and Altamira.

In the 1990s, the followers of Lewis-Williams in North America revisited Native American rock art in a similar manner. American cognitive scholars used the same tools: the ethnographic analogy and neurology. The best metaphor for the shamanic revision of rock art in this part of the world I found in an article published in a popular scholastic magazine *Archaeology and Public Education*. Supporting the "shamanic geometry" of Lewis-Williams as applied to Native American rock drawings, archaeologist Larry Loendorf draws a direct ethnographic analogy from a 1935 Pima Indian ritual song that goes as follows:

> The sunrise I'm going with.
> The sunrise I'm following.
> With zigzag lines I'm pained.
> Following the sun,
> With zigzag lines, I'm pained. ( Loendorf and Douglas 1997 )

The major driving force behind the "shamanic" revision of North American rock art is David Whitley, a California archeologist who closely worked with Lewis-Williams in South Africa. The archeologist built his career researching the petroglyphs in Coso Range, the area at east-central California. Engraved by so-called Numic people, the ancestors of present-day Shoshone Indians, the Coso Range images range from the earliest drawings made about 10000 years ago to modern ones pecked a few hundred years ago. Most of these drawings, which number about 100000, were produced less than 1500 years ago. A half of them are drawings that sample mountain horn sheep being killed or already killed. There are also male figures that are shown shooting at those sheep with arrows. The rock panels also have other drawings: animals, reptiles, fight scenes, and some "line art" that is hard to interpret. Incidentally, Lewis-Williams used the Coso Range materials provided by Whitely to develop his original neuropsychological theory using North America as a second case in addition to the San drawings. Replicating the theory of his colleague, Whitely argued that historic and prehistoric rock art in Coso Range and in other Great Basin areas was mostly produced by shamans during their vision quests in a state of trance when they were seeking spiritual powers. The ancient spiritual practitioners, stresses Whitely needed to record their visionary imagery on the spot. Otherwise, they ran a risk to forget their experiences and lose medicine power.

Before Whitley came up with his revision, researchers, who followed a standard contemporary explanation, were convinced, for example, that the big horn sheep images abundant in the Coso Range were related to hunting magic - the spirit of the killed sheep

须被描绘，以确保新的动物之躯也能被猎杀。例如，罗伯特·海泽（Robert Heizer）和马丁·鲍姆霍夫（Martin Baumhoff）在 20 世纪 50 年代撰写了大盆地地区考古学的文章，他们坚信，无论是谁制作了这些图像，猎人还是萨满，目标都是一样的：利用岩石图像来确保即将而来的狩猎的成功。然而，令他们困惑的是，有些绘画和图案，如蜥蜴、山羊、格栅、耙、连环，在广阔的地理区域均有分布，并不总是与特定的动物栖息地相关。尽管如此，考古学家还是倾向于坚持狩猎巫术理论，认为可能有一些通用的岩画制作符号与所有大盆地部落的狩猎仪式有关（Heizer and Baumhoff 1962：281）。

惠特利踏进了这一领域并给出自己的解释。他特别指出，尽管有许多大角羊的图画，但在当地遗址中几乎没有发现任何羊的遗骸可以表明这种动物对努米克人的饮食至关重要。为了严格遵循狩猎巫术理论，惠特利强调，人们应该期待岩画中描绘兔子，因为兔子的骨骼遗存在努米克人遗址中倒是很丰富："如果他们是根据吃什么来制作岩画，那么岩画中的兔子应该比比皆是。"（Roach 2003）故而，他得出结论说，科索山脉岩画无关食物供需，而是与精神生活有关。惠特利的建议是所谓的"雨师"（rain shaman）凿刻了这些岩画，在他们的梦幻体验中，他们借助了羊灵。

和刘易斯-威廉姆斯一样，为了捍卫自己的论点，惠特利广泛依赖民族学类比，并且责备反对这种方法的学术同行。这位考古学家坚持认为"萨满教的仪式数个世纪以来一直保持不变"（Roach 2003），并且也不因为将现代甚至当代印第安人关于岩画的思考投射到原始创造者的头脑中而感到不妥或不安。因此，惠特利指出，根据现有的民族志，生活在科索山脉地区的现代印第安人相信，当一只大角羊被杀死时，就会降雨。于是，他们的萨满会梦见一只大角羊被杀死，从而获得改变天气的能力。根据惠特利的说法，这就解释了为什么考古学家在印第安人没有猎杀这些动物的地区发现了如此多的羊图像。此外，除了"雨师"，在现代南加州还有"响尾蛇萨满"（rattlesnake shamans），通过在他们的幻觉中看到蛇来治愈蛇咬伤；"防箭萨满"（arrow proof shamans），通过梦到搏斗和战役来确保军事的成功。甚至还有"马疗萨满"（horse-cure shamans），他们在治疗行为中借用马灵。与刘易斯-威廉姆斯非常相似的是，惠特利指出，科索图像可能不仅仅只是萨满一次性体验的记录。古代的灵修者可以通过触摸这些图像进入一个与现实平行的世界（Pearson 2002：91—92，147）。

同时，与南非同事不同的是，惠特利还吸收了当前人文社会科学中的一

had to be portrayed in order to make sure that the body of a new animal would be available to be killed. For example, Robert Heizer and Martin Baumhoff, who in the 1950s wrote about the archaeology of the Great Basin area, firmly believed that no matter who produced these images, hunters or shamans, the goal was the same: to use the rock imagery to secure success in coming hunts. What puzzled them however was the fact that some drawings and designs such as lizards, mountain sheep, grid, rake, connected circles occurred over a vast geographical area and did not always correlate with the specific animal habitats. Still, the archeologist preferred to cling to the hunting-magic thesis suggesting that there might have been some generic petroglyph-making symbolism involved associated with hunting rituals of all Great Basin tribes. (Heizer and Baumhoff 1962: 281)

Whitley stepped into this niche and offered his own explanation. Particularly, he pointed that, despite the numerous big horn sheep drawings, there were hardly any sheep remains found in local sites to show that this animal was crucial for the Numic people's diet. To follow strictly to the hunting magic theory, stressed Whitely, one should expect rock drawings to portray rabbits, whose bone are plentiful at Numic sites: "If they were going to make rock art out of what they were eating, there'd be bunnies all over the rock." (Roach 2003) Hence, he concluded that Coso Range drawings were not about a food supply but about the spiritual life. Whitley's suggestion is that so-called rain shamans, who engaged the sheep spirit during their visionary experiences, engraved the rock art in this area.

Like Lewis-Williams, to support his thesis Whitley widely relies on the ethnographic analogy and chastises those of his colleagues who speak against this method. The archeologist insists that "shamanic rituals have persisted unchanged for centuries" (Roach 2003) and does not feel uncomfortable projecting what modern and even contemporary Indians think about rock art to the minds of its original makers. Thus, Whitley notes that, according to existing ethnographies, in modern times the Indians living in the Coso Range area believed that when a mountain sheep was killed rain would fall. Hence, their shamans would dream about a mountain sheep being killed and thereby acquired the power to change the weather. According to Whitley, this explains why archeologists found so many sheep images in the area where the Indians did not hunt these animals. Incidentally, in addition to the "rain shamans," in modern times in southern California there were also "rattlesnake shamans" who cured snakebites by seeing snake in their visions, "arrow proof shamans," who dreamed of fights and battles to secure success of military parties. There were even "horse-cure shamans," who engaged the horse spirit in their curing practices. Very much like Lewis-Williams, Whitely notes that Coso drawing might not simply be records of shamans' one-time experience. The ancient spiritual practitioners could enter a parallel reality by touching these images (Pearson 2002: 91—92, 147).

At the same time, unlike his South African colleague, Whitely also draws on a gender interpretation of past events, a trend popular in current humanities and social sciences.

种流行趋势，即对过去事件的性别解释。他猜想科索山脉努米克人的社群陷入一场发生在男女性别之间的密集的权力斗争。通过分析骨骼和种子遗存，考古学家认为，约800年前，当地居民处于从流动狩猎采集社会向流动较少的采集经济转变的过程中。他推测这可能意味着妇女经济地位的改变，妇女对社群生活的贡献已经有大幅度增加。这些进步可能引起了努米克男性的不安。考古学家认为，这一变化可能导致了操控天气（weather controlled）萨满教的骤然兴起，同时也导致了岩画的大规模生产（数量众多的大角羊画）。他假设，用被杀戮的羊的图像填充岩石表面，萨满们可能意在向女性表示，他们仍然是强大的仪式修行者，能够控制对女性采集活动至关重要的天气。同时，惠特利继续说道，萨满巫师可能只是想证明，尽管狩猎活动减少，他们男性的地位仍然不可轻视。从本质上讲，惠特利认为这种天气萨满教是一个重要的社会和政治控制工具，可以保证男性在努米克人社会中的主导地位（Lewis-Williams and Dowson 1988：238；Devereux 1997：170，175；Pearson 2002：93—94，134）。

在古物中追寻萨满教的迷狂体验产生了一个以三位关键学术人物为中心的小型学术流派：刘易斯-威廉姆斯、克洛特与惠特利。在很多方面，这种情况让人想起了沃森（Wasson）的"蘑菇"（mushroom）理论，它创造了一个类似的知识爱好者圈。顺便说一下，《苏摩》（Soma）的作者也赞成神经心理学理论。沃森分析了2000年前霍普韦尔（Hopewell）文化中的"萨满"文物，他解释了用云母切割出来的万字符（这种图案是为悬挂仪式服装而设计的）源于人们在致幻剂诱导的恍惚状态中体验的几何内视图像（Devereux 1997：117）。

许多考古学家参与了对古代岩画的研究，他们成为了寻求萨满教图像学的认知学者。萨满教图像学正朝着神经心理学决定论的方向快速前进，并且认为古代的图画是受视觉经验影响的。有学者将刘易斯-威廉姆斯的研究方法扩展到那些显然没有迷幻主题的岩石遗址。不少学者对神经心理学理论抱以热情，一位叫坎贝尔（C. Campbell）的学者将刘易斯-威廉姆斯的假说投射到描述19世纪晚期非洲部落和殖民者之间冲突的岩画上。对这位学者来说，武装的骑兵殖民者向桑人射击这样一幅历史内容很清晰的岩石画面表现的是在一个处于恍惚状态的土著萨满的头脑中事件的重演。带着兴奋之情，一位新加入"迷狂考古学"（archeology of trance）的爱好者写道，他终于找到了一个有用的方法论工具，可以很容易地用来解释他一直在努力琢磨的材料：新南威尔士西部（澳大利亚）一处大型遗址的岩画。一如平常，媒体在这场

Thus, he imagines that the Coso Range Numic society was engaged in an intensive struggle for power between males and females. Exploring bone and seed remains, the archeologist suggests that about eight hundred years ago their inhabitants were in the process of changing from mobile hunting-gathering societies to less-mobile gathering economies. He surmises that this could mean a change in the economic status of women, whose contribution to life of communities might have drastically increased. These developments could make Numic males feel insecure, generalizes Whitely. The archaeologist suggested that this change might have led to a dramatic rise of weather-controlled shamanism and simultaneously to the mass production of rock art ( numerous drawings of big horns ). He hypothesizes that, filling rock surfaces with the images of killed sheep, shamans might have wanted to show to females that they were still powerful as ritual practitioners who could control weather that was crucial for women's gathering. At the same time, continued Whitely, the shamans might have simply wanted to demonstrate that they remained important as males despite the decline of hunting. Essentially, Whitely asserts that this weather shamanism was an important tool of social and political control that could guarantee the male domination in Numic society. ( Lewis-Williams and Dowson 1988: 238; Devereux 1997: 170, 175; Pearson 2002: 93—94, 134 )

The search for shamanic trance experiences in antiquity created a small scholarship of centered around the three key scholarly figures: Lewis-Williams, Clottes and Whitely. In many respects, the situation reminds the story about the Wasson's "mushroom" theory, which created a similar circle of intellectual devotees. Incidentally, the author of *Soma* added his voice to the neuropsychological theory. Analyzing "shamanic" artifacts of the Hopewell culture dated by two thousand years ago, Wasson interpreted swastika designs cut out of mica, designed for hanging ceremonial costumes, as originating from geometric entropic images people experience in trances states induced by hallucinogens ( Devereux 1997: 117 ).

Many archaeologists, who were involved into the study of the ancient rock art, became cognitive scholars on a quest for shamanic iconography moving fast forward in the direction of neuropsychological determinism and arguing that drawings of the ancient ones were informed by visionary experiences. There are scholars who extend the Lewis-Williams approach to the rock sites that are clearly devoid of trance themes. Thus, in his enthusiasm for the neuropsychological theory, certain C. Campbell projects the Lewis-Williams hypothesis to the rock images that depicted late nineteenth-century conflicts between African tribes and colonizers. To this scholar, a panel with a clear historical content that shows armed mounted colonists shooting at the San people represents rerun of the event in a mind of an indigenous shaman who was in a trance state. With an excitement, a devotee newly inducted into the "archeology of trance" wrote that he finally found a useful methodological tool he could easily use to interpret materials he struggled with: petroglyphs at a large site in western New South Wales ( Australia ). As usual, media brings an element of sensationalism into this debate. For example, a popular geography magazine compares Lewis-Williams insights into the spiritual geometry of the

辩论中加入了哗众取宠的成分。例如，一本流行的地理杂志将刘易斯-威廉姆斯对岩石的精神几何图形的洞察与弗洛伊德对梦的语言的解读进行了比较（Solomon 2001：169；Mowszowski 2002：18）。

　　既有拥趸，谤亦随之。后者试图抑制有关萨满教重审岩画的乐观情绪，告诫他们的同事，他们掉进了制造另一个包罗万象理论的风险中。这些学术评论家讽刺地称刘易斯-威廉姆斯的信徒和追随者为"萨满狂"（shamaniacs）。公平地说，不管他们的批评是什么，用萨满教来解读岩画的支持者，但是确实意识到了它的局限。刘易斯-威廉姆斯自己也承认，一个人当然不能用他的内视理论来解释所有的岩画。

　　再看惠特利，他曾经坚持科索山脉图像的萨满教起源，现在他正在写一篇论文，他想把狩猎理论的解释带回美国西部高原盆地，解释一处他认为不符合萨满教模式的特殊岩画。怀疑论者罗伯特·莱顿（Robert Layton）指出，澳大利亚土著艺术中确实充斥着几何形式，但没有古老或现代的民族志证据证明这些图像来自当地萨满的恍惚幻觉。安妮·所罗门（Anne Solomon）写道，在许多情况下，通过熟悉的神话隐喻来解读桑人的岩画，听起来比刘易斯-威廉姆斯的"萨满教方法"更为可信。例如，一些桑人岩画图像强烈地指向女性成丁礼舞蹈。在开普西南的一处遗址，人们可以看到只描绘了女性的图画，她们被以具有性暗示的姿势描绘，双手捂着腹股沟。所罗门将这些图像与当地女性的成丁礼联系起来。她的结论很简单，由于没有办法找出这些绘画的意义，学者们应该对可能导致艺术产生的各种语境持开放态度。在这种情况下，我们不应把桑人艺术中的萨满教看作一种解释，而仅仅是现有的理解之一（Solomon 2001：165—166）。

　　不仅是学术界，一些现代西方萨满教实践者也对刘易斯-威廉姆斯的理论表示怀疑，特别是关于内视理论那一部分。《萨满之鼓》的编辑蒂莫西·怀特（Timothy White）强调了这些推测的危险，认为这些没有事实支持的推测属于自取灭亡。我想说，这是所有流行理论的自然命运。怀特对致幻萨满教并不陌生，他也向我们指出，人们不能把处于意识变型状态下的人们的幻觉体验简化为刘易斯-威廉姆斯的三阶段几何图形。例如，根据使用的迷幻药类型，这种图像有很大的不同。培约特（peyote）、死藤水（ayahuasca）或曼陀罗（Datura）——所有这些都可能导致具有完全不同几何结构的视觉（White 1988：25，27）。

　　另一个有趣的观念浮现在许多坚持萨满教解释的学者的著作中。他们默

rock with Freud's deciphering of the language of dreams.[1]

As it happens in such cases, there are skeptics and critics. They try to tame the optimism about the "shamanic" revision of rock art cautioning their colleagues that they run a risk of producing another all-embracing theory. Such academic critics ironically call Lewis-Williams' devotees and followers "shamaniacs." [2] [ In all fairness, no matter what their critics they, the proponents of shamanic view of rock art, do realize its limitations. Lewis-Williams himself points out that one certainly cannot explain all rock art through the eyes of his *entoptic* theory. In his turn, Whitely, who insists that the Coso Range imagery is shamanic in its origin, now works on a paper in which he wants to bring back the hunting theory interpretation to explain a particular rock art in the American West plateau basin, which he thinks does not fit the shamanic pattern. ] Robert Layton, one these skeptics, points that in Australia aboriginal art is indeed infested with geometrical forms, but there is no old or modern ethnographic evidence to prove that this imagery comes from the trance visions of local shamans. Anne Solomon writes that in many cases the interpretation of the San rock art through the familiar metaphors of their mythology sounds more plausible than the "shamanic approach" of Lewis-Williams. For example, some San rock images strongly point to female initiation dances. In a southwest Cape site, one can see drawings that depict only females, who are depicted in sexually suggestive poses holding hands over their groins. Solomon links these images to local female initiations. Her general conclusion is very simple. Since there is no way to find out the meanings of these drawings, the scholars should be open to various contexts that might be responsible for the production of the art. In this case, one should see shamanism in the San art not as an explanation but only as one of existing interpretations ( Solomon 2001: 165—166 ).

Not only academics but also some modern Western practitioners of shamanism have voiced their doubts about the Lewis-Williams theory, especially regarding its *entoptic* part. Timothy White, the editor of *Shaman's Drum*, stresses that the danger of such speculations, which are not always supported by fact, is that they take the life of their own. That is exactly what happened before with the rock art as hunting magic, as he plausibly points out. Which is a natural fate of all popular theories, I would have added. White, who is not a stranger to hallucinogen shamanism, also points to us that one cannot reduce visionary experiences of people in altered states to the three-stage geometry of Lewis-Williams. This imagery widely varies depending, for example, on the types of hallucinogens used. Peyote, *ayahuasca*, or *datura* — all might induce visions with completely different geometry ( White 1988: 25—27 ).

Another interesting notion surfaces in the writings of many scholars who cling to

---

[1]  See "Commentaries" to Lewis-Williams and Dowson ( 1988: 217, 219 ); ( Solomon 2001:
    169; Mowszowski 2002: 18 ).

[2]  This goes to an endnote: In all fairness, no matter what their critics they, the proponents of
    shamanic view of rock art, do realize its limitations. Lewis-Williams himself points out that
    one certainly cannot explain all rock art through the eyes of his *entoptic* theory. In his turn,
    Whitely, who insists that the Coso Range imagery is shamanic in its origin, now works on a
    paper in which he wants to bring back the hunting theory interpretation to explain a particular
    rock art in the American West plateau basin, which he thinks does not fit the shamanic pattern.

默地认为，古代的灵修者是怀着崇高的目的在岩石上描绘图像的，不包括可能有害和破坏性的企图。可是，我们为什么要把所谓的黑巫术排除在外，并以为古老的萨满总是画这些图像是为了治愈人们或以某种方式造福社区呢？人类学家很清楚，在部落社会中，萨满巫师不仅可以治愈疾病，也会带来伤害和杀戮。可能就有一些制作岩画的萨满（如果他们真的这样做了）在他们的头脑中有一些恶毒的想法，并想要，例如，去"迷惑"他们社区的一些成员。

其他评论家则"追求"桑人的绘画作品而去，这是刘易斯-威廉姆斯建立其有关岩画艺术萨满教起源理论的主要资源。有几个 19 世纪的桑人土著，他们的故事被民族志学家记录下来，这些土著直接称岩石面板上半人半兽的神秘图像为死者的灵魂或他们民间神话中的第一人。对刘易斯-威廉姆斯和他的追随者来说，这些图像是处于精神转变状态中的萨满。基于这些信息，所罗门建议这些特定的图画不是指萨满，而是指桑人的神灵祖先，他们认为在人与动物世界分离之前，这些人看起来是半人半兽（Solomon 2001：163）。

安格斯·昆兰（Angus Quinlan）仔细审查了从萨满教视野对美国西部大盆地岩画的研究，他指出，现代民族志并不完全支持这种解释。与平原上的印第安人不同，在这一地区，美洲原住民很少去偏远地区寻求与神灵对话。他们更经常通过自发的梦获得精神力量。那些像东部和北部的肖肖尼人一样的土著群体，确实寻求和神灵对话，他们是从 19 世纪的平原印第安人中采纳了这种做法。因此，很难认为大盆地萨满教是建立在刻意寻找医药力量的基础上的，也很难谈论古代"大角萨满"，据说他们为了寻求与神灵交流的经验而寻找偏远和孤零零的岩石（Quinlan 2001：195）。

另一些人指出，在作为萨满教"母地"的西伯利亚岩画中，也没有证据支持刘易斯-威廉姆斯的神经心理学理论。尽管这一地区以其岩画和改变状态下萨满人的民族志记录而闻名，但两者之间并没有明显的联系。西伯利亚南部的 18 世纪和 19 世纪萨满喜欢画他们的鼓，但这些与刘易斯-威廉姆斯的内视几何图案无关。相反，这些画描绘了精神实践、萨满宇宙、神灵帮手。此外，还有一些绘画，通常是青铜时代的，描绘的是穿着宗教长袍的萨满手里拿着鼓和鼓槌（Devlet 2001：43—55；Okladnikova 1984：131—135；Okladnikov and Zaporozhskaia 1972：97）。尽管如此，没有民族学记录表明西伯利亚的修行者以某种方式将这些图像用于仪式操作。

顺便提一句，一些评论家质疑认知考古学家在他们的作品中广泛使用

the shamanic interpretation. They silently assume that the ancient spiritual practitioners who drew rock images did this with noble goals, which excludes possible harmful and destructive goals. Why should we exclude so-called black magic and assume that the shamans of old always painted those images in order to heal people or somehow benefit their communities? Anthropologists know well that in tribal societies shamans cannot only heal but also harm and kill. May be some of the shamans who produced rock art, if they did, had malign ideas in their mind and wanted, for example, to "bewitch" some members of their communities.

Other critics "go after" the San drawings, the major resource that served Lewis-Williams for building his theory about the shamanic origin of rock art. Several nineteenth-century San natives, whose stories were recorded by ethnographers, directly referred to half-human and half-animal enigmatic images on rock panels as spirits of the dead or the first people from their folk mythology. To Lewis-Williams and his followers, these images were shamans caught in the state of spiritual transformation. Based on that information, Solomon suggests that these specific drawings referred not to shamans but to the spiritual ancestors of the San people, who believed that these beings looked half human and half animals before the human and animal worlds became separated ( Solomon 2001: 163 ).

Scrutinizing the shamanic revision of the rock art in the American West's Great Basin, Angus Quinlan points that modern ethnography do not exactly supports this interpretation. He notes that, unlike the Plains' Indians, in this area Native Americans rarely went to remote locations in search for vision questing. They more frequently acquired spiritual powers through spontaneous dreams. Those native groups, who like Eastern and Northern Shoshoni, who did go vision questing adopted this practice from the Plains' Indians in the nineteenth century. Thus, it would be hard to argue that Great Basin shamanism was based on the deliberate search for medicine power and to talk about ancient "big horn shamans" who allegedly sought remote and isolated rock formations for their visionary experiences ( Quinlan 2001: 195 ).

Others note that the rock art of Siberia, the "motherland" of shamanism, does not contain either an evidence to support neuropsychological theory of Lewis-Williams. Although this area is famous for its rock art and for ethnographic records of shamans in altered states, there is no visible connection between the two. Eighteenth- and nineteenth-century shamans in southern Siberia liked to paint their drums, but these have nothing to do with the *entoptic* geometry of Lewis-Williams. Instead, these drawings depict spiritual practices, shamanic universes, spirit helpers. Furthermore, there are also drawings, which are usually dated by the bronze age, that do depict shamans in their ritual robes holding drums and drumsticks ( Devlet 2001; Okladnikova, 1984; Okladnikov and Zaporozhskaia 1972: 97 ). Still, no ethnographic record says that Siberian spiritual practitioners somehow used these images for ritual manipulations.

Incidentally, some critics question the very method of the ethnographic analogy cognitive archeologists widely use in their works to interpret rock art. The major issue

的用以解释岩画的民族志类比方法。这里的主要问题是在多大程度上可以将现代土著人对岩画的想法或看法投射到原始岩画制作者的头脑中。加州考古学家克莱门特·梅根（Clement Meighan）[他是无意中激发卡斯塔尼达（Castaneda）文学生涯的人]① 警告说，不要这样肤浅地试图将现代土著人的观点带到考古解释中。他写道："在许多地区，幸存下来的印第安人是当代文化的一部分，与原住民生活方式相去甚远，无法成为可靠的岩画诠释者。至少有一些自称能够阅读和解释岩画的土著后裔和一般的旅游观察家一样，对这门学科一无所知，所以人们不能不加批判地相信印第安人所说的一切，就像我们不能不加批判地接受学者和研究者所说的一样。"另一位怀疑论者说，他花了很多时间来批评"萨满教"，讲述了一个关于一个美国印第安人的故事，他一开始以严肃的姿态向考古学家解释岩石绘板的意义，但后来笑着补充说，"一个白人告诉我的！"（Bahn 2001：71）

我想补充一点，我们不应该排除这样一个事实，即同一块岩画面板在不同时期可能有不同的意味。例如，对于最早的创造者而言，它可能是一幅宇宙画，然后它可能成为当地居民最喜欢的与神灵对话之所。最后，对于现代土著人和西方精神探索者来说，岩画可能会作为萨满的幻象或精神存在的作品出现。事实上，后一种方法现在不仅在考古学家中，而且在美国印第安文化工作者和来自美国玄学界的人中，都是对美洲土著岩画最流行的评价之一。就像已故的太阳熊，一位美洲土著血统的"万能萨满"，他们中的许多人将这种艺术解读为"非常强大的医学符号"（Bear et al. 1988：60）。

有时，就像内兹帕斯（Nez Perce）的一个案例，美洲土著语言学家菲利普·卡什（Phillip Cash），兼具学者和修行萨满的身份。卡什是一名训练有素的萨满，他对岩画做过一些研究，并参加了在法国举行的"性别与岩画"考古会议。与会者前往参观著名的石器时代洞穴"三兄弟洞窟"，洞窟里面有包括著名的"巫师"形象在内的许多绘画。卡什在古代"大萨满"的图像面前停下来并祈祷。告诉我这个故事的考古学家惠特利记得，"菲利普唱歌，吹笛子，吟诵，祈祷了大约15分钟。简直难以置信。"

谈到"迷狂考古学家"迎合了时下流行的渴望神秘和灵性的情绪，在现代部落人群和欧美公众的头脑中植入关于过去的新神话，一些评论家直叹气。

① 译者案，卡洛斯·卡斯塔尼达（Carlos Castaneda）出生于南美洲，年幼时随父母移居美国，大学时就读于加州大学洛杉矶分校（UCLA）人类学系。秘鲁裔美国作家和人类学家。

here is to what extent one can project what modern indigenous people thought or think about rock art to the minds of the original rock art makers. California archeologist Clement Meighan ( incidentally, the one who unintentionally triggered Castaneda's literary career ) cautioned against such superficial attempts to bring views of modern natives to archaeological interpretation. He wrote, "In many areas the surviving Indians are part of contemporary culture and are too far removed from their native way of life to be reliable interpreters of rock art. At least some of the native descendants who claim to be able to read and interpret rock art are as ignorant of the subject as the average tourist observer, so one cannot believe uncritically everything that is said by Indians any more than we can accept uncritically what the scholars and researchers have to say." Another skeptic, who invested much time in criticizing "shamaniacs," relates a story about an American Indian, who at first in a serious mood started to explain to an archeologist the meaning of a rock art panel, but then laughed and added, "A white man told me that ! " ( Bahn 2001: 71 )

I would like to add that we should not exclude the fact that the same rock art panel might mean many things at different periods. It could be, for example, a picture of universe for its original makers, then it might turn for local residents into a favorite vision-questing location. Finally, for modern indigenous people and Western spiritual seekers rock art might appear as a record of shamans' visions or the work of spiritual beings. In fact, the latter approach is now one the most popular assessments of Native American rock art not only among archeologists but also among American Indian cultural workers and people from American metaphysical community. Like the late Sun Bear, a "universal shaman" of a Native American ancestry, many of them decipher this art as "very powerful medicine symbols." ( Bear et al 1988: 60 )

Sometimes, like in a case of Nez Perce Native American linguist, Phillip Cash-Cash, an academic scholar and a practicing shaman can merge. Cash-Cash, who is trained shaman, did some of his graduate research on rock art and took part in an archeological conference in France "Gender and Rock Art." When conference participants went to visit celebrated Stone Age cave Les Trois Freres that samples, among other drawings, the famous "Sorcerer" image, Cash-Cash stopped and prayed in front of the panel with that image of the ancient "big shaman." Archeologist Whitely, who told me this story, remembers, "Philip sang, played the flute, chanted, prayed for about fifteen minutes. It was unbelievable."

Some critics lament that "archeologists of trance" play to current popular sentiments that crave for the mysterious and the spiritual and plant in the minds of modern tribal people and Euro American public the new myths about the past. One of the most vocal critics exclaims, "We need truth rather than speculation." Moreover, he even warns scholars that producing the "inaccurate" interpretation of rock art might distort the "new traditional script," which indigenous cultural workers write for their groups trying to stimulate their ethnic survival and revival ( Bahn 2001: 71 ). As noble as this wish may

其中一位最直言不讳的批评家惊呼，"我们需要的是真相，而不是猜测"。此外，他甚至警告学者，对岩画做出"不准确"的解释可能会扭曲"新的传统剧本"（new traditional script）——土著文化工作者为他们的群体写作，试图刺激他们的民族生存和复兴（Bahn 2001：71）。尽管这个愿望可能很高尚，但却很难实现。首先，设计策划土著民族"传统剧本"应该朝哪个方向发展是一项值得怀疑的工作。事实上，在我看来，对岩画的精神诠释，比起狩猎巫术或道路标记等世俗的诠释，更能达到本土民族复兴的目的。第二，这一愿望显然与西方知识文化中目前占主导地位的反实证主义观念背道而驰，后者往往赋予遥远的过去精神和神秘的属性。加州大学伯克利分校的考古学家玛格丽特·康基（Margaret Conkey）在反思这些观点时说："我们以今天可以理解的方式和过去建立联系"（O'Brien 1998）。

本质上，"萨满解释"的支持者和反对者之间的争论超出了岩画本身。正如认知考古学家自己所指出的，这也是我们过去的两种看法。其中一组考古学家沉浸在启蒙科学传统中，更喜欢停留在物质遗存的局限性上，而另一组考古学家则认识到符号的意义，依靠想象，给考古学带来现代非西方的声音（Pearson 2002：90—91，162，167）。

尽管有批评，但"随着萨满教的风潮在世界各地和整个史前时期卷土重来"（Mithen 2003：25），刘易斯-威廉姆斯的理论还是找到了更多的支持者。在 10 年内，自从 1980 年代他提出了三阶段内视几何学，认知考古学家从这个新角度重新审视了许多岩画。值得注意的是，一些新发现的考古学遗存，包括岩画和其他相关物品，现在经常被"迷狂考古学"理论所遮蔽。这无疑反映了人们对过去的看法正在发生变化，今天我们倾向于用精神术语而不是唯物主义的角度来解释。1995 年，业余考古学家汤米·哈德森（Tommy Hudson）发现了一个隐匿于佐治亚州西北部一座陡峭的山中，绰号为"女巫巢穴"的小洞穴，采集了 1000 处距今上千年的抽象几何图形（锯齿线、新月和卷曲形）、人形、猪形动物和一株小植物，他立即宣布，"它被某种神灵的东西锁住了。"

有趣的是，哈德森严格按照刘易斯-威廉姆斯的理论来对待他的发现：洞穴是一个与神对话的地点，是萨满体验迷狂状态时通往"灵性世界"的门户。这无疑表明，在他于女巫巢穴遭遇"萨满教图像"之前，这位考古学家就已经深深地沉浸在"内视"文献中。哈德森还自豪地宣布，现在美国南部终于获得了自己的拥有最高比例的"原始内视"的"类型遗址"。"在澳大利亚、

be, it is hardly realistic. First, engineering in which direction "traditional script" of indigenous nationalities should develop is a dubious exercise. In fact, it appears to me that the spiritual interpretation of rock art serves better for the purposes of indigenous ethnic revival than such mundane explanations as hunting magic or road signs. Second, that wish definitely goes against the currently dominant anti-positivist notions in Western intellectual culture, which often endows the distant past with spiritual and mystical attributes. Reflecting on these sentiments, archaeologist Margaret Conkey of the University of California at Berkeley, remarks, "We make connections with the past that make sense in the present." ( O'Brien 1998 )

Essentially, the debate between the proponents and opponents of the "shamanic interpretation" goes beyond the rock art proper. As cognitive archeologists note themselves, it is also about two ways of looking at our past. While one group of archeologists, who are steeped in Enlightenment scientific tradition, prefer to stay with the limits of material remains, the second recognizes the significance of symbols, relies on imagination, and brings to archaeology modern non-Western voices ( Pearson 2002: 90—91, 162, 167 ). To those critics who did not learn how to use their imagination and who ask to produce a solid proof for the elements of shamanism in rock art, "cognitive anthropologists" point that archaeology is not mathematics to provide such proof. Indeed, it might be inappropriate to pose such a question for archeologists, much of whose job is frequently a literal guessing game that usually carries the burden of contemporary intellectual sentiments.

Despite criticism, "as a shamanistic bandwagon rolled around the world and through prehistory," ( Mithen 2003: 25 ) the Lewis-Williams theory found more supporters. Within a decade, since in the 1980s he came up with his three-stage *entoptic* geometry, cognitive archeologists revisited much of rock art from the new angle. It is notable that some newly discovered archeological remains, both rock drawings and other items for that matter, are now often screened through the eyes of the "archeology of ecstasy" theory. This certainly reflects the shifting perceptions of our past, which today we tend to interpret in spiritual terms rather than from the angle of materialism. When in 1995, hobbyist archaeologist Tommy Hudson discovered a small cave nicknamed the Witch's Nest, which is hidden in a steep northwestern mountain in the state of Georgia and which samples 1000 thousand-year abstract geometric shapes ( zigzag lines, crescents and curls ), a human figure, a pig-like animal and a small plant, he immediately announced, "It's locked up with something spiritual."

Interestingly, Hudson set his findings strictly within the Lewis-Williams' theory: the cave was a vision-quest site, a portal to the "spirit world" for shamans experiencing a trance. This certainly shows that the archeologist was already well steeped in the "entopic" literature before he ran across the "shamanic iconography" at the Witch's Nest. Hudson also proudly announced that now the American South finally acquired its own "type site" with the highest percentage of "primary entoptics." "Not in Australia, the western United

美国西部、欧洲壮丽的洞穴或世界上其他 100 个遗址中，没有一个这样的遗址，"哈德森说道（Harmon 1997；Hudson 2000：5）。

我看到这种基于流行理论张口即来的解释在世界其他地区时不时地重现。例如，学者们对尼日尔东北部新发现的刻有长颈鹿图案的遗址（考古学家将其年代定为 7000 年至 9000 年前）进行了类似的"内视"解释。那些试图将撒哈拉岩画与萨满教联系起来的学者们的结论仅仅是基于这样一个事实：长颈鹿的鼻子和一个小男人的形象之间有长长的线条。继刘易斯-威廉姆斯之后，他们暗示长颈鹿是改变形态的萨满巫师，他们在迷狂状态中会流鼻血，正试图带来雨水。尽管提出这一建议的考古学家老实地承认，他们根本不知道这些图画的意思，但他们仍然认为萨满教在某种程度上与之有关。学者们没有提到的是，在撒哈拉沙漠的其他地区，人们也可以看到类似长颈鹿的图像，线条连接着长颈鹿的鼻子和人。那些不同意萨满教释读的人提出了一个听起来很合理不过且有趣的解释：这些图画只是描绘了被人类捕获和拴住的动物。事实上在今天，当地人仍然用这种方式拴绑长颈鹿（Le Quellec 2001：145）。

2003 年，在德国南部的霍勒费尔斯（Hohle Fels）洞穴，考古学家发现了一组 30000 年前的象牙雕塑：马头、水鸟和半人半狮的雕塑。探索这些雕塑的考古学家尼古拉斯·康纳德（Nicholas Conard）的第一猜测是，它们是早期萨满教的证据。尽管其他考古学家认为这些雕塑可能只是孩童玩具，但科纳德认为，半人半狮的雕塑代表了萨满处在向动物转变的过渡状态。这位学者补充说，鸟类，尤其是水鸟，是受萨满教青睐的象征。康拉德强调，他的发现会让萨满教假说的倡导者非常高兴，因为小雕像对于那些支持刘易斯-威廉姆斯理论的人而言可谓"锦上添花"（Highfield 2003：13）。

我发现在一个小的省级报纸《波特兰先驱报》上有一个最奇怪的评论，反映了当前流行的从萨满教角度解读岩画是一个"弗洛伊德口误"。考古学家最近在缅因州的大湖溪（Grand Lake Stream）发现了一块岩石，上面刻有一只角鹿，还有其他一些图片。对此，报社记者直截了当地说："这里石刻中的图像是印第安人萨满教（基于对自然界中存在的善恶灵魂的信仰的宗教）中的图像。"（Turkel 1997）考古学家莱顿在评论刘易斯-威廉姆斯理论框架内这种解释的流行时，做了一个比喻："萨满假说是一只贪婪的野兽，它轻易地吞噬世界上狩猎采集者的岩石艺术。"（Layton 2000：184）"情况确实令人不安"，他的同事罗伯特·沃利斯（Robert Wallis）承认，他同样认为"内视决定论"失控了。这位学者警告说，认知考古学家过于专注于在每个洞穴中寻找

States, the magnificent caves of Europe, or any of a hundred other sites around the world is there a site like this one," exclaimed Hudson ( Harmon 1997; Hutson 2000: 5 ).

I see such sudden interpretations based on the popular theory reappear from time to time in other parts of the world. For example, a similar "entoptic" interpretation was made about newly discovered site with engraved giraffes in northeastern Niger which archaeologists dated by seven to nine thousand years ago. Those scholars who attempted to connect this Sahara rock art with shamanism based their conclusion on the sole fact that long lines spread from the noses of the giraffes to the image of a small man. Following Lewis-Williams, they implied that the giraffes were transformed shamans who went in trance bleeding from their noses and trying to bring a rain. Although the archeologists who made this suggestion honestly admitted that they simply did not know what those drawings meant, they nevertheless suggested that shamanism was somehow involved here. What the scholars did not mention is that one can see similar images of giraffes, with lines stretching from their noses to human images, in other areas of the Sahara desert. Those who disagreed with the shamanic rereading of these images came up with a plausible and less colorful interpretation: the drawings simply depicted the animals captured and tethered by people. In fact, local people still roped the giraffes in this manner in modern time ( Le Quellec 2001: 145 ).

In 2003, in a Hohle Fels cave in southern Germany, archeologists found ivory figurines: a horse head, a water bird and a sculpture of a creature than is a half-man and a half-lion. All objects are dated by about 30000 years ago. The first guess of archaeologist Nicholas Conard who explored the figurines was that they were the evidence of early shamanism. Although other archeologist suggested that the sculptures could be simply toys for children, Conard argued that the half man and the half-lion sculpture represented the shaman caught in the moment of transformation into an animal. Birds, especially water birds, were favorite shamanistic symbols, added the scholar. Conrad stressed that his findings would make the advocates of the shamanistic hypothesis very happy because the figurines were "the icing on the cake" for those who support Lewis-Williams' theory ( Highfield 2003: 13 ).

The most curious comment that mirrors the currently popular view of rock art as shamanism is a "Freudian slip" I found in a small provincial newspaper *Portland Herald*. Reflecting on a rock panel that archeologists recently discovered at Grand Lake Stream, Maine, and that shows an antlered deer among others images the newspaper reporter outright made a following remark, "The imagery found in the rock carvings here is that of Indian shamanism, a religion based on the belief in good and evil spirits found in nature." ( Turkel 1997 ) Commenting on the popularity of such interpretations framed within Lewis-Williams' theory, archaeologist Layton metaphorically exclaims, "The shamanic hypothesis is a voracious beast which can all too easily devour the world's hunter-gatherer rock art." ( Layton 2000: 184 ) "The situation is certainly troubling," admits his colleague, Robert Wallis, who similarly thinks that the "entoptic determinism" gets out

内视，这使得他们很容易成为"仇恨萨满教的人（shamanophobes）"的猎物。

事实上，沃利斯认为，只要不把神经心理学方法变成一个无所不包的跨文化解释工具，就无可厚非。例如，在他自己对美拉尼西亚马拉库拉岛上的巫师，即所谓的"飞行魔术师"（flying tricksters）的分析中，这位考古学家故意避开世界各地的无端对比。相反，他认为，至少在这个特殊的案例中，来自同一地区和同一时期的民族志和岩画提供了足够的证据，可以说明岩画描绘的不是萨满就是他们的幻视（Wallis 2002）。准确地说，在他们对岩画的特殊解释中，并非所有认知考古学家都遵循刘易斯-威廉姆斯的"内视正统"（entopic orthodoxy）。他们发现刘易斯-威廉姆斯思考的大致方向倒是更吸引人——古代萨满或其他一些精神体验是产生岩画的原因。

例如，另一位认知考古学家卡罗琳·博伊德（Carolyn Boyd）成功地"拯救"了萨满，同时也完全远离了有争议的"内视联系"（*entoptic* connection）。她依赖于民族志类比，而不是刘易斯-威廉姆斯的神经视觉模式。她认为萨满教可能激发了得克萨斯州佩科斯河下游的一些艺术，因此，她思考了佩科斯石板，包括上面的"皇冠之珠"——"白色萨满"，参照三位研究惠乔尔（Huichol）印第安人灵性信仰的重要学者卡尔·卢姆霍尔茨（Carl Lumholtz）、芭芭拉·迈尔霍夫（Barbara Myerhoff）和彼得·弗斯特（Peter Furst）著作中关于培约特仪式的描述。结果，博伊德得出结论，这些画是由当地美洲土著的培约特仪式所诱发的图像。例如，佩科斯岩石面板显示，鹿身上布满圆点，并被猎人的飞镖刺穿。在"白色萨满"面板上，还有一个人像手持武器，戴着有黑点的鹿角。

考古学家指出，在民族志的类比中，现代惠乔尔人的萨满每年带领他们的人民北上佩科斯朝圣，寻找培约特。在找到了培约特之后，他们按照仪式用箭头包围培约特并射击它的冠部。之后，他们跪下向鹿大哥请求。惠乔尔萨满也把培约特附在他们携带的鹿角上。最后一个仪式提到了培约特神话中的一个插曲：鹿神从天而降，把系在鹿角上的培约特带给人们。博伊德还强调，在现代惠乔尔人的世界观中，鹿和培约特代表着不可分割的神圣象征。顺便说一句，一个能够监督这样一个一年一度的培约特朝圣的灵修者被称为"神圣的鹿人"。破译"白色萨满"岩石面板，博伊德看到了培约特冠部像斑点一样覆盖在鹿和萨满的鹿角上。这个携带武器并带领其他人的人像在培约特朝圣仪式中变成了萨满。"萨满"的形象从一个蛇形拱门——博伊德将其解释为地表——中升起，其他考古学家在附近洞穴中发现的培约特的遗存似乎

control. This scholar warns that cognitive archaeologists are too preoccupied searching for *entopics* in each cave, which makes them an easy prey for "shamanophobes."

In fact, Wallis believes that there is nothing wrong with the neuropsychological approach as long as one does not turn it into a grand cross-cultural explanatory tool. For example, in his own analysis of so-called flying tricksters, shamans from the Malakula island in Melanesia, this archeologist purposely stays away from unwarranted worldwide parallels. Instead, he argues that at least in this particular case ethnography and rock art from the same locality and the same time period provide enough evidence to say that the rock drawings depicts either shamans or their visions ( Wallis 2002 ). To be exact, in their particular interpretations of rock art not all cognitive archaeologists follow the "entopic orthodoxy" of Lewis-Williams. It appears that they find more appealing the general direction of his thinking — ancient shamans or some other spiritual experiences were responsible for production of rock art.

For example, another cognitive archaeologist Carolyn Boyd manages to "save" shamans and at the same time to stay away from the controversial "*entoptic* connection" altogether. Arguing that shamanism might have inspired some Lower Pecos River art in Texas, she relies on ethnographic analogies rather than on the neurological visionary patterns of Lewis-Williams. Thus, she cast the Pecos rock panels, including its crown jewel, "White Shaman," against the descriptions of peyote rituals she found in the writings of Carl Lumholtz, Barbara Myerhoff and Peter Furst, the major experts on the spirituality of the Huichol Indians. As a result, Boyd concludes that those drawings are the images induced by local Native American peyote rituals. For example, the Pecos rock panels show the deer covered with dots and pierced with hunters' darts. On the "White Shaman" panel, there is also a human figure holding a weapon and wearing antlers with black dots on its head.

Pointing to ethnographic analogies, the archeologist notes that modern Huichol shamans lead annual pilgrimages of their people northward to Pecos in search for peyote buttons. After finding peyote, they ritually shoot it by surrounding a peyote button with arrows. After this, they kneel down and appeal to the Elder Brother Deer. Huichol shamans also attached the peyote to the antlers they carry. The last ritual refers to an episode from Huichol mythology: the deer god descended from the heaven and brought peyote to people on his antlers. Boyd also stresses that in modern Huichol's worldview the deer and the peyote represent the inseparable sacred symbol. Incidentally, a spiritual practitioner who oversees such annual peyote pilgrimages is called "Sacred Deer Person." Deciphering the "White Shaman" rock panel, Boyd sees representations of peyote buttons in the dots covering the deer and the shaman's antlers. The human figure that appears to carry a weapon and lead other figures becomes a shaman on a peyote pilgrimage. The figure of the "shaman" is shown rising through a serpentine arch, which Boyd interprets as the surface of the earth. The remains of the peyote discovered by other archeologists in nearby caves seem to confirm her assertions that about four thousand

证实了她的说法，即大约 4000 年前，佩科斯河下游的萨满人曾举行培约特仪式。（Boyd and Dering 1996：271—273；Anderson 1997：L1）

美国林业局已经注意到，饱含神秘和萨满格调的岩画激起了大众的兴趣，它可能成为一个潜在的旅游场所，以帮助林业局不断缩减的预算。1993 年，在俄勒冈州，这项服务开始运行一个试点项目"北乌姆普夸（North Umpqua）的古代画家"，这是一个为期一周的生态旅游，让人们可以探索大约 150 年前制作的美洲原住民岩画。另一个目标是帮助游客了解当地的风景，并能参加有关萨满教的研讨会。那些对这个项目感兴趣的人不仅愿意每人掏 1400 美元而有权利成为生态旅游的一部分，而且还自愿帮助各种项目，包括从编写岩画指南到从事考古挖掘和修复被破坏的历史遗址。

考古学家惠特利加入了这个项目，积极在公众中推广考古学知识，发起研讨会和观摩岩画现场。他还写了一本旅游导览，为游客去加利福尼亚州和内华达州 38 处岩画景点提供清晰的指南。我认为，优秀的认知考古学家走近公众以回应他们对于灵性信仰和古代神秘的社会渴望，是萨满解释变得如此吸引人的另一个原因。在这种情况下，公众和学术界似乎是相互促进的。还有一点，刘易斯-威廉姆斯、克洛特和惠特利都是优秀的公共演说家和受欢迎的作家。2002 年，美国林务局的考古学家詹姆斯·凯瑟组织了一场"史前萨满"研讨会，他称赞这三个人的演说水平："你目瞪口呆地坐着就行了。"

对岩画灵性的审视也吸引了那些参与塑造他们当前宗教和种族身份的美洲原住民。怀着一种满足感，惠特利强调说，"我的美洲原住民朋友很高兴看到岩画终于被当作一种宗教现象来对待。"事实上，后一句话反映了认知考古学的一个目标，它不仅与学术实证主义的过度进行斗争，而且在考古学研究中带来了当前本土的观点。不幸的是，那些不同意这种方法论的考古学家因为压制了美洲原住民的声音而有可能被贴上种族主义者的标签（Jones 2002）。

艺术的公开展示通常提供了一个很好的线索，说明在特定时期是什么在知识和情感上激起了公众的情绪。就岩画艺术而言，我觉得这样的线索就是纪念碑和雕塑中体现岩画风格的图像。有一次，圣达菲考古爱好者和酿酒厂老板杰弗里·布朗夫曼（Jeffery Bronfman）有个想法要竖立一座雕塑，既希望纪念得克萨斯州佩科斯河下游的一处岩画遗址，又希望纪念他父亲。这位富有的赞助人委托艺术家和岩画爱好者比尔·沃雷尔（Bill Worrell）创作了以佩科斯岩画为主题的作品。为了满足布朗夫曼的愿望，沃雷尔铸造了一个 17 英尺高的青铜萨满像，复制了当地的岩画主题。现在雕像矗立在塞米诺尔

years ago the shamans in the Lower Pecos River practiced peyote rituals (Boyd and Dering 1996: 271—273; Anderson 1997: L1).

Rock art cast in mystic and shamanic tones stirs popular interest and, as the US Forest Service discovered, might serve as a potential tourist venue to help the service's dwindling budget. In 1993, in Oregon the service began to run a pilot project "Ancient Painters of the North Umpqua," which represents a weeklong eco-tour that allows people to explore Native American rock drawings produced about 150 years ago. Another goal is to educate tourists about the local landscapes and to engage the visitors in seminars about shamanism. Those who people who became interested in the project not only paid $1400 each for the right to be part of the eco-tour but also volunteered to help with various projects, from writing a rock art brochure to doing archaeological digs and restoration of historic sites that have been vandalized.

Archaeologist Whitely, who actively promotes archeological knowledge among public, joined the project to lead seminars and excursions to rock art panels. He also wrote a guidebook that gives tourists clear directions to thirty-eight rock art sites in California and Nevada. I think that the desire of leading cognitive archaeologist to go public in response to societal longing for the spirituality and ancient mysteries is another reason why shamanic interpretation became so appealing. It appears that in this case public and academics cross-fertilize each other. Incidentally, Both Lewis-Williams, Clottes and Whitely are excellent public speakers and popular writers. James D. Keyser, an archeologist for U.S. Forest Service, who organized a symposium "Shamans of Prehistory" in 2002, commends the speaking skills of these three as follows: "You just sit with your mouth agape." (Jones 2002)

The spiritual revision of the rock art also appeals to those Native Americans, who participate in shaping their current religious and ethnic identity. With a sense of satisfaction, Whitley stresses, "My Native American friends are glad to see that rock art is finally being treated as a religious phenomenon. They are glad to see its sacredness foregrounded." In fact, this latter utterance reflects one of the goals of cognitive archaeology, which not only battles the excesses of scholarly positivism but also brings current indigenous perspectives in archaeological research. Unfortunately, those archeologists who disagree with such methodology run a risk to be labeled as racists who suppress the voice of Native Americans (Robertson 1997: B6; Gonzales 1997; Bahn, 2001: 78)

Public display of art usually provides a good clue to what intellectually and emotionally stirs public sentiments at a given period. In the case of rock art, for me such clue is the stylizing of rock images in monuments and sculptures. Once Jeffrey Bronfman, a Santa Fe archaeology buff and distillery owner, came up with an idea to erect a sculpture to commemorate both a rock art site at Lower Pecos River in Texas and the memory of his father. The rich benefactor commissioned Bill Worrell, an artist and an enthusiast of rock art, to create something that is based on the Pecos petroglyphs

峡谷州立历史公园的入口，守护着里面的岩画。有趣的是，沃雷尔的艺术生涯在接触佩科斯岩画之后发生了巨大的变化。这位艺术家的作品目前以萨满教为主题，以复制和销售风格化岩画图像为生（Szilagyi 1994）。

不过，萨满教在佩科斯岩画中的故事并没有就此结束。为了向那些致力于保护岩画的工作者致敬，雕塑家迪安·米切尔（Dean Mitchell）在公园不远处竖立了另一座雕塑。他的作品名为《持久的精神》，以 14 英尺高的白色石灰岩雕刻而成，非常具有戏剧性。他采用了佩科斯岩画中最著名的"白色萨满"这一图像的风格，而考古学家博伊德（Boyd）认为"白色萨满"是古代培约特朝圣的记录。这座雕塑矗立在塞米诺尔公园附近的一个高丘上，正对着绘有古老岩画的岩石。米切尔利用天文上的原理选择了雕塑的位置，这样 6 月 21 日夏至这一天，升起的太阳能够完全照亮雕刻的印痕，勾勒出了白色萨满的形态。

考古学家保罗·巴恩（Paul Bahn）是一位学术怀疑论者，他花了大量时间和精力在一场注定失败的学术战斗中试图批驳对于岩画进行萨满教的解释。他抱怨电视和平面媒体把像刘易斯-威廉姆斯、克洛特和惠特利这样的人放在聚光灯下，而不在乎像他一样的考古学家对岩画的世俗或者偏唯物的解释。这位学者似乎非常在意学术上的游戏，他沮丧地写道："每一种教条自有其得意之时"（Bahn 2001：52，72）。

## 从学术到精神实践：变形者、萨满王、哨子瓶和身体姿势

类似的挫折亦困扰着人类学家埃丝特·帕斯托里（Esther Pasztory），她对于从萨满理论出发来阐释中美洲的考古发现感到不安。尤其让她哭笑不得的是，她所写的一篇文章批驳了那些认为玛雅陵墓和宫殿是为萨满所建的学者，但事实上正是这篇文章造成"萨满"一词在她的研究领域进一步扩展。像巴恩一样，帕斯托里也放弃了，承认不能违背时代精神（zeitgeist）："大多数学者认为中美洲在 1950 年以前有'祭师'，之后有'萨满'。中美洲并没有改变，我们改变了。"（Pasztory 2001）。塞西莉亚·克莱恩（Cecelia Klein）和她的考古学团队在中美洲考古学中对"萨满教"进行了一场讨伐，试图揭示在他们的特定研究领域中萨满论述让学者着迷的学术根源。同样地，他们指出"时代精神"这个词语的诱惑力在于一些同事对唯物主义的敌意（Klein et al. 2001：227）。这必然让人想起岩画研究和更为宽泛的人类学学界的类似

motifs. In fulfillment of Bronfman's desire, Worrell cast in bronze a 17-foot figure of a shaman, which replicates the local rock art themes. Now the statue guards the entrance to the Seminole Canyon State Historical Park, which safeguards the rock panels. It is interesting that the very life of Worrell drastically changed after the exposure to the Pecos rock art. The artist, whose works are currently dominated by the shamanic motifs, runs a successful business replicating and selling stylized rock art images ( Szilagyi 1994 ).

Still, the story of shamanism in Pecos rock art does not end here. To honor the work of enthusiasts who worked to save the ancient drawings, sculptor Dean Mitchell erected another sculpture not far from the park. His dramatic 14-feet tall white limestone carving named "Enduring Spirit" replicates the form of the most celebrated Pecos image, "White Shaman," the one that archeologist Boyd assessed as the record of the ancient peyote pilgrimage. The sculpture stands on a high knoll near the Seminole Park facing rock formations with art panels of the ancient ones. Mitchell astronomically aligned "Enduring Spirit" so that on June 21, during the summer solstice, the rising sun completely lights the carved opening outlining the shape of the White Shaman.

Archaeologist Paul Bahn, an academic skeptic, who spent much time and energy fighting a losing battle trying to debunk the interpretations of rock art as shamanism, laments that television and print media put such people like Lewis-Williams, Clottes and Whitely in the spotlight and do not care about archeologists who like himself look for mundane or materialistic interpretation of the rock art. The scholar, who seems to have taken intellectual games close to his heart, writes in frustration, "Every dogma has its day." ( Bahn 2001: 52, 77 )

## From Scholarship to Spiritual Practice: Shapeshifters, Shaman-Kings, Whistling Bottles and Body Postures

The similar frustrations plague anthropologist Esther Pasztory, who is disturbed with the shamanic revision of the Mesoamerican archeology. Particularly, she became amazed how an article she wrote that debunks scholars who "populated" Mayan tombs and palaces with shamans in fact contributed to the further expansion of the term "shaman" in her field. Like Bahn, Pasztory gave up, admitting that one could not go against the spirit of the time ( zeitgeist ): "For most scholars Mesoamerica had 'priests' before 1950 and "shamans" after. Mesoamerica hadn't changed — we did." ( Pasztory 2001 ) Cecelia Klein and a group of her archaeology colleagues, who went on a crusade against the "shamaniacs" in Mesoamerican archaeology, try to uncover the intellectual roots of the fascination with the shamanism idiom in their particular field. Similarly pointing to the "spirit of times," they note the lure of the idiom was a hostile reaction of some of their colleagues to materialism ( Klein et al. 2001: 227 ). This certainly brings to mind the similar intellectual trends in the rock art studies and anthropology scholarship in general.

学术趋势。

最早将萨满教比喻引入美国考古学的是弗斯特。如上所述，此位人类学家也是研究现代惠乔尔印第安人（Huichol Indians）的主要专家之一。弗斯特在 1965 年为加拿大《人类学》期刊撰写的文章中反对当时的主流观点，即西墨西哥的陶瓷反映了普通人日常和世俗的情感。例如，早期的学者把这个地区的陶瓷随葬品（公元前 1000 年）视为表现战士的形象。在弗斯特看来，这些头戴着角状装饰的人物描绘的是担任坟墓守护者的萨满。这位学者的结论基于这样一个事实：奇怪的角状头饰让人想起了西伯利亚和北美洲的现代萨满的着装，其中一些人将鹿角装饰在自己的头部。同时，弗斯特认为这篇文章及其随后的考古学著作对研究方法有一定的贡献。因此，他强调那些从世俗的观点来判断中美洲艺术的人是"科学世界观"的囚徒，他们无法进入过去的形而上学和神秘领域。弗斯特认为，学者们应该更积极地依靠民族志类比并运用自己的想象力。总的来说，他将自己的考古学分析视为对既定实证主义的一种解药，因为他认为实证主义禁锢住了考古学家的学术想象（Klein et al. 2001：385—386；Furst 1968：170）。

在另一篇论文中，弗斯特转向了公元前一世纪晚期结合了猫科动物和男性的美洲豹雕像。弗斯特讨论了两个主要雕像，其中一个是单膝跪坐的"蹲着的美洲豹人"，另一个是站着的美洲豹人（were-jaguar）。这两个雕像凶猛的脸看起来半人半兽。弗斯特的前辈们推测美洲豹人可能是一位雨神，他们将这些雕塑与奥尔梅克降雨和繁殖仪式联系起来。弗斯特重新审视了这一观点，并得出结论，这些雕塑展示了古代印第安人萨满在转变为美洲豹时的场景。其指出，这些雕像与其他类似雕像上都有一条清晰的分界线，将看起来像人的头后部和像美洲豹一样的脸前部分开。弗斯特推测，古老的雕塑是想展示人类的皮肤是如何逐渐剥落以露出其下的美洲豹。此外，在他看来，这些雕像抽搐而凶猛的面容，似乎反映了古代的灵修者从日常走向非日常的世界所感受到的难以承受的情感压力。这些雕像所体现的美洲豹特征"成为一种官方的标志，让祭师或萨满身上继承的美洲豹神性得以显现，并表明与美洲豹精神上的联系和认同"（Furst 1968：170）。

与他在岩画研究中的同事一样，对于奥尔梅克雕塑的解读，弗斯特广泛地依赖于民族志的类比。事实上，早在许多其他考古学家转向民族学之前，弗斯特就已经使用这种方法来解释岩画或中美洲文化。根据现代拉丁美洲民族志，弗斯特可以相对容易地批驳他的前辈关于奥尔梅克雕塑是神的形象这

One of the first to introduce the shamanism metaphor into America's archaeology was Furst. As I mentioned above, this anthropologist is also one of the major experts on modern Huichol Indians. In his 1965 article for a Canadian journal *Anthropologica*, Furst went against the dominant opinion that West Mexican ceramics mirrored mundane and secular sentiments. For example, earlier scholars approached shaft tomb ceramics from this area, which are dated by the first millennium B. C., as images of warriors. In Furst's view, these figures shown with horned headdresses depicted shamans who serve as tomb guardians. The scholar based his conclusion on the fact that the curious horned headdress reminded the attire of classical modern shamans from Siberia and North America, some of whom decorated their heads with antlers. At the same time, Furst considered this and his other subsequent archeological writings as a contribution to methodology. Thus, he stressed that that those who assessed Mesoamerican art from a secular viewpoint were prisoners of the "scientific world view," who were incapable to penetrate metaphysical and esoteric realms of the past. According to Furst, scholars should more actively rely on the ethnographic analogy and use their imagination. Overall, he viewed his archeological analysis as an antidote to the established positivism, which as he thought held archaeologists in an intellectual bondage ( Klein et al. 2001: 385—386; Furst 1968: 170 ).

In another paper, Furst turned to feline Olmec male figurines depicting jaguars and dated by the late first millennium B. C. Of two major figurines discussed by Furst, ( the reader can see their photographs in this book ), one, "Crouching Figure of a Man-Jaguar," depicts a man who sits on one knee. Another represents a standing were-jaguar. The ferocious faces of both figurines look half-animal and half human. Furst's predecessors, who speculated that the jaguar might have been a rain deity, connected the sculptures to Olmec rain and fertility rituals. Furst revisited this view and concluded that the sculptures showed ancient Indian shamans caught during their transformation into jaguar familiars. The scholar noted that these and other similar-looking figures had a clearly defined dividing line that separated the backs of their heads, which looked human, and the front parts of their faces, which were jaguar-like. Furst speculated that an ancient sculpture wanted to show how the human skin gradually peeled away to reveal the jaguar beneath. Moreover, the convulsed and ferocious face of the figurines appeared to Furst as a reflection of an unbearable emotional stress the ancient spiritual practitioners felt moving from ordinary to non-ordinary reality. Thus, the feline features one can see in these figures became a "badge of office, the manifestation of the supernatural jaguar qualities inherent in priest or shaman, his spiritual bond and identity with the jaguar." ( Furst 1968: 170 )

Like his colleagues from rock studies, for the interpretation of the Olmec sculptures Furst widely relied an ethnographic analogy. In fact, he used this method far before many other archeologists turned to is to explain rock art or Mesoamerican cultures. Drawing on modern Latin American ethnographies, Furst relatively easily debunked his predecessors who viewed Olmec feline sculptures as images of gods. The scholar correctly stressed

一观点。这位学者正确地指出，在格兰德河以南的许多印第安族群中，美洲豹可以是带来雨水的人、行星的吞噬者、养父母、圣地和神灵的守护者，但它们很少被推崇为神灵。最重要的是，土著人几乎普遍认为这些动物是活着的和已故的萨满的精神替身（化身）。这位人类学家提醒说，在南美洲，萨满和美洲豹之间的联系如此密切，以至于人们可以用萨满–美洲豹复合体来形容。事实上，许多印第安人不仅认为这两者是相同的，而且是同一存在的两个部分，就像是印第安版的双重人格（Jekyll-and-Hyde）。事实上，在亚马逊盆地西北部，哥伦比亚东部和东南部以及巴西西北部，不少土著部落用同一个单词来表示萨满和美洲豹！（Furst 1968：156）

基于这些现代土著人的观点，弗斯特可以合理地认为这些雕像描绘的是萨满。此外，弗斯特从地方拓展至全球，强调萨满向动物的仪式性转化只是一种全球性普遍实践的具体表现。他指出，转变是世界各地起源神话的共同主题。参考伊利亚德的研究，弗斯特写道，在古代神话中，人和生物是同一种存在。当它们之间的联系被打破，人和动物就呈现出它们特有的形状。唯一能够保持其他人类已经失去的"原始"品质的人是萨满。他们保留了动物–人的天性，并继续在两个世界之间穿梭，不时重建人类和动物的神秘团结（Furst 1968：168）。在弗斯特之后，许多学者开始想当然地认为，奥尔梅克雕像和雕刻中反复出现的美洲豹人的形象是处于转变阶段的萨满。此外，学者和流行作家自动地重新解释了许多奥尔梅克雕像，把描绘各种杂技式姿态的人物雕像视为摆出美洲豹敏捷动作姿态的萨满。

后来，对于弗斯特将奥尔梅克雕像解释成变形的萨满，又有新的说法添加进来，即这些雕像是萨满王的象征。考古学家肯特·赖利（F. Kent Reilly）对奥尔梅克美洲豹雕像的解释不仅是萨满，而且是统治者。他所讨论的那个特定雕像的头上长有一只蟾蜍。赖利总结为这个形象代表了一个萨满在蟾蜍分泌的迷幻药的作用下变成了美洲豹。此外，它不仅仅是一个萨满，更是一位萨满国王。特别吸引这位学者得出后一个结论的是一块闪亮的石头（黄铁矿或磁铁矿）位于雕像镶嵌的眼中。对赖利来说，这种特异之处可能显示了超凡的灵性和崇高的地位。

这位考古学家并未就此停下脚步，而是转向跨文化的类比，将奥尔梅克的"萨满王"与中国古代的商王进行比较。据称商王既是他们国家的统治者，也是首席萨满。赖利断言，萨满教可能在奥尔梅克政治体系中扮演着类似的角色，考古学家称为"国家萨满教"。一些评论家强调，如果认真地进行此种

that among many Indian groups south of Rio Grande jaguars could be bringers of rain, devourers of the planets, foster parents, guardians of sacred places and of gods, but they were rarely propelled to the status of deities. Most important, the indigenous people almost universally considered these animals as spiritual doubles ( avatars ) of living and deceased shamans. The anthropologist reminded that in South America the link between the shaman and the jaguar was so intimate that one could talk about the shaman-jaguar complex. Indeed, many Indians not only considered both as the equivalents of each other but as two parts of the same being, a kind of an Indian version of Jekyll-and-Hyde. In fact, in the northwest Amazon basin, eastern and southeastern Colombia and northwest Brazil, several indigenous groups labeled both shamans and jaguars by the same word ! ( Furst 1968: 156 )

Based on these modern indigenous perceptions, the anthropologist plausibly suggested that the figurines portrayed shamans. Furthermore, Furst moved from the local to global stressing that the ritual transformation of shamans into animals was only a specific manifestation of a universal practice. He noted that the motif of the transformation was a common theme in origin myths all over the world. Referring to the Eliadean scholarship, Furst wrote that in ancient myths humans and beings acted as the same beings. When the connection between them became broken, people and animals assumed their characteristic shapes. The only people who were able to maintain the "primal" quality lost by the rest of humanity were shamans. They retained the animal-human nature and continued to journey between the two worlds reestablishing from time to time the mystical solidarity of humans and animals ( Furst 1968: 168 ). After Furst, many scholars began to take it for granted that recurring images of were-jaguars on Olmec statuettes and carvings were shamans caught in the stage of transformation. Moreover, by default, academics and popular writers recast many Olmec figures that depict people in various acrobatic poses as shamans who took poses reflecting the agility of jaguars.

Later, to the Furst interpretation of the Olmec figurines as transformed shamans, a new element was added. — the figurines became to symbolize shaman-kings. Archeologist F. Kent Reilly interpreted on the Olmec jaguar figurines not only as a shaman but also as a ruler. The specific figurine he discussed had a toad planted in its head. Reilly concluded that the image represented a shaman transforming into a jaguar under the effect of the hallucinogen secreted from the toad. Moreover, it was not simply a shaman but also a shaman-king. What drew particularly drew the scholar to the latter conclusion was pieces of a shiny stone ( either pyrite or magnetite ) planted in the eye inlays of the figurine. To Reilly, this peculiarity might be a reference to charismatic spirituality and a high status.

The archeologist did not stop at that point and turned to cross-cultural analogies comparing the Olmec "shaman-king" with ancient Chinese emperors of the Shang dynasty, who reportedly were both rulers and head shamans of their state. Reilly asserted that shamanism might have played the similar role in Olmec political system, which the archeologist called "state shamanism." Some critics stress that if one seriously pursues

类比，那么也应该包括中世纪的欧洲基督教皇室成员，他们施按手礼同样扮演着"国王-信仰疗法术士"的角色。据称，法国第一位基督教国王克洛维斯用这种"御触（royal touch）"治愈了人们的疾病。英格兰国王查理二世据称以此使9万多人康复，而著名的路易十四也同样曾经在一天之内治愈了1600名臣民（Klein et al. 2002: 241）。

弗斯特用民族志类比的方法来解释奥尔梅克人像，吸引了该领域的许多学者，尤其是那些研究中美洲艺术的学者。与弗斯特一样，他们深信在传统社会中，神话和信仰在几个世纪中以非凡的程度存在，这在某种程度上允许在谈论神圣和神话时超越时间和历史。这种方法让人想起伊利亚德的宗教观。这位学者反对将宗教研究放在历史背景中，反而可以自由比较，例如古代的部族和现代的人们。弗斯特指出有两种看待没有书面记录的过去的方法：试图通过民族志类比来掌握"古代"的认知系统，或者从我们自己的现代观点来解释文物。鉴于考古学概括的不精确特点，弗斯特或许是对的。同时，他也意识到了这种方法的主要缺陷，并承认："我不知道我们能把这个方法发展到什么程度；我们在把1900年或1950年的民族学数据应用到公元前1000年的时候，非常容易犯错误"（Furst 1968: 177）。

萨满教范式也进入了玛雅考古学中。就像岩画和奥尔梅克艺术一样，新的认知视角被用来突破行为主义和实证主义的过度使用。在他们的《玛雅宇宙：三千年的萨满之路》（1993年）这本书中，戴维·弗雷德尔（David Freidel）、琳达·舍尔（Linda Schele）和乔伊·帕克（Joy Parker）重新审视了古代玛雅政治制度的观点。他们的主要论点是，玛雅国王权力的来源与其说是对经济资源的控制——他们以物质主义为导向的同僚们的主张，不如说是对超自然力量的占有："玛雅王和古老的领主都是萨满。"（Freidel et al. 1993: 37）虽然这种说法遭到了他们大多数同僚的反对，但思想、身体和精神方面的印刷媒体频频提到这项浸润着灵性的研究。

同样，对此书作者所用方法论影响最大的是伊利亚德。事实上，这本书作者之一的弗雷德尔指出，从20世纪70年代初的学生时代起，他就对伊利亚德的萨满教著作着迷。他还补充说，他后来也将这种兴趣传递给了书的合作者。他们从伊利亚德的学术研究中得到的不仅是一种信念，即萨满教是一种古老的、广泛传播的思维方式，而且可以将萨满教的世界观简化为"一套相当简单的象征和假设"（Freidel et al. 1993: 12）。因此，在学者们看来，古典玛雅对山和树的崇敬是著名的"世界之轴"（axis mundi）的表现。世界之

this analogy, it should also include European Christian royalty in Middle Ages, who similarly acted as "king-healers" by laying hands. It was reported that the first Christian king of France, Clovis, healed people by such "royal touch." So did Charles II, the king of England, who allegedly cured more than 90000 people and famous Louis XIV, who once healed about 1600 of his subjects during a single day ( Klein et al. 2001: 241 ).

The method of the ethnographic analogy used by Furst for the interpretation of the Olmec figures became appealing to many scholars in the field, especially those who studied Mesoamerican art. Like Furst, they were convinced that in traditional societies mythology and beliefs survived throughout centuries to an extraordinary extent, which allows to some extent to bypass time and history when talking about the sacred and the mythological. Such approach reminded the Eliadean vision of religion. As we remember, this scholar was against setting the study of religion in a historical context and freely compared, for example, tribal people of antiquity and of modern times. Given the impressionistic nature of archeological generalizations, Furst might be right when he points that there are two ways of viewing the past for which we do not have written records: to try to grasp the cognitive systems of the "ancient ones" through the use of the ethnographic analogy or to interpret artifacts from our own modern viewpoint. At the same time, he did sense the major flaw of this method and admitted, "I don't know how far we could carry this; we are on very slippery ground in applying 1900 or 1950 ethnographic data back to 1000 B.C." ( Furst 1968: 177 )

The shamanism idiom also entered Mayan archeology. Like in the case of rock art and Olmec art, the new cognitive perspectives were used here to bust excesses of behaviorism and positivism. In their *Maya Cosmos: Three Thousand Years on the Shaman's Path* ( 1993 ), David Freidel, Linda Schele and Joy Parker revisited the view of ancient Mayan political system. Their main argument is that the source of Mayan kings' power was not so much the control over economic resources — the assertion of their materialistically-oriented colleagues — but the possession of supernatural powers: "Maya kinds and lords of old were shamans." ( Freidel et al. 1993: 37 ) While such statement received a hostile reception from the majority of their colleagues, mind, body and spirit print media frequently refers to this study steeped in spirituality.

Again, the major methodological influence on the authors of this book is Eliade. In fact, Freidel, one of the authors of the book, notes that from his student days in the early 1970s he was fascinated with Eliade's shamanism book. He also adds that he later conveyed this interest to his co-authors. They drew from the Eliadean scholarship not only a conviction that shamanism was old and broadly diffused mindset, but also that one can reduce shamanic worldview to "a rather simple set of symbols and assumptions." ( Freidel et al. 1993: 12 ) Thus, the classic Maya's veneration of mountains and trees appear to the scholars as the manifestations of famous *axis mundi*, the world center, the sacred portal to access the otherworld. In fact, the World Tree idiom is the central to their book. The archeologists uncover the symbolism of trees in various pieces of Mayan artifacts and

轴也即世界中心，是通往另一个世界的神圣门户。事实上，世界树这一习语是他们书的核心。他们发现了各种玛雅文物和建筑中树木的象征意义。此外，对他们来说，萨满王的形象也是世界树的化身。因此，学者们将玛雅萨满国王想象成站在金字塔山顶，体验着狂喜的幻觉。

克莱恩（Klein）和其他几位学者研究萨满教概念在中美洲考古学这一特定领域流行的根源。他们认为许多玛雅学者接受萨满教的表达，因为他们无意中想要避免使用"priest"一词来指代前西班牙时期异教徒的本土精神修行人（Klein et al. 2001: 220）。似乎那些改用新词的学者希望把"萨满国王"从任何与犹太教-基督教传统代表的罗马天主教神职人员相关的联想中解脱出来，以便将玛雅文明作为一个更加平等与和谐的社会呈现出来。虽然从道德和意识形态的角度可以理解，但是这种试图将玛雅精神修行者与天主教神父分开的尝试，似乎反映了我们以当下现有的观点看待过去。在这一视野中，"非西方"的中美洲"萨满国王"似乎更唯心和平等，而不像他们的"西方"对应者那样唯物和理性。

出于某种原因，弗雷德尔、舍尔和帕克不能接受这样一种观点，即在古代玛雅社会，统治者（"萨满国王"）和平民之间可能存在精神鸿沟。他们坚持认为，如果存在精神鸿沟，那么玛雅古代公共建筑项目就是在精英阶层监督之下，是"少数精英持续压迫大多数人的苦果"，这使得玛雅"萨满国王"及其庙宇并不比拉美牧师和他们的天主教建筑更好（Freidel et al. 1993: 48）。与弗雷德尔、舍尔和帕克所说的统一玛雅宇宙形成鲜明对比的是，早期的考古学家如埃里克·汤普森（J. Eric Thompson）认为，玛雅贵族的宗教宇宙可能与普通百姓的灵性信仰并不完全一致。

与弗斯特一样，弗雷德尔、舍尔和帕克都非常依赖民族学类比法。事实上，参与现代玛雅仪式并将其投射到古代玛雅传统中，他们试图证明"玛雅仪式和宇宙观至少持续了2000年"，并且"玛雅的现实从古代到现在"有着紧密的连续性（Freidel et al. 1993: 48, 11）。当然值得赞扬的是这三位作者并不坚持他们对玛雅历史的精神解读是对玛雅文化最好的诠释。他们的主要目标是描绘人类的能动性和灵性——早期考古学家所忽略的方面。弗雷德尔、舍尔和帕克并不隐瞒，在他们试图将生命注入玛雅考古学的过程中，他们广泛运用他们的想象力，使之符合当前的精神渴望："因为我们现代朝圣者不知道原始建筑者的意图，我们在玛雅纪念碑上留下了我们自己的理解和审美价值，就像当我们端详来自其他文化和其他时代的艺术杰作时，我们总是这样

buildings. Moreover, to them, the figure of the shaman-king is also the embodiment of the World Tree. Thus, the scholars visualize Maya shaman-kings who were standing at the tops of their pyramid-mountains and experiencing ecstatic visions.

Klein and several other scholars, who looked into the sources of the popularity of the shamanism concept in this particular field of Mesoamerican archeology say that many Mayan scholars embraced the shamanism expression because unconsciously they wanted to avoid using the word "priest" in a reference to pre-Hispanic pagan indigenous spiritual practitioners ( Klein et. al. 2001: 220 ). It appears that those scholars who switched to the new usage wish to disentangle "shaman-kings" from any linguistic associations with Roman Catholic meaning clergy, representatives of Judeo-Christian tradition, in order to present Mayan ancient civilization as a more egalitarian and harmonious society. Although understandable from a moral and ideological viewpoint, this attempt to separate Mayan spiritual practitioners from Catholic priests, seems to reflect our present vision of the past. In this vision, "non-Western" Mesoamerican "shaman-kings" appear to be more spiritual and egalitarian, less materialistic and rational than their "Western" counterparts.

For some reason, Freidel, Schele and Parker cannot accept the very idea that in the ancient Mayan society there could have been a spiritual gap between the rulers ( "shaman-kings" ) and commoners. To think otherwise, insist the scholars, would be to consider ancient public construction projects this elite supervised "the bitter fruit of the sustained oppression of the majority by the elite minority," which makes the Mayan "shaman kings" and their temples no better and no worse than Hispanic priests and their Catholic architecture ( Freidel et al. 1993: 48 ). In contrast what Freidel, Schele and Parker say about the unified Maya cosmos, such earlier archeologists as, for example, J. Eric Thompson argued that the religious universe of Mayan aristocrats might not have exactly matched the spirituality of commoners.

Like Furst, Freidel, Schele and Parker heavily rely on the ethnographic analogy method. In fact, participating in modern Mayan rituals and projecting them onto ancient Mayan tradition, they seek to prove that "Maya ritual and cosmology has endured for at least two millennia," and that there is an intimate continuity of "Maya reality from the ancient past into the present." ( Freidel et al. 1993: 48, 11 ) To their credit, these three writers do not insist that their spiritual rereading of the Mayan past is the best-fit interpretation of that culture. Their major goal is to the picture human agency and spirituality — the aspects neglected by earlier archeologists. Freidel, Schele and Parker do not hide that in their attempt to breathe life into Mayan archeology they extensively use their imagination tuning it up to current spiritual longings: "Because we modern pilgrims are ignorant of the intentions of the original builders, we impress our own meanings and aesthetic values on the Maya monuments, just as we always do when we contemplate masterworks of art from other cultures and other times. And our ignorance is convenient, for it allows free reign to the modern imagination. We see in these ruins what we want to see, be it affirmation of the romantic mysticism of springtime pilgrims, or the

做。我们的无知是很方便的，因为它允许现代想象力自由地发挥。我们在这些废墟中看到了我们想要看到的东西，无论是对春季朝圣者浪漫神秘主义的肯定，还是许多终生致力于研究玛雅的现代学者的实践唯物主义。我们不得不承认，我们对过去的看法永远是现在的囚徒。我们对玛雅人心中的山脉的重建，就像一位细心的考古学家修复的金字塔山一样，只是一种诠释，而不是真正的原貌。"（Freidel et al. 1993：36）

一些学者对考古学知识从精神的视角进行重访，激发了不少精神追求者，他们将此视为可以操作的文化蓝图。所谓"哨子瓶"的故事，说明了在当前的知识环境中，这件考古文物如何被设定为神圣而神秘的，从而推动出现一个虽小却充满活力的精神团体。"哨子瓶"是由居住在秘鲁北部和中部沿海地区的前哥伦布时期的土著制造的一种双腔容器；有些容器最多有 6 个腔室。考古学家将这些物品的年代确定为公元前 500 年至西班牙征服时期，通常在古代秘鲁人的墓穴中被发现作为陪葬品的一部分。最初，研究人员认为"古代人"使用这些容器来饮用或储存水，这在 20 世纪 60 年代以前的学术实证主义时代是一种自然的思维方式，顺便说一句，这正是"瓶子"这一绰号的由来。

容器的某一个腔室通常有一个管状的孔。如果有人朝这个孔里吹气，这个"瓶子"就会发出高音调的哨子声。由于早期的学者认为"瓶子"纯粹是出于功能目的，所以他们认为，如果古代印第安人偶尔会吹出哨声，这样做也只是为了娱乐。几乎没有任何学者猜测，人们可以在神圣的仪式中使用这些器皿将其吹响。然而在 20 世纪 70 年代，随着人们对迷幻剂的文化作用和状态改变的意识提高，人们开始重新审视瓶子的功能。人类学家玛琳·多布金·德·里约斯（Marlene Dobkin de Rios），一位著名的秘鲁致幻萨满教学生，记录了"死藤水"集会期间这些罐子的使用情况。她指出，秘鲁萨满经常在他们的"死藤水"治疗过程中，以特定的音调吹哨子，将哨音的时间控制在治疗的不同阶段。同时，德·里约斯和她参与这项研究的同事卡茨（Katz）认为，哨子只起到了辅助作用，有助于"死藤水"使用者的精神旅程。他们推测，吹哨子可以缓解精神旅行者遭遇"糟糕旅行"时的负面体验。

然而，在同一时期，当德·里约斯和卡茨提出他们的观点时，古董收藏家丹尼尔·斯塔特尼科夫（Daniel Statnekov）进一步指出，这些器皿可能代表了古代秘鲁人自己所使用的主要神圣工具。因此，它们可以作为心理声学的大门，以进入另一种现实，类似于鼓和摇铃。"我总觉得这些乐器是用来进

practical materialism of many modern scholars who devote lifetime to studying the Maya. We are forced to acknowledge that our perception of the past is always a prisoner of the present. Our reconstruction of the mountains inside the Maya mind is, like the pyramidal mountain restored by a careful archeologist, an interpretation and not the true original." ( Freidel et al. 1993: 36 )

The spiritual revision of archeological knowledge by some academics stimulates spiritual seekers, who receive in their hands cultural blueprints to work with. The story of so-called whistling bottles shows how the archeological artifact set in the current intellectual environment tuned to the sacred and mysterious might spring up a small but vibrant spirituality group. Produced by pre-Columbian people who resided in coastal areas of northern and central Peru, "whistling bottles" represent dual-chambered vessels; some have up to six chambers. Archaeologists, who date these objects from 500 B.C. to the Spanish Conquest represent, usually find them in graves of ancient Peruvians as parts of burial goods. Originally, researchers assumed that the "ancient ones" used the vessels for drinking or storing water, which was a natural thinking in the age of scholarly positivism, prior to the 1960s. Incidentally, that is how they received a nickname "bottles."

One of the chambers of a vessel usually has a tube-like hole. If one blows air through this hole, the "bottle" produces a high-pitch whistling. Since earlier scholars thought that the "bottles" had purely functional purpose, they assumed that if ancient Indians occasionally whistled through them, they did it just for amusement. Hardly any scholar surmised that people could use these vessels for sacred ceremonies by blowing them as whistles. Yet in the 1970s, with the rising awareness of the cultural role of hallucinogens and altered states, the function of the bottles was revisited. Anthropologist Marlene Dobkin de Rios, a known student of the Peruvian hallucinogenic shamanism, documented the use of these jars during *ayahuasca* sessions. She noted that Peruvian shamans frequently accompanied their *ayahuasca* healing sessions by whistling at certain tones timing the tunes to different stages of the sessions. At the same time, de Rios and her colleague Katz, who was involved into this research, suggested that whistling played only a complementary role helping *ayahuasca* users during their spiritual journeys. They speculated that whistling could smooth negative experiences of spiritual travelers who encountered a "bad trip."

However, during the same years when de Rios and Katz came up with their work, antique collector Daniel Statnekov went farther suggesting that those vessels might have represented for ancient Peruvians major sacred tools of their own. As such, they could serve as psycho-acoustic doorways to alternative reality akin to drums and rattles. "I always felt that these sound instruments were used to access another dimension," wrote this spiritual seeker. The spiritual revision of the "vessel bottles" began on April 27, 1972, when Statnekov, a well to do east coast businessman and an antique collector,

入另一个维度的，"这位精神探索者写道。1972 年 4 月 27 日，东海岸富裕的商人、古董收藏家斯塔特尼科夫经历了一件让他得到启示的事情，对"容器瓶"进行了精神方面的重新审视。在那天之前，他在一次拍卖会上买了这样一件容器，仅仅是因为它看起来很古老，很有吸引力。有一次他坐在书房里，把玩着他的新考古玩具，斯塔特尼科夫开始无缘无故地吹着这个容器。哨子瓶产生的效果引起了他的兴趣。这是一种高亢而诡异的声音，使这位古董收藏家感觉被发射到太空进行了一次想象之旅。尽管斯塔特尼科夫在吹瓶子之前从未体验过"死藤水"，但他在"瓶子下"体验到的飞行感觉让他很快想到他读过人们在"死藤水"作用下精神旅程中的感受。

据斯塔特尼科夫称，这件古秘鲁容器的精神力量深刻地改变了他的生活。他以前是个以物质为导向的人，把所有的精力都集中在了他的商业冒险上。他与能为他所用的人培养起有益的联系。他和一位富有女士的婚姻就是这种关系网的一部分。正如他强调的那样，神圣的哨声帮助他从物质主义的束缚中解脱出来。他放弃了在"金笼子"里的世俗生活，与妻子离婚，和 20 世纪六七十年代他那一代人一样，搬到西部的加利福尼亚："终于，在 32 岁的时候，我感到加州将是一个可以放下过去，开始新生活的地方。这也是一个可以充分探索我的新发现的地方。从我读到的报道来看，加州是美国新思想的试验场。秘鲁的哨声会在这里找到定位，我也会"（Statnekov 2003：45）。

加州大学洛杉矶分校安第斯考古学专家克里斯托弗·唐南（Christopher Donnan）对斯塔特尼科夫（Statnekov）哨子改变思维的理论很感兴趣，并帮助这位精神寻求者成为加州大学洛杉矶分校文化历史博物馆（UCLA Museum of Cultural History）的特约研究员。在接触到丰富的中美洲陶瓷收藏品后，这位前古董收藏家潜心研究其他神圣哨声的样本。斯塔特尼科夫与来自同一所大学的物理声学家斯蒂芬·加勒特（Stephen L. Garret）合作，完成了一篇论文，指出是什么特别促使他们想到这些容器具有精神作用。他们认为，如果两三个吹哨的瓶子同时吹响，它们会发出奇特的声音：更高的音符层叠在一起发出较低的音调，人们可以听到，但不能用录音机录下来。最终，斯塔特尼科夫得出结论，这些"瓶子"不是用来喝酒的，而是在萨满教中有特定的用途，让人们在没有任何致幻剂的情况下进入恍惚状态："这个想法是，这些低频声音在宗教仪式中对于改变意识状态很重要"（Broad 1988：C1）。

这位精神探索者还暗示，哨声可能是古代密教崇拜的一部分，此崇拜只限于秘鲁萨满和科学家的精英阶层。在根据他的经历改编而成的传记《生机地球》

experienced something that one can call a revelation. Prior to that day, he bought one of such vessels at an auction simply because it looked old and attractive. Once sitting in his study and tossing his new archeological toy, Statnekov began blowing through the vessel for no reason. The effect produced by the whistling bottle intrigued him. It was a high-pitched eerie sound, which catapulted the antique collector on a visionary trip through space. Although Statnekov never used *ayahuasca* before blowing the bottle, the flight he experienced when "under the 'bottle'" strongly reminded him he read about people feeling during spiritual journeys "under *ayahuasca.*"

According to Statnekov, the spiritual energy of the ancient Peruvian vessel profoundly changed his life. Before, as he notes, he was materialistically oriented person with all his thoughts concentrated solely on his business ventures. He cultivated useful contacts with useful people. His marriage to a wealthy woman was part of this networking. As he stresses, the sacred whistles helped him release himself from this bondage of materialism. Abandoning his secure life in a "golden cage," he divorced his wife and, as many people of his generation in the 1960s and the 1970s, departed to the West to California: "Now, at age of thirty-two, I sensed California would be a place where I could let go of my past and begin a new life. It was also a place where I could fully explore the ramifications of my discovery. From reports I'd read, California was the American proving ground for new ideas. The Peruvian whistles would find a niche here, and so would I." ( Statnekov 2003: 45 )

Christopher Donnan, a UCLA expert in Andean archeology, became intrigued by Statnekov's theory that the whistles were mind-altering tools and helped the spiritual seeker receive an affiliation with the UCLA Museum of Cultural History. With an access to the rich collection of Mesoamerican ceramics, the former antique collector immersed into a thorough research of other samples of sacred whistles. Pairing with Stephen L. Garret, an acoustic physicist from the same university, Statnekov produced a paper, which pointed what specifically prompted them to think that the vessels carried a spiritual role. They argued that if two or three whistling bottles are blown at the same time, they produce curious sounds: higher notes layer on each other and together make lower notes that one can hear but cannot tape on a tape recorder. Eventually, Statnekov concluded that the "bottles" were used not for drinking but for shamanic purposes to drive people in a trance state without any hallucinogens: "The idea is that these low-frequency sounds were important in religious rituals for changing states of consciousness." ( Broad 1988: C1 )

The spiritual seeker also suggested that the whistles might have been a part of an ancient esoteric cult limited to an elite class of Peruvian shamans and scientists. In his experiential biography, *Animated Earth*, Statnekov claims that the magic whistling stimulated his spiritual growth. Reflecting sentiments popular in the body, mind, and spirit community, Statnekov writes that in fact it was not important to know how and in what contexts the ancient Peruvians used these bottles. What is more important to him is

（*Animated Earth*）中，斯塔特尼科夫声称神奇的哨子促成了他的精神成长。反映了思想、身体和精神方面人群中流行的情感，斯塔特尼科夫写道，事实上，了解古代秘鲁人如何以及在什么环境下使用这些瓶子并不重要。对他来说更富意义的是，人们现在可以利用这些容器的精神能量来增强他们的灵性："我们的优势在于，在这些工具最后被使用的几百年之后，我们重新发现了它们，就是说，他们在几千年的使用中积淀下来的文化'外衣'已经被搁置了。"[①]

　　对他的发现感到兴奋，一些狂热者称斯塔特尼科夫是被神选之人，他把萨满哨子这一失传的秘密带回了人间。斯塔特尼科夫以古代秘鲁的文物为蓝本进行复制，开始制作自己的"哨子瓶"。在超过20年的时间中，他制作古董哨子的复制品并免费送给所有感兴趣的人。斯塔特尼科夫并没有回避他的发现给他带来的关注，而是成为了一个"新时代"巡回演讲的积极参与者，从另类的广播节目到位于伊莎兰（Esalen）的工作坊。斯塔特尼科夫认为古老的哨声可能有助于人们进入另一个世界，在某种程度上，他试图将他的发现与玛雅预言和历法，这些在玄学圈子很流行的标志象征联系起来。

　　正如他进行自我批判时所强调的那样，通过将这些推测相互叠加，他甚至开始想象自己是一位解释古代印第安历史的著名反主流文化的人类学家。最终，他意识到自己走得太远了，他所建立的玛雅联系太肤浅了。因此，他决定专注于宣扬他对哨子精神能量的发现。不幸的是，斯塔特尼科夫在加州大学洛杉矶分校的研究被终止了。起因是《洛杉矶时报》的一名记者在采访了斯塔特尼科夫之后，粗暴地拓展了斯塔特尼科夫的理论，认为是一类古代秘鲁古老仪式的成员通过吹哨子来达到"高潮"。尽管加州大学洛杉矶分校的环境对各种各样的精神探索和改变的状态容忍度挺高，但这越界太多了。由于担心负面的宣传，唐南结束了斯塔特尼科夫与博物馆的关系。他说："卡斯塔尼达逃脱了惩罚，但是这并不意味着我们要把这所大学的名望借给每一个给我们呈现玄学幻觉的人"（Statnekov 2003：98）。

　　这位坚持玄学研究的探索者在被终止了特约学术联系之后，前往秘鲁，来到了神奇容器诞生的地方。在那里，在古老的废墟中，他和几位精神寻求者一起试着吹哨子，把容器的神圣能量"送回"它们的故土。1977年，斯塔特尼科夫前往新墨西哥州去寻找志同道合的群体，在那里他参加了一个名为彩虹家族的年度聚会——"美国反主流文化先锋在原始的山地荒野中露营"

───────

[①] Daniel Statnekov, "Current Development in the Peruvian Whistling Vessels," www.peruvianwhistles.com/current-dev.html.

that people can now use the spiritual energy of the vessels to enhance their spirituality: "Our advantage in re-discovering these instruments, so many hundreds of years after they were last employed, is that the cultural 'garb'that they must have accumulated over thousands of years of use has been set aside." [①]

Excited about his discovery, some enthusiasts call Statnekov the chosen one who brought back the lost secret of shamanic whistling back to humankind. Statnekov began to produce his own "whistling bottles" replicating ancient Peruvian blueprints. More than twenty years, he manufactured and freely gave away to all interested individuals hundreds of his replicas of ancient whistles. Statnekov did not shy away from the publicity his discovery brought to him and became an active participant in a "New Age" lecture circuit, from alternative radio shows to workshops in Esalen. Arguing that the ancient whistles might help people to enter alternative reality, at some point, Statnekov tried to connect his discovery with Maya prophesies and calendars, metaphors popular in metaphysical circles.

As he self-critically stresses, by piling these speculations on top of each other, he even began to imagine himself a celebrity countercultural anthropologist interpreting ancient Indian history. Eventually, he realized that he went too far and that his Mayan links were too shallow. As a result, he decided to concentrate solely on propagating his discovery of the whistle spiritual energy. Unfortunately, Statnekov research pursuits at UCLA came to an end, when a *Los Angeles Times* reporter, who interviewed the man, crudely stretched out Statnekov theory by writing that members of an ancient Peruvian archaic ritual got themselves "high" by playing the whistles. Despite the general tolerance of the UCLA environment to all kinds of explorations of spirituality and altered states, this went too far. Fearing a bad publicity, Donnan terminated Statnekov's affiliation with the museum with the words, "Just because Castaneda got away with it doesn't mean we're going to lend the respectability of this university to everyone who presents us with a metaphysical hallucination." ( Statnekov 2003: 98 )

Stripped of his academic affiliation, the explorer who persisted in his metaphysical search departed for Peru, to the very location that gave birth to the magic vessels. There, amid ancient ruins, with several spiritual seekers he tried his whistles "returning" the sacred energy of the vessels to their homeland. Trying to situate himself in a community of like-minded people, in 1977, Statnekov journeyed to New Mexico where he joined an annual gathering of so-called Rainbow Family - "the vanguard of the American counterculture camped in a pristine mountainous wilderness." ( Statnekov 2003: 136 ) Here the former antique collector became involved into sweat lodging Plains Indian style, collective healing sessions, and received a chance to try his whistling energy on

---

① Daniel Statnekov, "Current Development in the Peruvian Whistling Vessels," www. peruvianwhistles.com/current-dev.html.

（Statnekov 2003：136）。在这里，这位前古董收藏家参与了平原印第安风格的劳作和住宿，参加了集体治疗课程，并获得了一次机会尝试将他的哨子能量传递给乐于接受的听众。看来他终于找到了一个新的家庭："我有一种以前不知道的归属感。我从未有过属于任何群体的感觉，无论是在青少年时期还是在大学里。但现在我是彩虹家族的一员"（Statnekov 2003：151）。在描述自己的经历时，斯塔特尼科夫反复指出，他的追求不是研究哨子瓶的秘密，而是他自己的精神转变。

1980年的某日，古董收藏家觉得自己的任务完成了，于是放弃了"容器之路"，把他的所有工具、模具和"充满灵性的黏土"都交给了心理学和神学专业的学生唐·赖特（Don Wright），唐作为学徒一直跟随斯塔特尼科夫学习。后者不仅成为一个"容器制造者"，而且开始在新墨西哥州为那些有兴趣以这种非传统方式进入灵性世界的人举办"容器课程"。与需要改变身体生化状态的"致幻剂方式"不同，赖特宣称这种新方法绝对安全，是"美丽而极其深刻的体验类型"："因为在哨声停止后，体内没有残留的化学物质，每个人都会回到体验之前的状态，带着对刚才所发生的事情的记忆，并从中获得美妙而丰富的感觉。"[1] 确实，这是一种无害的方式来体验改变的状态，类似于迈克尔·哈纳（Michael Harner）所宣扬的鼓声和摇铃声。

赖特"吹哨子"课程的参与者通常在昏暗的灯光下围成一圈坐在地板上。有一次，我和其他5个人参加，蜡烛点着，灯关了，创造了一种期待神圣和神秘的气氛。在收到简短的指示后，参与者们开始同时向自己的罐子中吹气。就这样，我们持续吹一个小时，中间仅有几次短暂的休息。在一些课程中，人们连续几个小时不间断地这样做，这是进入变化状态的必要条件。其中一位这种萨满式体验的狂热者满意地写道："当一群人同时开始吹它们（容器），你几乎立刻就会进入一种积极的变化状态。然后，声音可以作为一种载体来完成治疗、平衡保护、信息收集或其他任何需要。"[2] 赖特强调参加他灵性课程的人对这次经历非常感激，有些人则对课程的结束表示遗憾。

哨子在灵性追求者中越来越受欢迎，这促使了容器能量的发现者斯塔特尼科夫重回此领域。最终，1996年，移居新墨西哥州的斯塔特尼科夫重新开始制造乐器，以满足人们的需求，他们"真诚地渴望探索哨声能量能将他们

---

[1]　Don Wright, "Peruvian Whistling Vessels," http://www.newfrontier.com/1/peru795.htm.

[2]　Joe Townend, "Peruvian Whistling Vessel Recording," http://www.new-universe.com/vessels/vessels.html.

the receptive audience. It appears that finally he found a new family: "I felt a sense of belonging I hadn't known before. I'd never had a feeling of belonging to any group, neither as a teenager nor in college. But now I was a member of the Rainbow Family." ( Statnekov 2003: 151 ) Describing his experiences, Statnekov repeatedly notes that his quest was not about learning the secrets of whistling bottles but about his own spiritual transformation.

At some point, in 1980, the antique collector felt that his mission was complete and quit "the path of vessels" transferring all his tools, molds and "spiritually-charged clay" to psychology and theology student Don Wright who came to study under Statnekov as his apprentice. The latter not only became a "vessel maker" but also began to run "vessel sessions" in New Mexico for those people who were interested to enter the world of spirits by this unconventional way. In contrast to the "hallucinogen way" that required altering the body chemistry, Wright advertises this new method as absolutely safe, "beautiful and intensely profound type of experience": "Because there is no lingering substance in the body, shortly after the whistling session has stopped, everyone returns to their pre-experience state, beautifully enriched by the memory of what happened." ①
Indeed, it is a harmless way of experiencing altered states akin to drumming and rattling propagated by Michael Harner.

Participants in Wright "whistling" sessions usually sit down on the floor together in a close circle in a dim light. In a session, which involved me and five other persons, candles were lighted, and lights were shut off, which created the atmosphere of expectation of the sacred and the mysterious. After receiving brief instructions, the participants began to blow simultaneously into their pots. In this manner, we blew for an hour with short breaks. In some sessions, people keep doing this for hours without a break, a condition necessary for entering altered states. One of the enthusiasts of this type of shamanic journey wrote with satisfaction, "When a group of people starts blowing them [ vessels ] all at the same time you are almost immediately transported into a positive altered state. The sound can then be used as a carrier to accomplish healing, balancing protection, information gathering or whatever else is desired." ② Wright stresses that the participants of his spiritual sessions feel deep gratitude for having this experience, and some reportedly express regret that a whistling session is over.

The growing popularity of the whistles among spirituality seekers prompted Statnekov, the discoverer of the vessel energy, to return to the field. Eventually, in 1996, Statnekov, who relocated to New Mexico, resumed making the instruments catering to serve the needs of people who had "a sincere desire to explore where the whistle energy would take them." It is interesting that the teacher and his former

---

① Don Wright, "Peruvian Whistling Vessels," http://www.newfrontier.com/1/peru795.htm.

② Joe Townend, "Peruvian Whistling Vessel Recording," http://www.new-universe.com/vessels/vessels.html.

带往何处"。有趣的是，这位老师和他的前学徒走上了各自独立的"容器之
道"。斯塔特尼科夫却执意坚持使用在秘鲁古代墓葬中发现的古代蓝本的原始
格式和曲调，然而赖特继续进行他的原创幻想，并根据观众的期望调整他的
容器，使容器的声音更为高亢。古老的哨声通常音调很低。赖特强调，他不
想简单地寻找和复制古代的哨声。他的目标是利用古老的曲调来产生新的灵
性声音。顺便提一句，这些对秘鲁古代陶瓷的"严格"和"宽松"的理解使
用方法只是西方玄学群体中有关土著灵性两种不同路径的一个小例子。其中，
一些人寻求严格遵循特定的部落习俗，而另外一些人则根据个体或群体的需
要自由地重塑这些实践。

　　现代玄学群体和自然宗教都十分关注他们的古代社会根基，广泛地运
用考古学来构建自己的仪式。将吹哨的瓶子赋予精神力量只是一个例子，说
明考古学是如何满足那些寻求"古代技术"进入变型状态的精神寻求者的。
另一个例子是一群狂热者聚集在心理学家和语言学家费利西塔斯·古德曼
（Felicitas Godman）周围。他出生于匈牙利，目前退休了，住在俄亥俄州哥
伦布市。当跟随斯塔特尼科夫的人们用秘鲁的哨子开始他们的精神之旅时，
古德曼试图通过复制石器时代雕像上的身体姿势来引导人们进入另一种现实
（Goodman 1990：303—309）。通过观察古代狩猎采集社会中幸存下来的雕塑
和雕像，她得出结论，萨满教的任何一种经历都有普遍的跨文化姿势：召唤
神灵、治疗、转化为动物、占卜和精神旅行。自 20 世纪 70 年代初以来，古
德曼和她的同事们发现了大约 80 种普遍的身体姿势。这位前人类学家和她的
追随者们相信，我们的祖先利用所有这些姿势进入了变化的状态。此外，古
德曼强调在历史的某个时刻，神灵"邀请"人类学习那些姿势，以保持与另
一个独立世界的定期接触（Goodman 1995：xi）。

　　"在我正在进行的关于意识状态改变的研究中，我让研究对象采取一种
非普通的姿势，然后加上一种节奏的刺激。令我惊讶的是，受试者报告了各
种各样的梦幻经历。很明显，我无意中发现了一个非常古老的萨满系统，而
这个系统至今还没有被人们所认识。"现在古德曼与她的同事贝琳达·戈尔
（Belinda Gore）一起运营着库亚蒙格学院（Cuyamungue Institute），专门研究
和保存这些姿势，"作为通往灵魂和非普通意识领域的一道门。"[①] 就像西方萨
满教群体中的许多成员一样，她最初对部落灵性和变化状态的兴趣是由接触

---

① 　The Cuyamungue Institute，https://www.cuyamungueinstitute.com/

apprentice went by their own separate "vessel paths." While Statnekov purposely sticks to the original format and tune of the ancient blueprints as found in ancient Peruvian burials, Wright let his creative fantasy move on and adjusts his vessels to the expectations of his audience making vessels sound high in frequently. The ancient whistles are usually low in pitch. Wright stresses that he does not want to simply find and replicate sounds of the ancient ones. His goal is to manipulate the ancient tune to produce new spirituality sounds. Incidentally, these "strict" and "loose" approaches to the ancient Peruvian ceramics is a just a small example of two different approaches to indigenous spirituality in Western metaphysical community, in which some people seek to strictly follow particular tribal practices, while others freely reshape these practices tuning them to their individual or group needs.

Modern metaphysical community and nature religions, which are very concerned to ground themselves in antiquity, widely use archeology to construct their rituals. Instilling whistling bottles with spirit is only one example of how archeology can serve the needs of those spiritual seekers who seek for "archaic techniques" to enter altered states. Another example is a group of enthusiasts clustered around the retired Hungarian-born psychologist and linguist Felicitas Goodman who currently lives in Columbus, Ohio. While people who follow the Statnekov embark on their spiritual journeys by using Peruvian whistles, Goodman tries to induce the same paths to the alternative reality by replicating body postures found on Stone Age figurines ( Goodman 1990: 303—309 ). Observing the sculptures and statuettes that survived from ancient hunting and gathering societies, she concluded that there were universal cross-cultural postures for any kind of shamanic experiences: calling spirits, healing, transformation into animals, divination and spirit journeys. Since the early 1970s, Goodman and her colleagues discovered about eighty universal body postures. The former anthropologist and her followers are convinced that our ancestors used all these postures to enter altered states. Moreover, Goodman stresses that, at certain point of history, spirits "invited" humans to learn those postures to maintain a regular contact with the separate realitys ( Goodman 1995: xi ).

Like Statnekov, Goodman attributes her "discovery" to an accidental event: "In 1977, in connection with my ongoing research concerning altered states of consciousness, I had the research subjects assume one of these non-ordinary postures and then added a rhythmic stimulation. To my surprise, the subjects reported a variety of visionary experiences. Apparently, I had inadvertently stumbled onto a very ancient shamanic system that had hitherto gone unrecognized." Along with her colleague Belinda Gore, Goodman now runs the Cuyamungue Institute that is specialized in exploring and preserving these postures "as a doorway to the realm of spirit and non-ordinary consciousness." [1] Like for many members of the Western shamanism community, her original interest in tribal spirituality and altered states was triggered by her exposure to

---

[1]  The Cuyamungue Institute, https://www.cuyamungueinstitute.com/.

到美洲土著文化引起的。在她的例子中，普韦布洛（Pueblo）民族志和新墨西哥州北部古老的土著遗迹是她的兴趣触发点。顺便提一句，于1978年创立的库亚蒙格（Cuyamungue）总部位于新墨西哥州北部，那里是身体、思想和精神群体的据点之一。

古德曼和她的同事相信，如果伴随着诸如鼓声或摇铃声之类的声音刺激，那些保持十五分钟的身体姿势可以引起"狂喜的恍惚状态"，并最终产生梦幻体验。顺便提一句，库亚蒙格学院的成员试验了吹哨子的容器，并将它们与从这些容器装饰图案中得到的身体姿势结合在一起。古德曼认为，人们不应该将她发现的古代身体姿势与任何特定的文化或时期联系起来。她坚持认为，来自任何传统的人都可以利用它们进入另一种真实。因此，现代城市居民可以像新石器时代的医师一样有效地进入由身体姿态引起的恍惚状态。此外，为了促进她所创立的系统，古德曼围绕身体姿势创造了精心设计的神话和仪式，或者正如她的一个学生所说，一个"共同的信条"（shared dogma）有助于刺激恍惚状态。

同时，使用她的技巧也有一定的前提条件。古德曼解释说，来参加她的课程的人需要坚定地相信，一个身体姿势将带来一种灵性体验。像许多其他的萨满修行者一样，她要求潜在的参与者接受他们的身体姿势体验是真实的，并警告不要仔细检查和理性化他们的感觉，这会破坏神圣的力量。当然，这是一个神学上的要求，我想说，借助任何仪式工具、设备、姿势，或仪式，或观念模式都可能会产生一种预期上的灵性经验。

古德曼收集来自任何地方的具体身体姿势的蓝本：民族志、考古学书籍、博物馆展品、报纸文章。有一次，她从一张印有古代雕像的邮票上找到了一个姿势。另一次，从一本不知道刊名的旧杂志上撕下一页，这张纸上描绘的是一个来源不确定的古代雕像，看上去似乎是奥尔梅克。这促使古德曼小组的成员用新发现的姿势进行实验（Gore 1995：111—112）。她还将萨满教对岩画的解释融入她的灵性实践中。例如，古德曼将拉斯科洞窟（Lascaux cave）的一幅绘画作品整合到她收集的姿势中，画中一个线条描绘而成的男性躺在一头巨大的野牛前面，阴茎勃举。此人带有一个鸟面具或鸟头，其附近还绘有另外一只鸟。在她看来，这个线描人物是一个萨满，他正变成有翅膀的生物，在他的精神守护者——鸟的帮助下进入了另一个世界。最重要的是，古德曼计算出"萨满"以37度斜角躺着，在她看来，这是一种诱发恍惚状态的方式。为了复制这种进入同一状态的姿势，来自库亚蒙格学院的教师将人们

Native American cultures. In her case it was Pueblo ethnography and the picturesque landscapes of northern New Mexico filled with ancient native ruins. Incidentally, the Cuyamungue, which was launched in 1978, is based in northern New Mexico, one of the strongholds of the body, mind, and spirit community.

Goodman and her associates believe that, if accompanied by sound stimulation such as drumming or rattling, those body postures maintained for fifteen minutes can induce "ecstatic trance" and eventually visionary experiences. Incidentally, the people from the Cuyamungue Institute experimented with the whistling vessels and integrated them into their practices along with body postures replicated from those vessels. Goodman argues that one should not tie the ancient body postures she discovered to any specific culture or period. She insists that a person from any tradition can use them to step into a separate reality. Therefore, modern city dwellers can enter the body posture trance as effectively as, let us say, Neolithic medicine people. Furthermore, to stimulate of her system, Goodman created around the body postures an elaborated mythology and rituals, or as one of her students put it, a "shared dogma" that helps to stimulate trance states.

At the same time, there is a certain prerequisite for using her technique. Goodman explains that who come to participate in her sessions this should be firmly convinced that a body posture shall lead to a spiritual experience. Like many other shamanic practitioners, she asks potential participants to accept their body posture experiences as real and warns against scrutinizing and rationalizing their sensations, which destroys the power of the sacred. Certainly, this is a theological requirement that, I would say, might generate an expected spiritual experience with any ritual tool, device, posture, or a ritual, or mindset.

Goodman collected blueprints for specific body postures literally everywhere: ethnographic and archaeology books, museum exhibits, newspaper articles. In one case, she picked up a pose from a postage stamp that sampled an ancient figurine. In another case, a page torn from an old unidentified magazine depicting an unidentified antiquity figurine that appeared to be Olmec prompted the members of the Goodman group to experiment with the newly found posture ( Gore 1995: 111—112 ). She also integrated the shamanic interpretation of the rock art into her spiritual practices. For example, Goodman integrated into her collection of postures a Lascaux cave's drawing that depicts a stick figure of man lying with an erected penis in front of a giant aurochs. The man also has a bird mask or a bird head and with another bird depicted nearby. The stick figure appeared to her as a shaman, who being transformed into the winged being, journeys to an alternative reality with a help of bird, his guarding spirit. Most important, Goodman calculated that the "shaman" is portrayed lying at the thirty-seven-degree level, which, in her view, was a way to induce a trance state. To replicate this posture for entering the same state, instructors from the Cuyamungue Institute place people on special platforms or, as they call them, "launching pads." ( Gore 1995: 111—174, 176 )

安置在他们称之为"发射台"的特殊平台上（Gore，1995，pp.174，176）。

古德曼最著名的一个"发现"发生在 1989 年。在奥地利讲学时，古德曼了解到一年前在多瑙河上一个叫高根伯格（Galgenberg）的遗址发掘出一位女性雕像。看到这尊雕像，她立即确定了一种特定的身体姿势，可能导致了一种变化状态。这座有 30000 年历史的雕塑用绿色蛇纹石雕刻而成，被称为高根伯格的维纳斯，它描绘了一个据称在跳舞的女人。她的一个乳房垂在左边，另一个朝向前方。雕像的左臂抬起，整个右手放在大腿上，摆出一种仪式或舞蹈的姿势。古德曼得出结论说，一位古代艺术家看到了这个处于恍惚状态的女人并描绘了出来。令这位前人类学家感兴趣的是，这位妇女抬起的手和她的头又形成了 37 度的角度，这与"拉斯科姿势"相吻合，并暗示了一种模式。古德曼写道，复制"维纳斯"的姿势对她的学生志愿者来说是一项艰巨的工作，承受着极度的高温、疼痛和汗水。尽管经历了所有这些磨难，据称参与者仍然进入了转化状态，并成功归来（Goodman 1990：305）。后来，古德曼宣布"维纳斯"姿态是所有姿态中最强大的。

罗伯特·沃利斯（Robert Wallis），一位对萨满教进行学术研究并实践的人，参加了一个由古德曼同事举办的身体姿势课程，发现上述所有的操作都是人为的和无效的。沃利斯参加的课程的负责人玩了一个所有心理学家都很熟悉的小组活动游戏。他试图控制人们的行为，为观众筛选出"恰当"的答案，甚至试图让参与者自己说出证明古德曼精神技巧的话（Wallis 2003：52）。与此同时，另一位参与课程的英国人士则表示相反，谈到了这次经历的奇妙精神效果。这名参与者，采取了熊精灵的姿态，声称他感觉到一个巨大的阴影在他身后，并感到一股能量在他的身体里涌动。此外，为了检验古德曼的实践是否有效和合理，此人（通过培训的心理师）决定通过互联网论坛进行一次全部姿势训练，以避免课程实地环境中会因群体动态影响而破坏精神体验。据报道，这次网络课程的许多参与者都经历了奇妙的动物转化。"成为"美洲豹的人报告说，"我以美洲豹的姿态旅行，并且可以报告我在旅程结束之前无法'离开'美洲豹的身体。在旅途中，我遇到了'美洲豹妈妈'——不可思议。"①

尽管它是独立产生的，古德曼的技术本质上是哈纳（Harner）开发的更

---

① Ross Haven, "Ecstatic Trance Postures," Shaman Portal, https://www.shamanportal.org/article_details.php?id=27#coments_section.

One of her most celebrated "discoveries" took place in 1989. While lecturing in Austria, Goodman learned about a female figurine archeologist excavated a year earlier at a site called Galgenberg on the Danube River. Looking at this figurine, the anthropologist immediately identified a specific body posture, which might have induced an altered state. This 30000-year-old sculpture carved from green serpentine, which received a nickname Venus of Galgenberg, depicts a woman allegedly in a dance. One of her breasts hangs to the left, the other one faces frontward. The left arm of the figurine is raised, whole the right hand that rests on the thigh is posed as though in a ritual or a dance position. Goodman concluded that an ancient artist caught this woman in a trance state. What intrigued the former anthropologist was that the raised hand of the woman and her head were again at the angle of thirty-seven degree, which matched the "Lascaux posture" and suggested a pattern. Goodman writes that to replicate the "Venus" posture was a tough job for her student volunteer, who suffered extreme heat, pain, and perspiration. Still, despite all these tribulations, the participants reportedly entered altered states and then successfully came back ( Goodman 1990: 305 ). Later, Goodman declared the "Venus" posture as of the most powerful among all others.

Robert Wallis, both an academic and shamanism practitioner, who visited one of the body posture sessions run by a Goodman associate found all manipulations described above artificial and ineffective. The leader of the workshop, which Wallis joined, played a group dynamic game well familiar to all psychologists. He tried to control people's behavior, screened the audience for "appropriate" answers and even put words in the mouth of participants trying to justify Goodman's spiritual techniques ( Wallis 2003: 52 ). At the same time, another UK participant of a body session reports the opposite. He talks about wonderful spiritual effects of this experience. This participant, who took the Bear Spirit posture, claims that he felt a visible presence of a vast shape behind him and felt a surge of energy in his body. Furthermore, to test if the Goodman practice was valid and sound, this person ( psychologist by training ) decided to run a whole body posture session through an internet discussion forum in order to avoid the workshop environment that usually spoils a spiritual experience by its group dynamic affect. Reportedly, many participants of this internet session experienced marvelous animal transformations. The one who "became" a jaguar reported, "I journeyed in the posture of the jaguar and can report that I was unable until I left the journey to 'get out' of the jaguar body. During the journey I met the 'Mother Jaguar' — incredible." [1]

Although it sprang up independently, the Goodman technique is essentially a marginal replica of the more popular "core shamanism" developed by Harner. While the former places emphasis on body postures, the latter stresses drumming. At the same time,

---

[1]　Ross Haven, "Ecstatic Trance Postures," Shaman Portal, https://www.shamanportal.org/article_details.php? id=27#coments_section.

流行的"核心萨满教"（core shamanism）的边缘复制品。前者强调身体姿势，后者强调击鼓声。同时，这两种技术背后的大多数理念看起来非常相似。而且，库亚蒙格学院的成员也指出，他们从"核心萨满教"中借鉴了精神旅行等技巧。总而言之，西方萨满教的各种"学派"和个体修行者之间有着许多相互交融的东西，他们只是简单地采用对自己有利的东西，并将其融入自己的实践中。有趣的是，无论哈纳和古德曼，还是斯塔特尼科夫这样不为人所熟知的"神圣的技术人员"在20世纪70年代后半期几乎同时提出了不含致幻剂的精神技术。这一时期，非主流文化群体正越来越多地从迷幻剂转向"安全"的诱导意识变型状态的技术。顺便提一句，和哈纳一样，古德曼和她的追随者们特别提及他们的技术是"不用药物"而安全的与圣者交流的方法（Gore 1995：8，10）。

20世纪70年代初，古德曼开始在她当时任教的丹尼逊大学（Denison University）进行身体姿势实验时，她在寻找如饥似渴的学习者方面没有任何问题。正如她的一位同事所说，在实验了迷幻剂、冥想以及基于东方宗教的其他一些精神实践之后，这些古德曼的学生对意识的另一种状态不再陌生（Gore 1995：6）。很快，这位人类学家就有了一小群拥趸，他们后来将身体姿势实践从美国扩展到其他西方国家。尽管没有哈纳的"核心萨满教"那样有影响力，但基于"古代"身体姿势的实践成为西方萨满教群体不可或缺的一部分。古德曼对于自己的精神技巧评价很高。她甚至把自己的"发现"与哥伦布对新大陆的"发现"相比较。与现代西方的许多其他灵性修行者一样，她和她的同事们把他们的体系描绘成全人类问题的全球解决方案，"希望在为时太晚之前为我们的星球和我们自己找到治愈之道。"（Gore 1995：xv）

现代萨满教社群成员从考古学知识中得到灵感是很自然的。毕竟，伊利亚德教导我们，萨满教是"古老的入迷术"。现代西方萨满教实践的一个主要目标是找回"古老的自我"，而这种"自我"据称隐藏在犹太教-基督教传统腐朽的表层之下。在这样的情况下，仅仅因为它是古老的，任何古老的物品都有可能在灵性追寻者的眼中获得一种精神意义，并变成通往另一种现实的大门。

much of the philosophy behind the both techniques look very similar. At the same time, the Cuyamungue Institute people do point out that such techniques as spirit journeys they appropriated from the "core shamanism." Overall, there is much cross-fertilization among various "school" of Western shamanism and individual practitioners, who simply take whatever works better for them and integrate it into their practices. What is interesting here is that both Harner and Goodman, and such less familiar "technicians of the sacred" as Statnekov came up with their spiritual techniques devoid of hallucinogens approximately at the same time — in the second half of the 1970s. This was the time when the countercultural community was increasingly turning away from hallucinogens to "safe" techniques of inducing altered states. Incidentally, like Harner, Goodman and her followers make a special note that their techniques as "drugless" and safe method of communicating with the sacred ( Gore 1995: 8, 10 ).

In the early 1970s, when Goodman began to experiment with the body postures at Denison University, where she taught at that time, she did not have any problems with finding eager learners. As one of her associates notes, having experimented with hallucinogenic drugs, meditation, and other spiritual practices based on Eastern religion, these Goodman's students were no strangers to alternative states of consciousness ( Gore 1995: 6 ). Soon the anthropologist had a small group of enthusiasts who later expanded the body postures practices beyond the United States to other Western countries. Although certainly not so influential as, for example, Harner's "core shamanism," practices based on "archaic" body postures became an integral part of the Western shamanism community. Goodman thinks highly about her spiritual techniques. She even goes as far as comparing her "discovery" with the Columbus "discovery" of the New World. Like many other spiritual practitioners in modern West, she and her colleagues portray their system as a global solution for global human problems "hoping to find healing for our planet and for ourselves before it is too late." ( Gore 1995: xv )

The inspiration that the members of the modern shamanism community receive from archeology knowledge is natural. After all, Eliade taught us that shamanism is "archaic technique of ecstasy." One of the major goals of shamanic practices in modern West is a retrieval of "archaic self" that is allegedly hidden under the corruptive layers of Judeo-Christian tradition. Under these circumstances, simply because it is ancient, any ancient object can potentially acquire a spiritual meaning in the eyes of spiritual seekers and turn into a door to the alternative reality.

# 参考文献 ( References Cited )

Anderson, Christopher

　　1997, "Rocks of Ages　— New Readings of Ancient Cave Paintings Reveal Surprising Theories," *San Antonio Express-News* ( Texas ) March 9.

Bahn, Paul G.

2001, "Save the Last Trance for Me: An Assessment of the Misuse of Shamanism in Rock Art Studies," in Francfort H.-P. and Hamayon R. N. ( eds. ): *The Concept of Shamanism: Uses and Abuses*. Budapest: Akadémiai Kiadó.

Bear, Sun & Wabun & Weinstock, Barry

1988, *The Path of Power*. New York: Prentice Hall.

Boyd Carolyn E. & Dering, J. Philip

1996, "Medicinal and Hallucinogenic Plants Identified in the Sediments and Pictographs of the Lower Pecos, Texas Archaic," *Antiquity* 70, no.268, pp. 256—276.

Broad, William J.

1988, "Complex Whistles Found to Play Key Roles in Inca and Maya Life," *The New York Times*, 29 March.

Carey, John

2002, "Animal Spirits," *Sunday Times* ( London ), December 8, pp. C33.

Clottes, Jean & Lewis-Williams, James David

1998, *The Shamans of Prehistory: T1rance and Magic in the Painted Caves*. New York: Harry N. Abrams.

Devereux, Paul

1997, *The Long Trip: The Prehistory of Psychedelia*. London: Penguin/ Arkana.

Devlet, Ekaterina

2001, "Rock Art and the Material Culture of Siberian and Central Asia Shamanism," in Neil S. Price ( ed. ): *The Archaeology of Shamanism*. London and New York: Routledge, pp. 43—55.

Dickson, D. Bruce

1990, *The Dawn of Belief: Religion in the Upper Paleolithic of Southwestern Europe*. Tucson: The University of Arizona Press.

Freidel, David & Schele, Linda & Parker, Joy

1993, *Maya Cosmos: Three Thousand Years on the Shaman's Path*. New York: William Morrow.

Furst, Peter T.

1968, "The Olmec Were-Jaguar Motif in the Light of Ethnographic Reality," in Benson Elizabeth P. ( ed. ): *Dumbarton Oaks Conference on the Olmec*. Washington, DC: Dumbarton Oaks Research Library and Collection.

Gonzales, Gloria

1997, "Archeologist Leads Viewers to Pictographs," *The Daily News of Los Angeles* August 10.

Goodman, Felicitas

1995, "Foreword," in Gore, Belinda: *Ecstatic Body Postures: An Alternative Reality Workbook*. Rochester, VT: Bear & Co, pp. ix-xiv.

1990, "The Oldest Shaman is a Shamaness: Spirit Journey with the Galgenberg Figurine," in Heinze Ruth-Inge ( ed. ): *Proceedings of the Seventh International Conference on the Study of Shamanism and Alternate Modes of Healing*. Berkeley, CA: Independent Scholars of Asia, pp. 303—312.

Gore, Belinda

1995, *Ecstatic Body Postures: An Alternative Reality Workbook*. Rochester, VT: Bear & Co.

Heizer, Robert F. & Baumhoff, Martin A.

1962, *Prehistoric Rock Art of Nevada and Eastern California*. Berkeley and Los Angeles: University of California Press.

Harmon, John

1997, "Avocational' Relic Hunter Has Blazed Path to Cave Art," *The Atlanta Journal-Constitution*, February 6, pp. 02C.

Highfield, Roger

2003, "Cavemen Were First With Flying Ducks on the Wall," *Daily Telegraph* ( *London* ), December 18, pp. 13.

Hudson, Tommy

2000, "The Witch's Nest: Is This the Most Important Rock Art Site in the World?" *The Profile: The Newsletter of the Society for Georgia Archaeology* 107.

Jones, Tricia

2002, "Rockin' the Art World: Experts in Prehistoric Stone Art Will Tell Portland Audience about Theories of Shamans' Visionary Imagery," *The*

*Columbian*（Vancouver，WA.）September 2.

Klein，Cecelia F. & Guzman，Eulogio. & Mandell，Elisa C. & Stanfield-Mazzi，Maya，& Volpe，Josephine

2001，"Shamanitis：A Pre-Columbian Art Historical Disease，" in H.-P. Francfort and R. N. Hamayon（eds.）：*The Concept of Shamanism：Uses and Abuses*，Budapest：Akadémiao Kiadó.

Layton，Robert

2000，"Shamanism，Totemism and Rock Art：Les Chamanes de la Préhistoire in the Context of Rock Art Research，" *Cambridge Archaeological Journal*，10，no.1. pp. 169—186.

Le Quellec，Jean-Loic

2001，"Shamans and Martians：The same struggle，" in Francfort H.-P. and Hamayon，R. N.（eds.）：*The concept of shamanism：Uses and abuses*，pp. 135—159.

Lewis Williams，James David

2002，*The Mind in the Cave：Consciousness and the Origin of Art*. London：Thames & Hudson.

2001，"Paintings of the Spirit，" *National Geographic*，v.199：no.2，p.118.

Lewis-Williams，James David & Dowson，Thomas

1988，"The Signs of All Times：Entoptic Phenomena in Upper Paleolithic Art，" *Current Anthropology* 29，no. 2，pp. 201—245.

Loendorf，Larry & Douglas，Amy

1997，"With Zigzag Lines I'm Painted：Shamanism and Rock Art，" *Archaeology and Public Education* 7，no. 3，pp. 6，11—13.

Lommel，Andreas

1967，*Shamanism：The Beginning of Art*. New York：McGraw-Hill.

Mithen，Steven

2003，"Dreaming in Dark Corners，" *The Times Higher Education Supplement* April 11.

Momaday，N. Scott

1997，*The Man Made of Words：Essays，Stories，Passages*，New York：St. Martin's.

Mowszowski, Ruben

2002, "Rock of Ages," *Geographical Magazine* 73, no. 8, p. 18.

O'Brien, Ellen

1998, "Some Experts See Signs of Shamanism in the Caves of Paleolithic Times," *The Philadelphia Inquirer*, November 30, p. D1.

Okladnikov, A. P.

1972, *Tsentral'no-azitskii ochag pervobytnogo iskusstva*. Novosibirsk: Nauka Sibirskoe otdelenie.

Okladnikov A. P. & Zaporozhskaia, V. D.

1972, *Petroglyphy srednei Leny*. Leningrad: Nauka.

Okladnikova, E. A.

1984, "Shamanskie petroglyphy Sibiri," Gemuev I. N.and Khudiakov Yu. S. ( ed. ): *Etnografiia narodov Sibiri*. Novosibirsk: Nauka, pp. 131—135.

Pasztory, Esther

2001, Nostalgia for mud. *The Pari Journal*, no.11, pp. 17—18.

Patterson, Ray

2001, "Area Has Unique Pictographs," *The San Diego Union-Tribune*, September 20: NC-8.

Pearson, James L.

2002, *Shamanism and the Ancient Mind: A Cognitive Approach to Archaeology*. Walnut Creek, CA: AltaMira Press.

Quinlan, Angus R.

2001, "Smoke and Mirrors: Rock Art and Shamanism in California and the Great Basin," in H.-P. Francfort and R. N. Hamayon ( eds. ): *The Concept of Shamanism: uses and abuses*, 189—206.

Reichel-Dolmatoff, Gerardo

1978, "Drug-Induced Optical Sensations and Their Relationship to Applied Art among Some Colombian Indians," in Michael Greenhalgh and Vincent Megaw ( ed. ): *Art in Society*. London: Duckworth.

1972, "The Cultural Context of an Aboriginal Hallucinogen: Banisteriopsis Cappi," in Peter T. Furst ( ed. ): *Flesh of the Gods: the Ritual Use of Hallucinogens*. New York and Washington: Praeger.

Roach，Mary

2003，"Ancient Altered States，" http://www.mc.maricopa.edu/dept/d10/asb/anthro2003/readings/altered_states.html，accessed 7/11/04.

Robertson，Lance

1997，"Forest Service Gets into Eco-Tourism，" *The Seattle Times December* 14.

Solomon，Anne

2001，"What is an Explanation? Belief and Cosmology in Interpretations of Southern San Rock Art in Southern Africa，" in Francfort H.P. and Hamayon R. N.（eds）: *The Concept of Shamanism.* pp. 161—178.

Statnekov，Daniel K.

2003，*Animated Earth*: *A Story of Peruvian Whistles and Transformation.* Berkeley: North Atlantic Books.

Strahlenberg，Philipp Johann Von

1736，*An Historico-geographical Description of the North and Eastern Parts of Europe and Asia*: *But More Particularly of Russia，Siberia，and Great Tartary*; *Both in Their Ancient and Modern State*: *Together with an Entire New Polyglot-table of the Dialects of 32 Tartarian Nations*，London: Printed for W. Innys and R. Manby.

Szilagyi，Pete

1994，"Spirits in the Rock Ancient Pictographs，" *Austin American-Statesman*（Texas），June 11.

Turkel，Tux

1997，"Petroglyphs Offer Intriguing Evidence of Shamanism，" *Portland Press Herald*（*Maine*），July 27，pp. 8A.

Wallis，Robert J.

2002，"The Bwili or 'Flying Tricksters' of Malakula: A Critical Discussion of recent debates on Rock Art，Ethnography and Shamanism，" *Journal of Royal Anthropological Institute* 8，no. 4，pp. 735—760. http://www.blackwellpublishing.com/content/BPL_Images/Journal_Samples2/JRAI1359-0987～8～4/131.PDF.

White，Timothy

1988，"Feature Review: Shamanism and Rock Art in North America，" *Shaman Drum* 48 .

书评

# 卡季奥诺夫主编《18世纪至1917年西伯利亚和远东印本地图综合目录资料》*

张　松

**作者简介：**张松，黑龙江省社会科学院民族研究所副研究员，主要从事北方少数民族语言文字和内陆亚洲研究。

　　卡季奥诺夫主编的这部《18世纪至1917年西伯利亚和远东印本地图综合目录资料》（О. Н. Катимонов. Материалы к сводному каталогу печатных карт Сибири и Дальнего Востока с XVIII в. по 1917 г. Новосибирск, 2015），是其先前主编的《17—19世纪西伯利亚手绘地图综合目录资料》（Материалы к сводному каталогу рукописных карт Сибири XVII — XIX вв. Новосибирск, 2007. 96 с.）和《18—19世纪西伯利亚手绘地图综合目录资料》（Материалы к сводному каталогу рукописных карт Сибири XVIII—XIX вв. Новосибирск, 2009. 96 с.）的续作，是在编纂前两部地图目录而获得宝贵经验后精心编制的。卡季奥诺夫带领其科研团队在莫斯科、圣彼得堡、巴尔瑙尔（Барнаул）、托木斯克、鄂木斯克巨量的制图学资料收藏的基础上开展工作，还使用了其他城市的档案馆、博物馆、图书馆多年积累的资料，包括一些部门内部编制的地图目录，有些相当稀有。可以说，这三部目录基本囊括了17世纪以来关于西伯利亚和远东的旧俄国手绘和印本地图的绝大部分，为学术界使用这些地图提供了准确查找线索和地图的基本信息。编者认为，其编制的地图目录还不能说是最终的，因为在西伯利亚、乌拉尔和远东的许多城市，调查工作

---

　　* 卡季奥诺夫主编：《18世纪至1917年西伯利亚和远东印本地图综合目录资料》，新西伯利亚国立师范大学2015年，16开224页，印数100册，ISBN 978-5-00023-863-9。

还没有进行。

本目录收录的地图包括：西伯利亚总图77幅（套），西西伯利亚总图20幅（套），西伯利亚省3幅，托博尔斯克省30幅（套），托木斯克省53幅（套），阿尔泰地区30幅（套），鄂木斯克省4幅（套），塞米巴拉金斯克省2幅，东西伯利亚总图24幅（套），伊尔库茨克省18幅（套），叶尼塞省33幅（套），后贝加尔省30幅（套），雅库特省13幅，堪察加5幅，涅尔琴斯克3幅，湖泊27幅（套）；阿穆尔省20幅（套），滨海省25幅（套），远东和俄属美洲沿岸39幅（套）；北方和太平洋沿岸、海、岛屿、海岸线地图85幅（套）；俄日战争53幅（套）。共594幅（套）。

每种地图的著录包括以下各项：地图名称、作者、比例尺、出版地和日期、地图尺寸、材质、地图内容、补充信息、保存状况、收藏地点和编号。

如欲了解俄国西伯利亚和远东地图绘制的详细情况，可参考卡季奥诺夫的专著《西伯利亚和远东科学制图学研究史》( О. Н. Катионов. История научно-картографического изучения Сибири и Дальнего Востока. Новосибирск, 1998. 164 с. )。

# 热列宾娜编著《西伯利亚萨满教》

张 松

**作者简介：** 张松，黑龙江省社会科学院民族研究所副研究员，主要从事北方少数民族语言文字和内陆亚洲研究。

热列宾娜编著的《西伯利亚萨满教：从远古至当代》（Т. Жеребина. Сибирский шаманизм: с древнейших времен до наших дней. СПб.: Пальмира，2018）一书，是了解西伯利亚各土著民族萨满教基本情况及研究状况的入门书和工具书。该书共分为三大部分。第一部分是导论："萨满教是一个独特的宗教系统"。作者认为，表示"萨满教"概念的两个俄文术语 шаманизм 和 шаманство 可以互相替代，它们之间是可以画等号的。细微的差别只在于，шаманизм 是思想体系（идеология）+宗教仪式（культ），шаманство 是宗教仪式+思想体系，至于思想体系和宗教仪式哪个优先，这是宗教学至今无法解决的问题。这一部分萨满教一些最基本的概念进行了理论探讨。第二部分是本书的主体部分"西伯利亚的萨满教"。首先是总论："西伯利亚萨满教的共同点和相异点：在西伯利亚各民族萨满服装象征意义上的共同点和相异点，西伯利亚萨满本质属性的总分类"。然后，分别概括各民族的萨满教，内容包括：各民族情况、传统信仰、萨满教术语、前萨满教神祇（上、中、下三个世界）、萨满教神祇、研究文献。共涉及爱努人、阿留申人、阿尔泰人、布里亚特人、多尔甘人、伊捷尔明人、克列克人、克特人、科里亚克人、曼西人、那乃人、恩加纳善人、涅吉达尔人、涅涅茨人、尼夫赫人、奥罗克人、奥罗奇人、谢尔库普人、西伯利亚鞑靼人、托法拉尔人、图瓦人、乌德盖人、乌尔奇人、哈卡斯人、汉蒂人、绍尔人、楚克奇人、埃文基人、埃文人、埃涅茨人、爱斯基摩人、尤卡吉尔人、雅库特人等33个民族（按俄文字母排序）。第三部分为附录，包括：西伯利亚民族分布图，根据波波夫1932年西伯利亚各民族的民族共同点和族称的分类，西伯利亚各民族的民族共同点分类，西伯利亚各民族语言的语系归属，热列宾娜那乃人考察（1989年）照片表格，根据伊万诺夫的萨满的象征意义和语义，萨满行巫术记录，西伯利亚各民族萨满教研究问题汇编，博戈拉兹-唐教授的遗产：两篇课程方案，西伯利亚萨满教文献，西伯利亚各民族语言词典。

（《西伯利亚萨满教：从远古至当代》Т. Жеребина. Сибирский шаманизм：с древнейших времен до наших дней. СПб.：Пальмира，2018.）

# 谢姆著《那乃人历史民族学》

## 张 松

**作者简介**：张松，黑龙江省社会科学院民族研究所副研究员，主要从事北方少数民族语言文字和内陆亚洲研究。

　　谢姆的《那乃人历史民族学：氏族组织及其变化》（Ю. А. Сем. Историческая этнография нанайцев：родовая организация и ее трансформация. СПб.：Контраст，2018）一书是根据 19—20 世纪初的资料研究黑龙江下游那乃人氏族制度的专著，该书以作者的田野资料、档案资料、民间文学资料和民族学领域的调查研究为基础，被俄罗斯民族学者视为历史民族学的经典著作。全书共 5 章，以黑龙江、乌苏里江、松花江的通古斯语诸民族之一的那乃人（赫哲族）为例，广泛研究了与社会制度相关的现实问题，即那乃人氏族组织的发展和变化。作者特别注意的是，19 世纪末至 20 世纪初来自各氏族部落和地方群体的那乃人的名称和自称，以及个别氏族和全部族体（этнос）的起源问题——这是那乃人族源问题的重要组成部分。本书提供了与各种论题相应的民间文学文本，包括作者记录的那乃语原文和俄译文。书中根据 19 世纪末至 20 世纪初的资料，详细分析了母系氏族残余，旧宗法氏族、胞族的发展、变化及其解体；研究了 17 世纪末至 20 世纪初 300 年间那乃人的分布问题，揭示了他们从氏族部落关系向地域关系的转化过程。作者特别注意到了 19 世纪末至 20 世纪初满洲、俄国、苏维埃国家对那乃人氏族制度的影响。

　　本书作者谢姆是俄国著名学者、历史学家、民族学家、民间文学家，俄罗斯下阿穆尔、滨海和萨哈林（库页岛）土著民族的调查者。1953 年以优异成绩毕业于列宁格勒国立大学东方系民族学部，1954—1978 年在苏联科学院远东各民族历史学、考古学和民族学研究所（位于海参崴）工作，主持了 30 余年的远东民族学-语言学考察。1978—1995 年在国立赫尔岑师范学院极北方民族系领导极北方诸民族传统文化研究室。早在 1959 年，作者就出版了一本 30 页的小册子《那乃人的氏族组织及其解体》( Ю. A. Сем. Родовая организация нанайцев и ее разложение. Владивосток, 1959. 31с. )。在这本著作中，作者深入研究了父系氏族、氏族关系被地域关系所替代、邻近部落和国家对那乃人氏族组织解体的影响、在社会主义建设年代对氏族部落制度残余的争斗等问题。作者对一个课题的关注达数十年之久，其最后的学术总结性著作自然是非同寻常了。

（《那乃人历史民族学：氏族组织及其变化》Ю. A. Сем. Историческая этнография нанайцев: родовая организация и ее трансформация. СПб.: Контраст, 2018. ）

# 《楚科奇军事事务》——书评

齐山德

**作者简介：** 齐山德，聊城大学北冰洋研究中心讲师，主要研究方向俄国史、俄国北方原住民。

从北冰洋到阿努伊河和阿纳德尔河，从白令海到英迪吉尔卡河，楚科奇人占据了广阔的领土。目前大部分人口主要居住在楚科奇自治区，楚科奇语属楚科奇-堪察加语，是古亚洲语言的一支。据 2002 年全俄人口普查结果，楚科奇人口为 15767 人。2010 年全俄人口普查结果，该数字为 15908。包括驯鹿牧民（驯鹿楚科奇），沿海地区狩猎海洋动物为生的渔民（沿海楚科奇）。根据人类学特征，楚科奇人与爱斯基摩人、科里亚克人和伊特尔曼人被列入北极种族的大陆人群，与太平洋人种有遗传关系。

从 17 世纪下半叶（俄国哥萨克首次发现楚科奇人）直到 20 世纪初，楚科奇人和他们的对手们仍然进行着血腥冲突，本书考察了楚科奇（Chukchi）军事事务的诸多方面。涉及爱斯基摩人、科里亚克人和俄罗斯人（主要是哥萨克殖民军）的许多相关信息，全方位地揭示楚科奇军事涉及的各种要素，从而阐发与其他北极民族的共性及其特殊性。这本书也是专门研究楚科奇军事的第一部史学著作，论述了北极地区诸民族的军事历史、社会文化、精神信仰等方面的问题，有益于人类学家、历史学家、考古学家、社会学家的进一步研究。

作者亚历山大·康斯坦丁诺维奇·涅费德金（Александр Константинович Нефёдкин），生于 1968 年 1 月 13 日（列宁格勒），长期从事希腊人、楚科奇人和通古斯人的军事史、军事事务研究。小学三年级时就对军事历史、古代武器装备产生浓厚兴趣，1988 年进入了列宁格勒州立大学历史系，1997—

2006 年在圣彼得堡国立大学历史系任教。2013—2016 年，在出版圣彼得堡军事历史杂志社任职。2016 年以来担任别尔哥罗德州立大学历史人类学研究所首席研究员。以俄语和英语撰写了 220 余篇论文和 5 部专著，一些文章已被译成法文和西班牙文。

这个勇敢的北极民族曾与俄罗斯殖民军进行了近一个半世纪的战斗，从未屈服。作者研究楚科奇人战争的所有因素，据我所知，到目前为止，关于西伯利亚东北部各民族的军事事务的著作和文章很少。楚科奇人的军事文化是其全部文化中不可或缺的一部分，该书以楚科奇人军事事务作为重点论述内容，也涉及东北西伯利亚其他民族的军事事务。作者运用大量的第一手资料，充分利用了最新的考古发现、博物馆的人类学收藏材料，还包括保存完好的一些实物和图像材料。

利用现有的考古成果使我们能够大致了解各种类型武器和防御工事的起源以及制造武器的材料。圣彼得堡的俄罗斯民族志博物馆藏品中有大量的攻防武器和军事服装，展示了 18 至 19 世纪楚科奇武士服装和武器装备。另外，雕刻在海象牙上的楚科奇–爱斯基摩人的形象为代表的图画，旅行者和探险家的图画，这种艺术形式不仅告诉我们有关士兵武器的复杂性，而且还揭示了一些战术特征。

楚科奇人尚武，战斗是他们的一种生活方式，他们拥有丰富的军事传统和相关仪式。尤其是驯鹿楚科奇人，通常 6 岁就开始接受跑步，举重，武术和狩猎艺术的训练。男孩们在追逐驯鹿，放牧驯鹿的过程中，学会了忍受饥饿和口渴、射箭、用矛和刀进行战斗。

许多楚科奇战士甚至在战斗中不穿盔甲，依靠身体的灵活性和对危险来临的预先感知躲避弓箭。楚科奇人从小就有意训练这种特殊的能力，父母会偷偷溜到毫无戒心的男孩背后，并用炽热的金属或阴燃的树枝轻触他的皮肤，以便使男孩子获得感知危险的能力。有的父亲还会偷偷溜到年轻的楚科奇人后面，突然引弓射箭。如果能够避开飞矢，就能够成为一名优秀战士。如果因无法躲避受到伤害也在所不惜，因为楚科奇人不需要无能的战士。

沿海楚科奇人经常乘坐独木舟袭击他们的美国邻居或岛屿居民。驯鹿楚科奇人主要在冬天进行掠夺性袭击，比如从科里亚克人和其他当地居民那里偷牛。通常他们在黎明时分偷偷爬到营地，突然发动攻击。有时楚科奇人还会采用伏击战术对付躲在要塞中的俄罗斯哥萨克人或当地居民。他们会利用小分队袭击要塞，然后佯装逃跑，诱使敌人陷入大部队的伏击圈。

　　在重要的战斗中，楚科奇人喜欢将战士分成两组，一组在前线进攻，另一组则从敌人背后发动袭击，从而使对手陷入混乱和恐慌。楚科奇人中最重要的战争武器是弓箭和长矛。每个战士都必须学会使用这些武器，它们不仅是战斗武器，而且还是生存所需的狩猎装备。楚科奇人使用的弓箭制作过程十分复杂，箭头最早是用石头和骨头制成的，随着俄国人的到来，开始采用铁制箭头。长矛通常是专门为近距离战斗制造，还有一种长柄砍刀，当然，棍棒和抛石套索也是常见的武器。

　　世界上很难找到像楚科奇人这样的民族，他们在大众意识中的形象与现实情况截然不同。那些广为流传的笑话中，楚科奇人如此木讷、愚钝、滑稽，显然无法在北极严酷自然条件下生存。真正的楚克奇人是骁勇善战、精力充沛的战士，人类历史中极北之地的战场上，他们与科里亚克人、爱斯基摩人、俄罗斯人频繁交战，他们是北极海岸线上的"风暴"。俄国殖民军与楚克奇人的血腥战争持续了约150年，但这一北方民族从未被武力征服。俄军指挥官们这样评价他们不畏强暴的对手："楚克奇人肩宽体壮、勇猛善战、胆大心细、崇尚公正、热爱和平，不屑欺骗。"

　　本书撰写的目的在于叙述古老民族的战斗和战争，是关于楚克奇人的军事事务（武器、战术、战略、防御、海战、战争仪式、战争文化）的首次系统研究。运用的史料包括17世纪下半叶西伯利亚哥萨克殖民军与楚克奇人的初次冲突，直至20世纪初的相关资料，此时基于血仇的武装冲突仍在发生。此外，本书插图丰富，是一部史料翔实的楚克奇人战争祭祀仪式（礼仪、牺牲），以及他们主要的对手东西伯利亚哥萨克人军事事务的百科全书。

　　长期以来，大众意识中楚克奇人的印象显然与那些广为流传的笑话中描绘的形象有关。当然，这种因果关系是否有着绝对必然性也很难确定。或许，正如英国学者格林汉姆（С. Грэхем）所言，正是这一民族某些特质导致大众意识中形成如此印象。比如楚克奇人生活的地理环境、文化，甚至是生理特征。此外，影视作品中塑造的形象也是这种现象形成的重要因素，楚克奇人无疑也是北方各民族中最受影视创作钟爱的对象。特别是1966年梅利尼科夫（В. В. Мельников）导演拍摄的影片《楚科奇首领》（列宁格勒电影制片厂），这部影片塑造的楚科奇人形象极具符号学意义，无疑对苏联大众意识中楚科奇人形象的形成产生了极大影响。

　　近年来，俄罗斯大众意识中的楚科奇人形象逐渐改变。尤其是2003年《楚科奇军史》（本书的第一版）一书出版后，人们对楚克奇人的兴趣日益增长。不仅关于楚科奇人的出版物数量明显增加，而且互联网相关的讨论和评价也屡见不鲜。一些人认识到，楚科奇人不仅是那些奇闻异事（笑话）中的主角，而且有着光荣的军事史。近一个半世纪里，楚科奇人和他们的战友爱斯基摩人抗击俄国人的猛烈进攻，俄军试图通过军事征服，从而征收毛皮贡税和俘获人质。

随着人们对土著民族聚居区民族文化认同感及民族传统文化兴趣的增长，人们日益关注楚科奇民族。显然，楚科奇人的军事文化亦是其民族传统文化的重要组成部分。人们对楚科奇的军事文化越来越感兴趣，得益于普罗维登尼亚村（Провидения）历史悠久的"源流"（Исток）俱乐部的出现及其活动。在当地中专校长弗拉基米尔·伊万诺维奇·楚楚帕尔（Владимир Иванович Чучупал 1955—2010）的领导下，该校二年级学生竭尽全力制作了楚科奇士兵的传统军服和武器。进入 21 世纪以来，该俱乐部前往苔原地区进行了约 30 次表演，即模仿楚科奇人的传统战斗场景。

相较于 2003 年的版本扩充了许多楚科奇地区的民俗资料，第二版增加了关于阿拉斯加、埃文、泰梅尔及其他地区的民俗资料。此外，还增加了相关的最新研究成果及新近整理的重要档案资料。该版本的时间上限并非自古代起，而是起始于 20 世纪中叶，即 20 世纪 40 年代至 50 年代初。当时，使鹿楚科奇人生活的地区已经开始农业全盘集体化，武器也开始被收缴。在此过程中，土著居民的传统生活方式几乎丧失殆尽。20 世纪上半叶早期，传统教育和军事事务某些要素则依然存在。本书，也就是第三版（2017 年综合版）相较于前两版又作了些许修改，并且增加了 2016 年下半年至 2017 年上半年收集的一些资料。

除考古资料外，作者充分利用各种有关民俗的书面材料，各种正式文件和旅行者笔记以及大量的民间文学，尤其是口口相传的英雄史诗和相关记录，从中分析楚科奇人的战略和战术，战斗过程，各种武器的使用，战斗精神等。

军事事务，特别是古代军事事务，受到许多因素的影响。首先，自然条件决定了最佳的作战季节。楚科奇的经济类型既有游牧的驯鹿牧民，还有沿海定居的海洋猎人。驯鹿楚科奇人中，由于居民分散，军事成员主要基于家庭，沿海楚科奇人中则是氏族。自然资源和技术发展水平决定了新石器时代武器生产水平。在军事事务中，不同民族之间彼此影响，他们的武器受到敌人科里亚克人的影响。与俄罗斯人的碰撞对楚科奇人的战术和战略产生了重大影响，楚科奇人最终学会了使用枪支。铁制武器逐渐取代了牛角和骨制武器。枪支和铁制武器的使用也导致沿海楚科奇人和阿拉斯加爱斯基摩人口数量的增长。

楚科奇人是所在地区最激进的民族，经常与邻近的民族发生战斗，18 世纪的大部分时间里都在和游牧的克里亚克人作战。关于争夺驯鹿群的永久性战争中，进攻方通常是楚科奇人。楚科奇人一般不采取"全面"的毁灭性战争，他们更喜欢出乎意料地发动进攻，杀害或折磨被俘虏的男人，并将妇女和儿童带走做奴隶。楚科奇人曾对白令海峡和阿拉斯加群岛的俄罗斯人、科里亚克人、尤卡吉尔人和爱斯基摩人进行"歼灭战争"。但是，即使在这些战争中，也有一些"文明"战争的内容：警告敌人未来的进攻威胁，休战等等。

驯鹿楚科奇人在陆地上作战，沿海的楚科奇人则在海上作战。族裔的亲缘关系相近，族际关系良好的部族通常会进行联合军事行动。驯鹿楚科奇人的战争多发于冬季，因为白雪覆盖的大地便于使用雪橇乘行。夏季，当白令海峡的冰层融化时，沿海楚科奇人则与岛屿和阿拉斯加的爱斯基摩人进行了贸易或战斗。

直到 20 世纪中叶，个人之间和家庭之间仍然存在血腥冲突，即使在这些冲突中，楚科奇人也使用了多年训练和狩猎中获得的战斗技能。作者提出，定居的楚科奇人之间的冲突更为频繁，他们的贸易更加发达，驯鹿楚科奇人则保持父权制的生活方式，经常以和平方式解决争端，而不是双方无休止的报复。

总的来说，驯鹿楚科奇（占多数族裔群体）的军事事务为我们介绍了游牧民族发动战争的独特方式。游牧民族战争的所有要素均有体现：进攻策略，行动的机动性，不受固定工事的束缚；抓捕妇女和儿童的袭击；迂回攻击战术；在适宜的地方进行伏击，诱骗敌人落入圈套。另一方面，作者试图解析北极游牧生活的特殊性造成的某些差异。在北极游牧民族"全面"战争中，观察到了"文明"类型的战争；没有马匹因而战场上机动性较差；楚科奇人并不依靠远程作战（弓箭），而是更喜欢迅速转向肉搏战，在游牧民族中并不常见。

楚科奇人和其他北方部落民族一样，战争往往是出于社会原因，比如部落纠纷、血仇等。在 17 世纪下半叶至 18 世纪初，楚科奇人对哥萨克人发动了战争，试图使他们臣服，这种战争具有政治性。从 18 世纪初开始。直到 1781 年，随着楚科奇地区大规模驯鹿业开发，与科里亚克人发生战争的主要原因是经济上的。18 世纪，是楚科奇军事活动的顶峰，当时楚科奇战士达到

3000 人。19 世纪初，沿海楚科奇人在白令海峡群岛和阿拉斯加的爱斯基摩人进行海上战争。

全书共分六个部分，第一部分论述楚科奇人的社会结构和军事组织，包括驯鹿楚科奇人和沿海楚科奇人的社会结构、军事组织、指挥系统、军事教育和培训等内容。第二部分论述楚科奇人的武器装备，包括防护装备（盾牌、战服、铠甲等）、进攻武器（弓箭、弹弓、飞镖、长矛、斧头等），交通运输工具（雪橇、雪板等）。第三部分叙述楚科奇民族的战争制度，包括战争发生的原因，战争的目的、策略，营地突袭战，血仇及其他原因发生的军事冲突，战术技巧，俘虏的命运（囚徒、刑罚），战争中狗的作用。第四部分探讨驯鹿楚科奇人的进攻和防御战术，与俄国哥萨克和爱斯基摩人的战争。第五部分专论楚科奇人的海战。第六部分论述楚科奇人的战争文化，包括他们的世界观、服用的致幻剂、军事礼仪和牺牲，有关战争和军事的文身。文后附有丰富详实的楚科奇人军事案例及相关的民族志资料，包括具体案例的战斗人员编制，战争宣言，探险家相关记述，楚科奇人关于军事和战争的民歌、民谣、传说等。

《楚科奇军事事务史》，亚历山大·康斯坦丁诺维奇·涅费德金，莫斯科：亚乌扎-爱斯基摩出版社，2017 年。（Александр Нефёдкин. Военное дело чукчей. Первая иллюстрированная энциклопедия / — Москва: Яуза: Эксмо，2017. — 496 с.）

# 人与自然的实践性互动

## ——来自西伯利亚猎人群体的案例研究

### 陶金华

**作者简介：**陶金华，贵州大学生态民族学博士生，主要研究领域包括文化生态、民族与生态关系等。

在数理范畴探讨 AB 两者间的关系，也许有四种答案可供选择：A 与 B 没有关系，A 驱动 B，B 驱动 A，或 A 与 B 存在互动关系。然而，在现实生活世界，答案绝非如此简明即可概括。就像人与自然的关系如何，一直是知识界一个经典的话题，引出了无数精彩回答，拓延了思想边界。丹麦人类学家拉内·韦尔斯莱夫（Rane Willerslev）在《灵魂猎人——西伯利亚尤卡吉尔人的狩猎、万物有灵论与人观》一书中讨论的正是这个问题，只不过他的素材主要来自西伯利亚土著的男性狩猎者群体。如果说拉内的探讨只是试图告诉我们，生活在科累马河上游那个尤卡吉尔人群体是如何看待人与自然关系的。那就真是小看了他的学术野心。在书中，拉内以 18 个月的田野调查为基础，深入考察了多个人类学前沿问题，并提出了他自己的见解，内容相当丰富。限于篇幅，本文挑选书中主要的三个议题予以展开，并作出一个简要评论。

## 一、万物有灵论的实在性

一开始，拉内就以一个猎人模仿猎物（麋鹿）的极富戏剧性的狩猎场景切入到他的核心议题——万物有灵论，并认为这里的模仿行为正是万物有灵论的一种。万物有灵论是人类学的经典议题，相关研究成果可谓汗牛充栋。

以此为题来展开论述，似乎难有作为。然而，拉内很敏锐地指出，前辈学者在"万物有灵论"上面附加了太多的负面批评，遮蔽了其正面价值，凸显的只是部分人类学者以自我为中心的文明观和认识论。"如果老猎人确实没有撒谎，那他一定是出现了错觉，因而无法区别事实与幻想或现实与梦境"，"接受猎人的故事，但……猎人被认为在表达一种隐喻，在自然和文化两个分离的领域建立比喻联系。"（P.9）由此，学者们就可以心安理得地用自己的理解去处置这个事情，因为在他们看来，"土著形而上学并未挑战我们本体论的确定性"（P.10）。

基于这个批判性立场，拉内诉诸万物有灵论的两个人类学研究传统，试图梳理和廓清其中存在的误解。一是社会进化论传统的自然主义和心灵主义。以泰勒与弗雷泽为代表的早期人类学家认为，万物有灵论表明土著群体认知不发达，缺乏足够的科学理性。格思理更进一步地认为，万物有灵论源起于世界的不确定性，而且是通过自然选择进入人类基因的预编程。二是象征人类学传统的表征主义。这一研究脉络将万物有灵论看作一种由人类社会生成的隐喻与象征理论集合，再次否定了万物有灵论的实在性。这两种认识虽然发展脉络不同，却使学者们生发出同一种责任意识，认为人类学家的任务在于解释或纠正土著人的错误解释，甚至于用自己的解释替代土著人的解释。拉内认为，这两个传统与自己在尤卡吉尔人群体的田野调查结果不相符合，因为他们并不采用二元论视角看待他们的世界，甚至没有与"自然"意思相近的词（P.27）。

在经过一番梳理和批判的功夫之后，拉内决定舍弃理论优先的做法，而遵从民族志材料本身，来加以阐释。因此，他寻觅到现象学作为全书得以展开的基础。在他看来，这样做"既能使民族志描述更精确，又能更有价值地理解知觉的本质"（P.28）。选定展开方式后，经过一番推陈，他有关万物有灵论的结论就很快地呈现在我们面前。即，在拉内看来，万物有灵论代表的是一种区别于抽象思考的认识论，其强调的是一种关系性实践，而且意义的生成来源于行为而非思想。换言之，关系性实践或行为就是万物有灵论的本质和实在。在这种认识论中，神灵也是真实世界的一部分，因为神灵不是"在我们的头脑里"，而是"在外面的世界里"（P.203）。这种以互动行为来解释人与自然关系的做法，在某意义上破解了笛卡尔所认为的自然世界是外在于人的存在的二分说法，同时这也是现象学的突出优势所在。

## 二、具有"一个文化，多个自然"特质的人观

在完成万物有灵论实在性的确立后，拉内将着力点转向对人观问题的探讨，进一步拓展了万物有灵论的内涵及其价值。而且这个时候，拉内不再是以批评前人研究的立场为主来展开，而是以更为积极的态度接纳万物有灵论的实在性，并试图为其找到理论依据。

大体来说，拉内对人观的讨论大概分为三个方面：

一是猎人与猎物之间的关系为何？对于大多数狩猎群体来说，往往会关心区域内猎物的多寡，甚至多会以释放猎物幼崽的方式平衡猎杀与再生的数量。然而，拉内发现，尤卡吉尔人根本不关心这个问题，因为他们有自己独特的看法和处置方式。在尤卡吉尔人看来，猎人必须捕杀和吃掉这些动物，以便他们的灵魂能够释放和随后的转世。（P.44）因此，他们认为，麋鹿减少的说法是生物学家搞错了，麋鹿只是暂时去了其他地方，不久便会回来。（P.39）当然，尤卡吉尔人也很重视轻率的捕杀行为，但他们并不像其他群体那样担心以后没有猎物可捕，而是担心来自猎物的报复。在他们的观念里，河流和狩猎地存在神灵或称动物主神，只需要满足动物主神的需要，动物主神就应该满足猎人对猎物的要求。然而，如果捕杀过度，就意味着猎人向动物主神许诺了更多，可能招致不幸，甚至丧命。因为这可能颠倒猎人与猎物的角色，猎人将成为动物主神的猎物，遭到猎杀（P.58）。

二是人类身体与灵魂的关系为何？"转世再生"在很多文化中都有存在，比如藏传佛教中就有转世活佛的说法。尤卡吉尔人也坚信活着的人是已故亲属的转世。（P.60）然而，尤卡吉尔人的转世论及其社会实践的复杂性，却引发拉内有关身体和灵魂的思考。在当地社会，转世的确定有多种方式，但最终多会为孩子命以故人的名字来表示。一旦某人被命以故人名字，他在与他人交往时就有一个问题需要处理，即自我和他者的边界。换言之，别人应该把他看作谁来加以相应的对待，他或者他名字所代表的故人？显然，在这个问题上，尤卡吉尔人没有一个妥善的处理方式。在这样的情况下，身体和灵魂就经常出现各种交锋，比如灵魂殖民身体、身体与灵魂和平相处等。

为了更好地理解身体与灵魂的关系，拉内基于田野调查和伦德（Lender）等人的研究成果，提出"关系性自我"的概念，来解释尤卡吉尔人关于身体与灵魂的观念。他认为，我们的身体并非全然属于我们自己，而是我们

与他者互动的结果。而且，这里的互动并不局限于人类与类人类实体之间，也包括人类与非人类实体之间。（P.85）事实上，有关"身体非自在之物"这一点在现代法律中也有体现。比如，如果我们肆意损坏自己的身体，如割断手脚，就会受到制止和约束，因为这一行为涉嫌违犯相关法律要求。

三是人与人性。在何种意义上，人何以被称作人？如果以枚举法来回答这个问题，就涉及可供选择的对象和选择标准。有的尤卡吉尔人说，猎人能与之建立共享的社会关系的活体都可以被当作人。（P.86）然而，拉内却发现，一方面熊、麋鹿、乌鸦等被看作是人，另一方面昆虫、鱼和植物等不被看作是人。与此同时，尤卡吉尔人把动物的保护神、吃人灵魂的食人者等也看作是人（P.90）。从这个现象上看，似乎被尤卡吉尔人当作人的选择对象相当随意。事实不然。拉内认为，当地人观念中的人性正是人之为人的标准。只不过，人性也存在程度和种类的差别，所以很多非人的活物和非人类都可以是人，却是不同的人。换言之，在尤卡吉尔人的观念中，人是一个范畴概念，可以灵活进出。比如，猎人在狩猎之前要净身，即以桦木掸子擦拭身体，去除人的体液味，就使其身体有一部分可以划出人的范畴，而归于猎物的范畴，才能吸引猎物；狩猎结束后则要以木烟熏一下，使全部身体回归人的范畴才安全。与此同时，一些身体特征和气味也可以决定某活物是否可划入人的范畴，因为这些身体特征和气味是人性的表征。比如，在尤卡吉尔人看来，木烟和人性是同义词。（P.98）所以说，在尤卡吉尔人的观念中，人由人性决定，而人性具有不同的种类和程度，决定了人是一个范畴，而非特定具有独占性的类。

## 三、灵性世界的存在及其普遍性

为了解释尤卡吉尔人独特的万物有灵论和人观，拉内提出了一个背景式的文化说明。在他看来，尤卡吉尔人历史上存在的萨满教影响了他们的认知，而且他们的萨满并非职业的，而是家庭式的，"每个人都能成为萨满"。（P.140）进一步地，拉内认为，猎人就是半个萨满，因为当地社会的萨满实践和猎人的狩猎活动一样，都会以模仿动物的方式获得猎物。换言之，拉内一方面将狩猎活动中普遍存在的模仿行为及其身份转换与萨满实践联系起来了，另一方面还为萨满知识找到了实在基础。如果将萨满实践和狩猎活动等日常生活中的实践性互动看作是知识的基本前提，那么灵性知识和灵性世界就不再是抽象的存在，或者说是作为概念表征而存在。事实上，在尤卡吉尔人的具体实践中，神灵与神灵世界并非系统性的知识体系，而表现为一种恰到好处的趁手状态。比如，当猎人举行"喂火"仪式祈求猎物时，神灵是一个含混的助力者，而当人们谈论起神灵时，又说"仁慈之神，我们一无所知"。（P.159）显然他们既无法区分具体是哪位神灵产生作用，又没有明晰的神灵善恶观。换言之，神灵之于尤卡吉尔人，只是一种刚刚够用的存在。此外，拉内还以我们日常生活中所用到的工具只有出现问题时才会意识到其存在的情况，来说明这种"刚刚够用的存在"以及其普遍性。由此，拉内完成了对尤卡吉尔人万物有灵论和人观的独特性的背景交待。

## 四、简评

综合来看，拉内认为，尤卡吉尔人在狩猎过程中，猎人与猎物都处于一种多重身份叠加的混合状态，创造出一种可资灵活运用的"阈限"，才使狩猎行为顺利完成。基于此，他提出了一种直接的、非系统的实用主义知识观，或称"实践性互动"。这种提法折中于海德格尔的一致论与笛卡尔的分离论，认为我们与世界是一种既分离又接触的关系，其似乎以一种布迪厄式的实践感，消解了宗教哲学领域的"超越性"问题，许诺人类将栖居于真实世界之中。这种说法在这项研究中可以说比较圆满，具有说服力。

然而，当我们从理论层面来剖析这项研究时，却发现，拉内的研究并没有实质意义上的突破。一方面"实践性互动"的说法并不新鲜，其似乎只是对布迪厄实践感的复述，即独特的万物有灵论和人观在某种意义上就是一种"惯习"，而以实践性互动为内核的神灵世界则构成了一个普遍的"场域"。[①]另一方面，他将实践看作知识生成的基础的处置，也不过是借用了舒茨在《社会实在问题》中的倡议：不应以知觉而应以行动作为哲学的出发点。[②] 因此，拉内·韦尔斯莱夫的这项研究解释了一些问题，但也提出了更多问题。

［丹麦］拉内·韦尔斯莱夫，《灵魂猎人：西伯利亚尤卡吉尔人的狩猎、万物有灵论与人观》，石峰译，2020 年，北京：商务出版社。

---

① 皮埃尔·布迪厄. 实践感. 蒋梓骅译，译林出版社，2012.
② 阿尔弗雷德·许茨. 社会实在问题. 修订版. 霍桂桓译，浙江大学出版社，2011.

学术动态

# 内蒙古鄂伦春民族研究会

关红英

**作者简介：**关红英，女，鄂伦春族，内蒙古鄂伦春民族研究会秘书长。

1991 年 6 月 8 日，内蒙古鄂伦春民族研究会成立，会址设在鄂伦春自治旗阿里河镇，隶属内蒙古自治区社会科学联合会。民研会的会长由自治旗旗长兼任，现有顾问 2 人、常务理事 37 人、理事 50 人、会员 196 人。1991 年成立时，有事业编制 4 人，2002 年 3 月民研会全体工作人员过渡为参照公务员管理，由事业编转成行政编（正科级）。与文联合编，编制为 7 人。

## 一、主要任务

1. 制定规划，组织会员积极挖掘、整理和研究有关鄂伦春族的史料和文化遗产，包括历史文献、历史传说、传统生产生活方式、社会沿革、社会组织、语言、口头文学、民俗、宗教以及当代鄂伦春的社会、经济、教育和发展状况。

2. 组织各种形式的座谈会、学术讨论会，交流研究成果。

3. 组织编印和出版有关鄂伦春的研究资料、著作及图书文献；利用影视等手段，保存鄂伦春族传统历史文化，介绍现代鄂伦春族。

## 二、工作回顾

多年来，鄂伦春民族研究会在内蒙古社会科学联合会的精心指导下，在旗委、旗政府的领导下，在社会各界关心鄂伦春的有识之士大力支持下，经过全体会员的共同努力，在鄂伦春民族文化研究上取得了丰硕成果，研究会的各项工作有序开展，取得了可喜的成绩。为保护、挖掘、传承鄂伦春民族文化奠定了坚实的基础。

**一是编纂出版民族书刊，文化保护成效显著。**

编辑出版会刊《鄂伦春研究》50期，发表论文、调查报告900余篇。客观地反映了鄂伦春民族的历史、鄂伦春自治旗的现状及未来发展的走势，对抢救和保护鄂伦春族文化遗产有重要的学术价值，为鄂伦春自治旗的经济社会发展决策提供了智力支持和理论依据。民研会理事、会员先后出版了民俗文化专著《金色的森林》《金色的岁月》《鄂伦春族服饰》《鄂伦春语释义》《鄂伦春旗变迁与发展》《内蒙古三少民族民间故事（鄂伦春族卷）》《鄂伦春族文学研究》《中国鄂伦春族人物志》《绰尔河流域的鄂伦春人》《鄂伦春族生存发展问题研究》《与共和国同龄的南木鄂伦春民族乡》《皮衣桦篓秀兴安》《鄂伦春剪纸》《鄂伦春民间故事集成》《鲜卑山天籁》《我是鄂伦春》《鄂伦春人》等鄂伦春非物质文化遗产书籍及影视等出版物；撰写了《鄂伦春自治旗鄂伦春族篝火节的调查报告》《鄂伦春民族文化遗产的保护传承与旅游业的发展》《试谈鄂伦春自治旗的民族教育》《论鄂伦春人的民族自豪感》《鄂伦春族的语言使用现状调查及分析》等论文、调查报告；刊发了《社会转型大背景下鄂伦春族传统文化的消亡和抢救问题》《中国人口较少民族的政策实施与跨越式发展》《对非遗保护的理解及路径的思考——鄂伦春狩猎文化为例》；参与了《鄂伦春民族服饰集成》《呼伦贝尔民族工作志鄂伦春篇》《鄂伦春族百年实录》和《鄂伦春自治旗概况》的编写工作，2001年民研会在国家级的刊物《中国民族》上编辑出版了一期鄂伦春专刊，专刊以大量的图片和理论文章展示了自治旗建旗50年来发生的翻天覆地的变化；参与文化部民族民间文艺发展中心立项的《中国节日志》子课题《鄂伦春族古伦木沓节》的调查报告编写、影像资料搜集整理工作。

**二是展演活动形式多样，文化传统得到弘扬。**

近年来，致力于挖掘民族文化的多样性，组织会员和猎民踊跃参加各类表演活动。充分利用鄂伦春民族传统节日"篝火节"，组织会员和猎民开展民族服饰表演、鄂伦春族迎宾仪式、民族舞蹈展示和原生态民歌大赛、鄂伦春语民间故事比赛、萨满祭祀表演、鹿哨表演、传统体育竞技比赛等活动。让展演活动成为展示鄂伦春族文化底蕴、人文风貌和文明形象的桥梁和纽带。

"鄂伦春族篝火节"是聚会性节日，在每年的 6 月 18 日举行。从 1991 年举办第一届到 2020 年已在阿里河镇成功举办了三十届。

篝火节以穆昆达带领族人祈福开始，熊熊燃起的篝火象征着鄂伦春人生生不息的精神。篝火节上的迁徙、采集、渔猎、煮食、婚恋、敬火神、吸鹿哨、燃篝火等与狩猎文化息息相关的生活艺术形式让民族文化大放异彩；传统的竞技比赛，如赛马、射击射箭或摔跤、拉钩、扳腕、颈力绳赛、划桦皮船赛等游猎生活的表演极富观赏性；老人的祭拜火神祈求平安，猎人的肩胛骨占卜、枪占卜等让大家感受着并不遥远的森林记忆；篝火节上，还要进行民歌和民间舞蹈的表演、比赛。在篝火节的会场，各流域的女人们拿出精美的狍皮和桦树皮手工艺制品向大家展示自己精湛的手艺。晚上，人们在搭好的"斜仁柱"里生火煮肉，在外面围着篝火边舞边唱。

2013 年篝火节期间由七个猎民村的鄂伦春族猎民们举办了《森林的呼唤》非物质文化遗产民俗展演"专场晚会。

鄂伦春族篝火节是展示民族文化的平台，是加强民族团结、增强民族凝聚力、展现新时代鄂伦春族风采的盛会。

**三是广泛开展研讨交流，民族研究得到深化。**

组织召开"鄂伦春民族经济发展专题研讨会""鄂伦春族传统民族文化研讨会""保护与传承——鄂伦春民族文化研讨会""鄂伦春狩猎文化和 21 世纪生态文明研讨会""第四届达斡尔族、鄂温克族、鄂伦春族守好三少民族美好精神家园学术研讨会"，整理出版了《保护与传承——鄂伦春民族文化研讨会论文集》。邀请其他省市的专家学者共同探讨、相互交流事关鄂伦春民族文化发展的学术成果，有效激发了会员的研究热情，提升了会员的精品意识。在加强与兄弟学会之间交流的基础上，我们抢抓机遇，借助多种平台参加交流活动。组织会员参加国际通古斯语言文化学术研讨会、民族文化发展研讨会、"摩苏昆"培训班、哈尔滨市四少民族敖包会，参加"中国民族学学会学术年会暨民族与国家学术研讨会""泛北极地区民族文化对话——文化·生态·人类可持续发展研讨会"，"鄂伦春地区发展与边疆和谐稳定高层论坛""达斡尔族鄂温克族鄂伦春族文化自觉与文化自信学术研讨会""第三届民族地区文化产业发展论坛""2019 首届民族体育文化发展论坛""2019 第二届鄂伦春地区社会发展与乡村振兴高层论坛（南木）"等会议。接待了美国、英国、韩国、日本、俄罗斯、香港、台湾等地及全国各大院校、研究院、少数民族协会的专家学者、教授、研究生等 500 余人次。通过学术交流，共同挖掘鄂伦春民族深厚的文化内涵，与兄弟学会增进了解、加深了友谊。

**四是主题宣传丰富多彩，文化创新成果丰硕。**

参与"森林记忆鄂伦春——全旗民族中小学生绘画比赛"活动、"鄂伦春族人讲自己的故事"演讲会、鄂伦春自治旗首届民族手工艺大师的评选活动；"全市鄂伦春族语言演讲比赛"、鄂伦春族手工艺比赛、鄂伦春民族之花评选活动、鄂伦春民族现代服饰及行业服饰大赛、全旗民族民间广场舞比赛，承办毕拉河达尔滨四方山鄂伦春萨满神像落成仪式祭祀活动；参与有关鄂伦春民族文化、社会发展题材的《最后的猎鹿者》的鄂伦春语配音译制工作；《最后一条桦皮船》《哦，我的鄂伦春》《拓跋鲜卑族的足迹》《鄂伦春人》《猎·枪》《自治的脚步》等电影、纪录片、专题片的拍摄工作。多次配合中央电视台、内蒙古电视台、呼伦贝尔电视台拍摄鄂伦春族民俗风情方面的纪录片、宣传片等。举办了"第二届鄂伦春民族文化艺术节迎旗庆展风采——鄂伦春民俗文化专场文艺演出"，春节和元宵节联欢晚会，"鄂伦春大讲堂"活动，通过开展主题活动，鄂伦春民族传统文化得到了更好地传承和发扬，为保护鄂伦春民族非物质文化遗产打下了坚实基础。2014 年，研究会申报篝火节参加"中国优秀民族节庆"评选活动，被中国人类学民族学研究会民族节庆专委会评为最具民族特色节庆奖。研究会还多次被内蒙古社科联评为"优秀学会""自治区保护传承母语先进单位"，被旗委、政府评为"先进集体""全旗民族团结进步模范集体"荣誉称号。

内蒙古鄂伦春民族研究会历任的会长有：
赛革：鄂伦春族（1991.6—1993.11）
孟松林：鄂伦春族（1993.11—1999.1）
白晓娟：鄂伦春族（1999.1—2003.11）
莫日根布库：鄂伦春族（2004.1—2009.7）
何胜宝：鄂伦春族（2009.7—　　）
历任副会长有：
巴音巴图：鄂伦春族（1992.3—1998.12）
何英山：鄂伦春族（1998.12—2000.11）
赛　林：鄂伦春族（2000.12—2017.9）
阿丽慧：鄂伦春族（2002.11—2004.6）
何雪光：鄂伦春族（2009.7—　　）

内蒙古鄂伦春民族研究会历任秘书长有：

敖长福：鄂伦春族（1991.6—2001.3）

阿　芳：鄂伦春族（2001.3—2005.11）

马连军：满族（2005.11—2006.5）

关红英：鄂伦春族（2009.9—　　）

历任副秘书长有：

白　兰：鄂伦春族

何文柱：鄂伦春族（1998.7—1999.9）

德学英：达斡尔族（1999.9—2002.12）

关红英：鄂伦春族（2004.3—2009.9）

第三十届鄂伦春族篝火节

# 韩国极地研究所<sup>*</sup>

苏　杭　高文丽

**作者简介**：苏杭，聊城大学北冰洋研究中心讲师，研究方向宗教人类学、影视人类学等；高文丽，聊城大学外国语学院讲师，研究方向韩中翻译，韩国教育与文学。

　　韩国极地研究所的英文名称为 Korea Polar Research Institute，简称 KOPRI。这个位于韩国西海岸仁川广域市松岛海边的新的大型综合性园区建成于 2013 年 4 月 29 日，并于 2016 年完成了其研究实验室建设的第二阶段。园区除了主体办公区域外，还设有制冷实验室、陨石存放洁净室、电子显微镜分析室、氧同位素分析室等，占地广阔，规模宏大。不仅拥有现代化的外观，极地研究所的科研成果也走在了世界的前列。

（图 1　韩国极地研究所 Logo）

## 一、极地研究所概况

　　韩国极地研究所是承担着韩国南北极地区科学考察任务的国家级研究机

＊　资料来源由韩国极地研究所提供。

关，设立的宗旨有三个方面：首先，为应对新的气候系统，加强对极地气候的变化研究；其次，为下一代国家竞争力创造极地的固有价值；再次，通过国际合作以及与产、学、政的合作系统来拓展极地研究。研究所的战略目标有三：1.确定南极洲在全球气候变化中的作用；2.为立足北极的战略发展做准备；3.基于未发现的挑战和极地资源技术的利用创造未来价值。

极地研究所目前拥有"世宗大王"和"张保皋"两个南极常年站和一个"茶山"北极站，以及一艘"Araon号"破冰船。利用先进的设备和完善的技术，韩国在南北极的技术开发、环境保护以及资源利用方面取得了世界一流的发展水平，这是极地研究所三十多年投入与努力的成果。1987年3月，韩国海洋研究所成立了极地研究室。同年夏天，韩国南极研究委员会（KONCAR）成立并加入国际科学联合会理事会（ICSU）属下的南极研究科学委员会（SCAR），韩国成为成员国家。1988年，韩国建成第一个南极研究基地"世宗大王站"。20世纪90年代初期，韩国海洋研究所极地研究室扩展并重组为极地研究中心。随着南极科研的成熟，韩国把目光投向北极，于2001年，韩国北极科学理事会（KASCO）成立。第二年4月，韩国加入国际北极科学委员会（IASC），同时，韩国的北极科研基地"茶山站"开始运行。2004年4月，韩国海洋研究院下属单位的极地研究所正式成立，并于2006年搬迁至仁川经济特区。2009年，韩国第一艘破冰研究船"Araon号"下水起航，驶向南极。2012年，韩国第二个南极站点"张保皋站"项目启动。随着韩国政府的新北方政策的跟进，韩国明确将北极能源开发、北极航道建设、北极物流推进纳入国家政策体系。因而极地研究所当下的北极科考及相关研究步伐也迈得越来越大。

图2　韩国极地研究所外景，摄影：苏杭

极地研究所不仅就极地事务向韩国政府提供咨询和组织青少年科普等公众外展项目，还积极参加和组织了各种国际北极和南极的会议和论坛。韩国对南极地区的研究最早形成于 1978 年。从 1988 年建造南极世宗站开始，韩国的南极研究活动开始得到极大的加强，研究领域不断扩大。近年来，随着国际社会对北极资源和路线的经济重要性的关注日益增强，韩国也将研究内容和范围从南极扩展到北冰洋。自 1988 年起，研究所每年举办一次国际极地科学研讨会（ISPS）。第一届大会主题是"南极科学：地质与生物学"，之后的会议中，也都基本围绕地球、海洋、生物、气候、环境等主题词来进行。国际极地科学研讨会（ISPS）的目的是将极地科学家聚集在一起，为交流和分享他们的前沿思想和研究成果提供一个国际论坛。韩国极地研究所计划 2021 年 9 月在仁川举行第 26 届国际极地科学研讨会（ISPS2021）。此次研讨会旨在汇集具有不同背景的极地科学家和工程师，分享他们的研究成果，并在国际层面上探讨进一步的研究契机。大会将以"应对气候危机"为主题，邀请研究人员讨论极地科学和技术如何有助于我们理解气候变化等问题。

在教育方面，极地研究所也发挥了重要的作用。其作为韩国科技大学 (UST) 的一个校区，极地研究所还提供极地科学的硕士和博士课程，在自然科学领域开设各种课程，包括地质学、海洋学、极地生物学和气象学，此外还开设了极地环境的入门课程和实验深入课程，并设立了亚洲极地科学奖学金和北极科学奖学金两个项目以激励研究者们对极地科学的探索。

## 二、极地研究所主要基础设施

### 1. 南极世宗科学基地

"世宗大王站"位于麦克斯韦湾（Maxwell Bay）海岸，被南设得兰群岛（South Shetland Islands）的乔治国王岛（King George Island）和纳尔逊岛（Nelson Island）所环绕，与西南极洲的南极半岛平行。1986 年 11 月韩国加入南极条约后，于 1988 年 2 月建立了"南极世宗科学基地"，正式开始了南极的研究。每年有大概 17 人组成的越冬研究队在此常驻 1 年时间执行基地维护工作。从南极夏季的 12 月到第二年 2 月，约有 100 多名夏季研究队被派遣到这里进行各个领域的极地研究。此处距韩国本土 17240 公里，常年平均气温 -1.8 ℃，最低气温 -25.6 ℃。主要研究活动包括：气候变化，海洋，大气，臭氧层，古气候等。在气象观测方面负责向世界气象组织传输数据，并与韩国气象厅以及其他研究机构和大学共享数据。并在南极特别保护区管理南极鸟类的生态系统监测。

## 2. 北极茶山科学基地

韩国第一个北极研究站"茶山科学基地"成立于2002年4月29日，位于挪威斯瓦尔巴特（Svalbard Archipelago）群岛的斯匹茨卑尔根岛（Spitsbergen Island）的 Ny-Ålesund 国际科学村。韩国极地研究所作为夏季站运营北极茶山研究站，约有60位国际研究人员在夏季（3月至9月）到北极茶山研究站进行实地研究活动。在 Ny-Ålesund 国际科学村里，共有十个北极站，分别由中国、法国、德国、意大利、印度、荷兰、挪威、日本、韩国和英国运营。挪威国营公司 KingsBay AS 负责 Ny-Ålesund 国际科学村的气象站的运行和维护。此处距韩国本土6400公里，常年平均气温 –6.3 ℃，最低气温 –37 ℃。主要研究活动包括：北极海冰研究、高层大气和空间环境变化、海洋和陆地生态系统以及微生物学研究等。

## 3. 破冰研究船"Araon 号"

破冰船是专门设计用于覆冰水域中航行并为其他船只提供安全水路的船舶。因此，破冰船可以航行到普通船舶无法航行的地方，其具有大多数常规船所不具备的坚固的船体和在海冰中推进的能力，船只可以在冰雪覆盖的水域中自由航行，为其他船只扫清道路。为了避免结冰区域并导航破冰或相对冰薄的区域，船舶会通过卫星或直升机侦察来收集信息。

"Araon"是韩语"大海"和"全部"两个单词发音组合而成，有穿越世界所有海洋之意。全长111米，宽19米，高9.9米，总吨位6959，造价1080亿韩元。Araon 号配有2台船机，最高功率可达6800马力，是同级别船只马力3到4倍，可以每小时2节的速度打破1米厚的坚冰。船上有25名机组人员和60名研究人员，主要任务为在北极地区进行独立的极地研究并在韩国的三个站点间进行支援和建设，巡航距离达到20000平方米，无需重新补给即可绕地球一周。主要研究领域包括：极地环境变化监测、大气环境与臭氧层研究、古海洋和古气候研究、海洋生物资源的研究与开发以及地质环境与资源特征研究等。在2010年"Araon 号"下水后，"Araon 号"的正式处子首航即前往南极。除了2012年因维修和试航使得航行天数减少了30天以外，自下水以来，"Araon 号"出海航行的天数在持续增加中。2019 年 1 月，全员 24 人的中国科考队乘坐的"雪龙"号破冰船在南极航行途中与冰山相撞，由此受困，韩国"Araon 号"对我方科研人员成功实施了救援。

### 4. 南极张保皋科学基地

继南极"世宗大王站"启用后，韩国于 2014 年建造了第二个南极站，称为"张保皋站"。该站位于维多利亚北部地区的特拉诺瓦湾（Terra Nova Bay）海岸，此处可更好地到达南极大陆中心，进一步使研究和收集有关气候变化、地形和地理调查、高层大气和空间科学研究的各种数据成为可能。此处距韩国本土 12730 公里，常年平均气温 –15.1 ℃，最低气温 –36.4 ℃。主要研究领域包括宇宙学、天文学、冰川、陨石研究等，并通过对冰冻圈变化的预测研究气候变化。

图 3，聊城大学北冰洋研究中心苏杭博士于 2021 年 2 月 3 日访问韩国极地研究所，与该研究所全球协力部国际协力室崔善雄室长【左 1】、政策开发室崔英俊室长【左 2】、国际协力室郑志勋博士【左 3】进行了会谈。摄影：苏杭

## 三、极地研究所主要研究部门

韩国极地研究所致力于通过创造和利用极地知识来解决国家和全球问题，确保韩国国家利益，并扩大其在国内外的影响力。研究所的主要研究部门分为以下几个单位：

### 1. 冰川环境研究本部

冰川环境研究本部主要有三项重点研究，即，从极地海洋沉积物和冰芯中找出过去环境变化的成因；通过各种最新的极地观测，确定当前冰冻圈变化的成因；通过恢复和观察过去和当前的气候变化等方式来预测未来的气候变化。

## 2. 低温新材料研究团

低温新材料研究团致力于寻找源于极地生物的新材料，并在基础研究和应用研究的基础上探讨其作为有用应用的可能性。此外，他们还研究低温下发生的化学和材料变化，并研究可用于工业的新材料（环境 / 能源）的开发。

## 3. 远程勘探冰圈信息中心

远程勘探冰圈信息中心对因地球变暖而发生剧变的极地冰圈的多种变化进行观测和分析。利用人工卫星、飞机、无人飞机、现场观测等多种研究方法，开发极地特殊的远程勘探技术，研究冰圈信息大数据的构建、高效管理和最佳分析方法等。

## 4. 未来技术开发部

极地科学家共同面临需要解决的课题之一是"先进的勘探技术"。先进勘探技术的发展对于进一步的极地研究至关重要。未来技术开发部由三个独立的部门组成：技术开发支援室的任务是开发用于现场研究的新技术；未知探查团开发了一条通往南极内陆的新横越路线，即韩国路线；数据管理室的作用是管理从极地研究中获得的数据。

## 5. 生命科学研究本部

生命科学研究本部研究地球变暖带来的极地生态系统的变化和生物适应进化，并对南北极科学基地周边和罗斯海海洋保护区、南极特别保护区(ASPAs)的管理和保护进行长期生态监测。另外，通过挖掘有用的基因源和开发生物新材料，评价极地生物资源的价值，引领其商业化。

## 6. 海洋研究本部

海洋研究本部利用破冰研究船"Araon号"进行了南北极海海域的海流循环研究、生地化学物质循环研究、海洋生态系统特性的国际联合研究等活动。通过这些研究活动，目的是了解地球变暖引起的急剧的南、北极海洋环境的变化和原因，以查明南、北极海洋和全球气候变动的相互作用和影响。

## 7. 地层研究本部

地层研究本部旨在探索和研究极地大陆和海洋的地质环境。目前研究是通过对南极大陆、北冰洋、陨石和太空物质、北冰洋海底资源环境以及格陵兰岛化石和古环境的研究，识别地球的过去和现在，预测未来。

## 8. 大气研究本部

大气研究本部对全球变暖迅速发生的极地地区的地表、上层和下层大气现象进行观测和分析，并开展研究，以查明气候变化的原因，预测未来，了解极地气候系统如何影响全球气候变化。

# 征稿启事

《北冰洋研究》（Journal of Arctic Studies）是聊城大学北冰洋研究中心主办的学术期刊，每年两期，由上海三联书店出版，刊登研究北极人文社会科学的学术论文。主编曲枫，副主编迈克尔·克努佩尔，编委会由国内外相关研究专家组成。

《北冰洋研究》每期设置不同的研究主题，设有"环境史与考古学"、"民族志与人类学"、"西伯利亚研究"、"中国的北极民族研究"、"旅游与地区发展学"、"仪式与风俗"、"前沿观察"、"书评"和"学术动态"等栏目。"前沿观察"栏目以中、英文双语发表，是本刊的特色栏目。

《北冰洋研究》编辑部欢迎海内外学者赐稿。

来稿要求：

一、来稿需署作者真实姓名，并提供作者简介（100字左右）、工作单位、通信地址、邮编、电话号码、电子邮件地址等详细信息。

二、研究性专题论文每篇字数一般不超过1万字，以8000字左右为宜，请附200字左右中英文摘要和4—6个关键词；书评及学术动态一般在2千字以内。

三、研究性专题论文必须是未曾出版的原创文章，不存在版权问题。

四、接受中英文及其他语种稿件，一般不接受英语为非母语作者的英文论文。

五、外国人名、地名请参照商务印书馆出版的《英语姓名译名手册》（新华通讯社译名室编）和《外国地名译名手册》（中国地名委员会编），并注原文。上述译名手册中没有的词可自行译出后注原文，并务请全稿统一。涉及其他专有名词时，请采用国内通译，并注原文。

六、来稿请用word文档电子稿发至编辑部邮箱：arcticcenter@163.com，1542888360@qq.com

# Call for Submissions: *Journal of Arctic Studies*

The *Journal of Arctic Studies* is run by the Arctic Studies Center at Liaocheng University and published by Shanghai SDX Joint Publishing Company. Professor Qu Feng and Professor Michael Knüppel are co-editors-in-chief. It is a refereed biannual journal which publishes scholarly articles and reviews on Arctic humanities and social sciences.

SUBMISSION

1. Manuscripts are accepted in both English and Chinese as well as other languages.

2. All authors of a manuscript should include their full names, affiliations, postal addresses, telephone numbers and email addresses on the cover page of the manuscript. Please supply a short biographical note（50—100 words）for each author.

3. A typical manuscript should not exceed 10000 words. Abstracts of 200 words and 4 to 6 keywords are required for all manuscripts submitted. Book reviews in English should be between 800—1000 words.

4. All manuscripts should be original work, not previously published nor currently being considered elsewhere for publication.

5. All manuscripts should use footnotes. Book reviews should not contain footnotes.

6. Send your manuscripts to arcticcenter@163.com, 1542888360@qq.com

**图书在版编目(CIP)数据**

北冰洋研究. 第四辑/曲枫主编.—上海:上海
三联书店,2021.11
  ISBN 978 - 7 - 5426 - 7642 - 9

  Ⅰ.①北… Ⅱ.①曲… Ⅲ.①北冰洋-区域-丛刊
Ⅳ.①D5 - 55

中国版本图书馆 CIP 数据核字(2021)第 255414 号

北冰洋研究(第四辑)

主　　编 / 曲　枫

责任编辑 / 郑秀艳
装帧设计 / 一本好书
监　　制 / 姚　军
责任校对 / 张大伟　王凌霄

出版发行 / 上海三联书店
　　　　 (200030)中国上海市漕溪北路 331 号 A 座 6 楼
邮购电话 / 021 - 22895540
印　　刷 / 上海惠敦印务科技有限公司

版　　次 / 2021 年 11 月第 1 版
印　　次 / 2021 年 11 月第 1 次印刷
开　　本 / 710mm × 1000mm　1/16
字　　数 / 260 千字
印　　张 / 19.5
书　　号 / ISBN 978 - 7 - 5426 - 7642 - 9/D・523
定　　价 / 80.00 元

敬启读者,如发现本书有印装质量问题,请与印刷厂联系 021 - 63779028